Vittorio Magnago Lampugnani

Bedeutsame Belanglosigkeiten

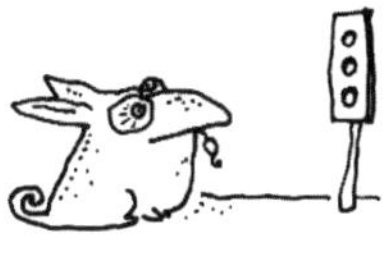

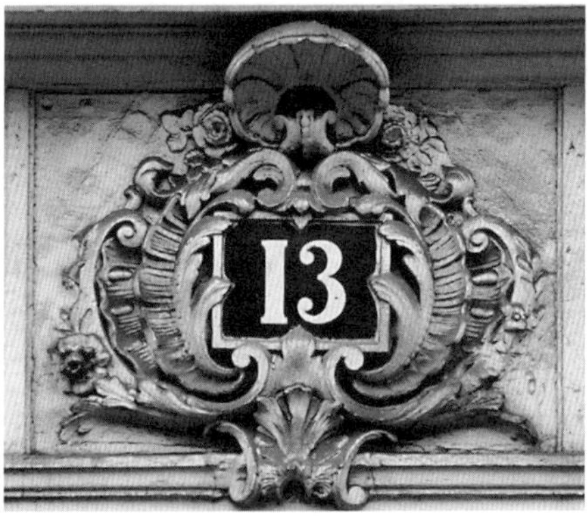

Eingefasstes Emaille-Hausnummernschild,
um 1900

Vittorio Magnago Lampugnani

BEDEUTSAME BELANGLOSIGKEITEN

Kleine Dinge im Stadtraum

Verlag Klaus Wagenbach Berlin

Bedeutsame Belanglosigkeiten erschien zuerst 2019
im Verlag Klaus Wagenbach, Berlin.

MIX
Papier aus verantwortungsvollen Quellen
FSC® C014889

Erweiterte und neu bebilderte Taschenbuchausgabe
Wagenbachs Taschenbuch 856

Emser Straße 40/41, 10719 Berlin www.wagenbach.de
Covergestaltung unter Verwendung einer Fotografie (Die erste italienische Telefonzelle auf der Piazza San Babila, Mailand, 1952) © Archivi Farabola und Satz aus der Minion und der Akzidenz Grotesk von Julie August. Autorenfoto © M. Zlim. Gedruckt und gebunden bei Pustet, Regensburg. Printed in Germany.

ISBN 978 3 8031 2856 0

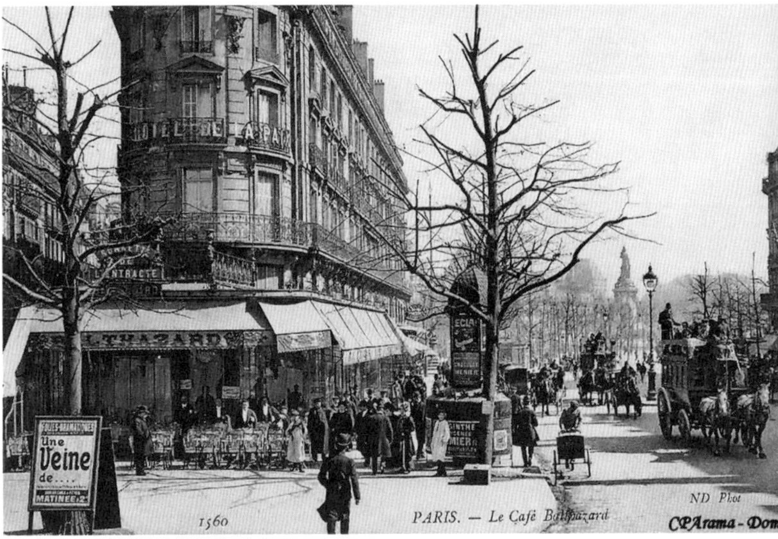

Boulevard Montmartre, Paris, um 1900. Postkarte

Einleitung

Schauen Sie sich einmal eine Fotografie eines Pariser Boulevards an. Sie werden, selbst wenn Sie diesen speziellen Boulevard nicht kennen, sofort erraten, in welcher Stadt er sich befindet. Oder ein Bild aus Berlin, aus London, aus Mailand, aus Zürich, aus Wien: Sie finden sich ebenfalls verblüffend rasch zurecht, auch ohne Bildlegenden und ohne Wahrzeichen wie Stephansdom, Großmünster, Galleria, Tower Bridge, Brandenburger Tor und Eiffelturm.

Wie? Zunächst dank der Architekturen, welche die Straßen und die Plätze säumen: in Paris die nur unmerklich variierten Sandsteinfassaden mit den stehenden Fenstern, den durchgehenden verzierten, schwarz gestrichenen Eisengeländern und den steil gewölbten Mansarddächern, in Berlin die Mietskasernen mit ihren ostentativ verputzten Fronten und den geschickt komponierten Loggien, in London die souverän regelmäßigen Reihenhausfronten mit ihren klassizistischen Putz- oder Backsteinfassaden, in Mailand die fast abweisenden, fast schmucklosen und immer wieder unterschiedlichen Häuser und Paläste, in Zürich die zurückhaltend opulenten Zunfthausfronten an der Limmat, in Wien die mit kraftvollem Dekor nobilitierten Putzfassaden mit den großen Kastenfenstern und den unerhört großzügigen Geschosshöhen.

Doch nicht minder hilfreich für die Identifikation der Städte, zu denen die Bilder und die in den Bildern wiedergegebenen Freiräume gehören, sind andere, kleine, scheinbar belanglose Dinge. Die Art und Weise, wie der Boden behandelt ist: der Fahrbahnbelag, das Trottoir, der Randstein. Wie die Häuser auf eben diesen Boden treffen: wie das Erdgeschoss im Haus ausgebildet ist, der Haussockel beschaffen, ob es Arkaden gibt, ob Vorgärten einen freundlichen Abstand zwischen Hausfassade und Trottoir schaffen, ob Treppen oder Rampen zwischen Straße, Bürgersteig und Hauseingang vermitteln, ob sie mit Brüstungen ausgestattet sind oder nicht. Aber es geht noch mehr ins Detail: Wasserabläufe, Schachtabdeckungen, Bodengitter, Bodenbezeichnungen und -beschriftungen markieren ebenfalls die Städte.

Der Raum, der sich so ausdifferenziert betrachten lässt, ist nicht leer. Nicht nur Menschen und Fahrzeuge bevölkern ihn, sondern auch zahllose kleine Architekturen: U-Bahneingänge, Haltestellen, Kioske, öffentliche Toiletten, Telefonzellen, Trinkhallen, Wachhäuschen, Tiefgarageneinfahrten, Wartungsbauten. Klein, aber deswegen nicht weniger prägnant und bedeutsam.

Neben derlei Miniaturarchitekturen gibt es noch zahllose Einrichtungsgegenstände, die den öffentlichen Raum belegen: Allen voran die Bäume mit ihren Baumscheiben, die zwischen Stamm, Wurzeln und Trottoir vermitteln und dem Baumschutz dienen. Aber auch Denkmäler, Brunnen, Straßenlampen, Uhren, Bänke, Außenbestuhlungen für Cafés und Restaurants, Sonnenschirme, Zelte und Glasgehäuse, Straßenschilder, Hausnummernschilder, Ampeln, Postkästen, Abfallkörbe, Müllbehälter, Sandcontainer, Hydranten, Briefkästen und Klingelanlagen mit ihren Namensschildern, Poller, Reklamen, Verkehrszeichen, Informationsschilder, Gedenktafeln, Fahrradständer, Feuermelder, Rufsäulen, Parkuhren, Elektrokästen, Überwachungskameras.

Die Aufzählung ist keineswegs vollständig, es gibt noch mehr Typen von Stadtraumdetails und Mikroarchitekturen. Und die Abgrenzungen zwischen den Typen selbst sind alles andere als eindeutig: Die Straßenlaternen übernehmen zuweilen die Aufgabe, Straßenschilder zu halten, die Telefonzellen vereinnahmen die Briefmarkenautomaten, auf den Kiosken, die mit öffentlichen Toiletten versehen und mit Straßenbahnhaltestellen kombiniert werden, sind öffentliche Uhren installiert, die freistehenden Uhren mutieren zu Trägern verschiedenster Informationen, und über alles, Straßenlaternen, Telefonzellen, Kioske, öffentliche Toiletten, Tramhaltestellen und Uhren, breitet sich die in der Stadt allgegenwärtige Reklame aus. Und all diese Typen und Typenkombinationen existieren in zahllosen Variationen und Ausführungen.

Die kleinen Dinge im Stadtraum sind nicht nur überraschend vielfältige, sondern auch vielschichtige, komplexe und durchaus widersprüchliche Gebilde. Sie sind funktional, technisch und ökonomisch bestimmt und haben dabei oft einen hohen gestalterischen Anspruch. Sie sind überwiegend industriell, zumindest seriell gefertigt und zugleich vielerorts spezifisch. Sie sind anonym und doch immer wieder individuell. Sie sind ubiquitär und weisen gleichzeitig einen starken Ortsbezug auf. Sie sind in jeder Hinsicht bescheiden und eindringlich bildprägend. Sie sind utilitaristisch und doch fest in der Kultur der Stadt verankert, zu der sie, scheinbar belanglos, überraschend bedeutsam beitragen.

Diese ambivalenten, enigmatischen Objekte sind so sehr zu geläufigen, selbstverständlichen Teilen der Stadt geworden, dass wir sie kaum mehr bewusst wahrnehmen. Sie fehlen allerdings in so gut wie keiner Stadtdarstellung, sei sie malerisch, fotografisch, filmisch oder literarisch. Camille Pissarro hat in seinen Pariser Straßenbildern, etwa in jenem des Boulevard Montmartre, die Stadtbäume, die Mastlampen und die Anschlagsäulen, die legendären *colonnes Morris*, zu Teilen seiner Gemäldekomposition gemacht; neben sporadischen Passanten sind ein Straßenbaum mit Baumscheibe, eine Straßenbank, ein Trottoir mit seinem Bordstein und der steingepflasterte Fahrbahnbelag die alleinigen Gegenstände eines von Gustave Caillebottes Bildern mit dem bezeichnenden Titel *Le boulevard vu d'en haut*. Eugène Atget hat in seinen frühen fotografischen Aufnahmen von Paris die Stadt mit all ihren Details festgehalten und ihre Größe dort gefunden, wo die meisten Menschen achtlos vorbeigehen; selbst in Robert Doisneaus berühmtem *Baiser de l'Hôtel de Ville* ist neben dem Kuss des jungen Paares ein Kandelaber des Rathausplatzes ins Bild gesetzt. In Walther Ruttmanns Film *Berlin – Die Sinfonie der Großstadt* von 1927 spielt eine Litfaßsäule eine Schlüsselrolle, und Schaufenster, Straßenlaternen, Bürgersteige, Bordsteine und sogar ein Ablaufgitter kommen zu Ehren. Wiederum eine Anschlagsäule und eine Schachtabdeckung sind in zwei der dramatischsten Szenen von Carol Reeds *Der dritte Mann* ausschlaggebend. Schriftsteller wie Honoré de Balzac und Charles Dickens, wie Charles Baudelaire und Robert Musil haben die Großstädte, in denen sie lebten und arbeiteten, mit scharfem Blick beobachtet, bis in ihre kleinsten Details, und gewissermaßen nebenbei in ihren literarischen Werken beschrieben.

Die Mikroarchitekturen, Stadteinrichtungsgegenstände und Grundelemente sind nicht nur Dinge, die den Stadtraum ergänzen oder verstellen, verschönern oder verunstalten und seinen Charakter entscheidend mitbestimmen. Sie sind weitgehend autonome Gegenstände, die, sieht man genauer hin, eigene Geschichten haben und diese auch erzählen. Der Straßenbelag in den Städten der römischen Antike offenbart die Entwicklung einer neuen und aufwendigen Ingenieurskunst, die Rillen in den Steinen entpuppen sich als Spuren des starken Wagenverkehrs. Die Straßenpflasterungen des 19. Jahrhunderts künden von den unterschiedlichen Techniken, die Straßen zu befestigen, von den Steinen, die dafür verwendet wurden, von den Bearbeitungen, die ihre Oberfläche den jeweiligen Verkehrsarten anpassen sollten; ebenso die oft einfach darübergelegte Asphaltierung, ob aus Gussasphalt, Stampfasphalt oder Walzasphalt. Vor allem dort, wo der Belag an die Hauseingänge und Sockel anstößt, lässt sich dessen Schichtung in der Zeit feststellen und teilweise sogar ablesen.

Die Masten und Lampenköpfe der Straßenlampen offenbaren, ob es sich um historische oder zeitgenössische Exemplare handelt, möglicherweise um Wiederauflagen von alten Modellen. Die Farbschichten, die zuweilen leicht abblättern, zeugen von Pflege und Veränderungen; der Erfinder der grünbraunen verkupferten Oberfläche, die eine Lackierung überflüssig machte und sich als besonders widerstandsfähig erwies, hat der wohl berühmtesten Straßenlampe von Paris, dem Candelabre Oudry, den Namen gegeben. In der Veränderung der Leuchtsysteme spiegelt sich die rasante technische Entwicklung wider, welche die städtische Beleuchtung seit dem frühen 19. Jahrhundert durchgemacht hat, von der Öllampe über Gas zur Elektrizität in ihren unterschiedlichsten Nutzformen und mit ihren unterschiedlichsten Leuchtmitteln. Aus ihrer Stellung im Stadtraum lassen sich Rückschlüsse auf Gepflogenheiten, Normen und Absichten zum Licht in der Stadt ziehen.

Selbst so unscheinbar anmutende städtische Gegenstände wie Schachtdeckel erweisen sich bei näherem Hinschauen als ergiebige Geschichtenspeicher. Ihr Material sagt viel aus über die Zeit, in der sie entstanden sind, und den technischen und ästhetischen Anspruch, der mit ihnen verbunden war: von Stein über Gusseisen und Fließstahl zu Beton und Kunststoff. Dann die Schriften: Sie reichen von rein technischen Kürzeln von Modellnummern und Normen bis zu Namen und Logos der Firmen, die sie hergestellt haben. Zuweilen erklären sie explizit, welche Aufgabe die Schächte haben, die sie schützen: Wasser, Gas, Elektrizität, aber auch Kohle oder pneumatische Post, erinnern also an längst vergangene Funktionen. Immer wieder beziehen sie sich auf die Stadt, für die sie geschaffen sind, und tragen deren Namen oder Wappen. Zuweilen verweisen sie sogar auf einen ganz besonderen Ort in der Stadt: wie etwa die Schachtdeckel, die eigens für die Esposizione Universale Roma geschaffen wurden, die 1942 als Verherrlichung des Regimes von Mussolini vor den Toren Roms hätte stattfinden sollen. Der Zweite Weltkrieg und der anschließende Sturz des faschistischen Regimes vereitelten sie: Die Schachtdeckel aber sind weiterhin in Gebrauch, lebhafte Reminiszenz eines ambivalenten Stücks urbaner und politischer Vergangenheit.

Die Grundstruktur der Geschichten, welche die kleinen Objekte des Stadtraums erzählen, ist stets dieselbe. Am Anfang steht eine praktische Notwendigkeit, eine Funktion, eine Nutzung. Dieser Bedarf hat soziale, politische, religiöse oder ideologische Gründe und wird deretwegen erfüllt. Dazu braucht es eine entsprechende ökonomische Verfügbarkeit, die durch Steuern oder Abgaben oder Donationen gewährleistet werden muss. Das Objekt wird mit bestimmten Materialien umgesetzt, die mittels bestimmter Techniken hergestellt und verwendet werden. Die Realisierung hat auf dafür geeignetem, verfügbarem Boden zu erfolgen, darf keine Eigentumsrechte verletzen und muss den geltenden Baugesetzen entsprechen. Die Ausführung ist auf die klimatischen und hygienischen Gegebenheiten auszurichten. Bau und Unterhalt werden durch dafür kompetente Institutionen gewährleistet. Und all diese Anforderungen muss ein Entwurf berücksichtigen, der beauftragt, konzipiert, begleitet, kontrolliert und bewilligt wird. Diesem Entwurf, hinter dem immer eine Persönlichkeit steht, ganz gleich, ob es sich um einen Handwerker, einen Ingenieur, einen Architekten oder einen Künstler handelt, obliegt die Synthese all dieser Anforderungen in eine Gestalt. Mit anderen Worten: Jedes kleine Objekt des Stadtraums ist ein Ort, wo konkrete Bedürfnisse zu einer materialisierten Form finden. Oder, noch einmal anders ausgedrückt: wo Leben und Gestaltung zusammenkommen, im Idealfall Leben und Schönheit.

Dies ist aber nichts anderes als das, was die Stadt insgesamt ist; und die Bedingungen, die ihre kleinen Objekte formen, formen auch sie. Tatsächlich erzählen die kleinen Objekte des Stadtraums nicht nur die eigene, sondern auch die Geschichte ihrer Stadt. Wie die Details, die Hände, die Ohren, die Stofffalten, aus denen der italienische Kunsthistoriker Giovanni

Morelli, der als Ivan Lermolieff firmierte, Rückschlüsse auf das gesamte Gemälde zu ziehen und dessen Autor mit erstaunlicher Zuverlässigkeit zu identifizieren vermochte, lassen die Details der Stadt Rückschlüsse auf deren Vergangenheit, deren Besonderheit, sogar deren Charakter zu. Deswegen sind Städte auf scheinbar unspezifischen, scheinbar generischen Bildern zu erkennen.

Die kleinen Objekte des Stadtraums sind in der Tat Fragmente, Indizien, an denen man die Entwicklung der Stadt als Ganzes exemplarisch ablesen kann. Bereits die Tatsache, ob der öffentliche Raum einer Stadt eingerichtet ist oder nicht, verrät manches von ihr. In der antiken Stadt gab es zahlreiche Brunnen, Bänke und öffentliche Einrichtungen, weil ihre Straßen und Plätze Orte des gesellschaftlichen Lebens waren und sie auch politisch auf Öffentlichkeit gründeten. Das war im Mittelalter und in der frühen Neuzeit nur mehr vereinzelt der Fall. Mit der fortschreitenden Industrialisierung erhielt im späten 18. und dann vor allem im 19. Jahrhundert der Stadtraum eine neue Bedeutung. Im Zuge der Trennung von Wohn- und Arbeitsstätten bewegten sich immer mehr Menschen immer öfter und länger in der Stadt, die entsprechend ausgestattet werden musste. Was Walter Benjamin die »Wohnung des Kollektivs« nennen sollte, wurde »möbliert«. Das war funktional notwendig: Die Menschen mussten essen, trinken, sich ausruhen, sich informieren, konsumieren und auch ihre Notdurft verrichten. Das war aber auch und vor allem politisch notwendig: Das neue Großstadtleben musste in geordnete Bahnen gelenkt werden, die Bewohner diszipliniert und ihr Verhalten so geregelt, dass Anstand und Recht nicht verletzt wurden. Es ist kein Zufall, dass unter Napoleon III., dem Kaiser des populistischen Programms der Ordnung, zum ersten Mal ein umfassendes Konzept für die Einrichtung der Straßen, Plätze, Park- und Uferanlagen von ganz Paris entwickelt und implementiert wurde, das der Ingenieur Jean-Charles Adolphe Alphand in seinem Prachtband

Les promenades de Paris kodifizierte. Und es ist ebenso wenig von ungefähr, dass im 20. und im frühen 21. Jahrhundert die Ausstattung des Stadtraums noch weiter zugenommen hat. Er ist zu einer Bühne geraten, vollgestellt mit Requisiten, die den Rahmen für die affektierte Inszenierung der Wohlfühlstadt und des globalisierten Konsums abgeben. Die kleinen Objekte des Stadtraums sind nicht zuletzt Erkennungszeichen für die politische, ideologische, religiöse, soziale, hygienische, technische, ökonomische und kulturelle urbane Entwicklung.

Im vorliegenden kleinen Buch habe ich aus der schier unüberschaubaren Anzahl der kleinen Dinge im Stadtraum einige herausgenommen und versucht, sie so auszuwählen, dass sie deren Vielfalt einigermaßen widerspiegeln: also eine angemessene Anzahl von Kleinarchitekturen, von Ausstattungsobjekten und Stadtmöbeln sowie von Stadtraumdetails und konstituierenden Elementen. Die Auswahl ist, wie könnte es anders sein, subjektiv und bis zu einem gewissen Grad willkürlich. Ich habe mich von der Vermutung leiten lassen, die ausgewählten Objekte seien typisch, bedeutsam und ergiebig, aber auch von meiner Neugierde. Und von meiner Lust, die entsprechenden Mikrogeschichten zu erzählen.

Ich hoffe, sie tragen dazu bei, die Augen zu öffnen und unsere Straßen und Plätze, unsere Parkanlagen und Uferpromenaden neu und besser zu lesen. Ich hoffe, sie regen dazu an, die kleinen Dinge, die unsere Städte brauchbarer machen, sie charakterisieren und verschönern, zu erhalten und zu pflegen; und wenn sie neu entwickelt und installiert werden, es mit Sorgfalt zu tun. Nicht zuletzt aber hoffe ich, meine kleinen Geschichten sind ein wenig so wie die kleinen Dinge, von denen sie erzählen: instruktiv, anregend, zuweilen überraschend und fast immer unterhaltsam.

Die Forschung, die diesem kleinen Buch zugrunde liegt, habe ich vor etlichen Jahren an meinem damaligen Lehrstuhl für Geschichte des Städtebaus an der Eidgenössischen Technischen Hochschule Zürich begonnen; Jonas Wenger, Johanna

Onstein und Maxime Zaugg haben mich dabei besonders unterstützt. Anläßlich des Symposiums »StadtRaumDetail«, das meine Kolleginnen und Kollegen Konstanze Sylva Domhardt, Ruth Hanisch, Paul Kahlfeldt, Rainer Schützeichel und Wolfgang Sonne 2017 in der Berliner Bauakademie als Emeritierungsgeschenk für mich orchestrierten, konnte eine erste wissenschaftliche Bilanz gezogen werden. Konzentriert an den kleinen Dingen des Stadtraums habe ich dann im Rahmen meiner Fellowship am Wissenschaftskolleg zu Berlin 2017/2018 gearbeitet. Dort haben mir vor allem Luca Giuliani, Franco Moretti und Daniel Schönpflug wichtige Anregungen gegeben, die Hilfe von Anja Brockmann, Stefan Gellner und des gesamten Bibliotheksteams war unschätzbar. Etliche der Texte erschienen seit Herbst 2018 im Magazin des Zürcher Tagesanzeigers, wo mir Pietro Supino und Finn Canonica herzliche Gastfreundschaft einräumten. Für dieses Buch wurden die Texte umfänglich ergänzt, neu geordnet und von Grund auf umgeschrieben. Die teilweise recht komplizierten Bildrecherchen führte Dorothea Fiedler durch, die Buchgestaltung lag in den sensiblen Händen von Julie August und spiegelt ihren Erfindungsreichtum, ihre Ausdauer und ihren souveränen Geschmack wider. Christoph Baron, kompetent flankiert von Isolde Durchholz, lektorierte mit ungewöhnlicher Präzision und ebenso ungewöhnlicher Sachkenntnis das Manuskript. Wenn es insgesamt merklich besser geworden ist, ist es das Verdienst von Susanne Schüssler, die es sorgfältig, unerbittlich und einfühlsam redigiert hat. Doch weit mehr: Ihre vielfältige Unterstützung und ihre ansteckende Begeisterung haben nicht nur das Buch selbst, sondern auch die Arbeit am Buch wunderbar bereichert.

Vittorio Magnago Lampugnani
Mailand, im August 2019

Zur Neuausgabe

In die vorliegende neue Ausgabe als Taschenbuch sind etliche neue Entdeckungen und Erkenntnisse eingeflossen, was zur grundlegenden Überarbeitung mancher und Ergänzung nahezu aller Kapitel geführt hat. Zudem wurden ein paar Ungenauigkeiten bereinigt und einige Passagen präzisiert. Die Bebilderung wurde ebenfalls verändert und leicht reduziert, um dem Standard eines Taschenbuchs zu entsprechen.

Mailand, im Januar 2023

MIKROARCHITEKTUREN

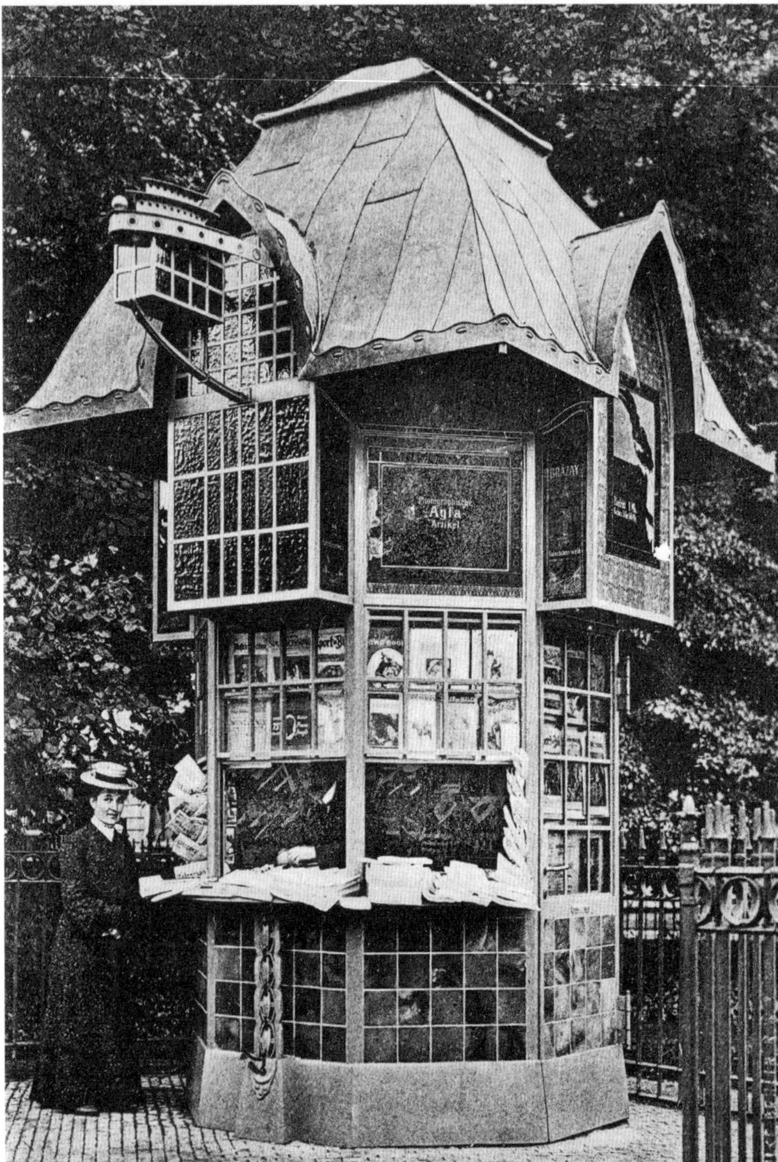

Alfred Grenander, Zeitungskiosk, Berlin, Leipziger Platz, um 1905

Der Kiosk

Das Wort Kiosk geht auf das mittelpersische *kusk* zurück, das so viel wie Ecke oder Winkel bedeutete, aber auch einen Pavillon oder ein Gartenhaus bezeichnete. Von dort gelangte es als *kjosk* ins Türkische und später ins Französische als *kiosque*, ins Italienische als *chiosco*, ins Spanische als *quiosco*, ins Englische als *kiosk* und ins Deutsche als Kiosk. Der freistehende offene Pavillon, der so benannt wurde, hielt im 18. Jahrhundert Einzug in die europäischen, vor allem englischen Gärten und gegen Ende des 19. Jahrhunderts in die Städte. Johann Wolfgang von Goethe verwendet den Begriff in *Triumph der Empfindsamkeit* im Zusammenhang mit der baulichen Ausstattung eines Parks. 1894 erklärte der Brockhaus, es handle sich um »leichte, aus Holz oder Eisen und Glas errichtete Bauten in den Straßen der Großstädte, die zum Verkauf von Zeitungen, Erfrischungen, Cigarren u. dgl. dienen«.[1] Der Bautyp hatte sich etabliert und die Stadt erobert.

Bereits in den Planungen trat er gewichtig auf. Als der Ingenieur Ildefonso Cerdà 1855 seinen radikalen Stadterweiterungsentwurf für Barcelona konzipierte und 1859 und 1863 überarbeitete, sah er auf den 200 Straßenkreuzungen zwischen den quadratischen Hausblöcken mit abgeschrägten Ecken Kioske vor. Sie sollten unterschiedlich genutzt und entsprechend unterschiedlich dimensioniert und gestaltet werden. Zusammen mit den sockelartigen Fußgängerinseln, auf denen sie ruhten, waren sie als freundliche Brennpunkte des öffentlichen urbanen Lebens konzipiert.

Der erste Zeitungskiosk in Paris wurde 1857 auf den Grands Boulevards aufgestellt; davor verfügten die Verkäufer von Druckerzeugnissen nur über einen Stuhl oder einen primitiven Schuppen. Die winzige, dunkelgrün gestrichene gusseiserne Struktur auf achteckigem Grundriss mit der markanten, maurisch inspirierten Kuppel hatte Gabriel Davioud entworfen, der Architekt, der unter dem Präfekten Georges-Eugène Haussmann für zahlreiche Bauten der Grands Travaux verantwortlich war. Diese Kioske belebten die Straße am Tag und beleuchteten sie nachts, zum Entzücken der Bürger und der Obrigkeit; der Name, *kiosque lumineux* oder *pavillon-annonces*, verwies auf ihre Werbefunktion. Bereits zwei Jahre später wurde dieses Modell durch ein neues, etwas geräumigeres ersetzt: eine elegante, großzügig verglaste Eichenholzkonstruktion, die eine Kuppel aus Zinkblech bekrönte. Sie fand im Paris des Second Empire große Verbreitung: 1870 gab es davon über 300. Dazu kamen Blumenkioske, Getränkekioske, Imbisskioske, Souvenirkioske. Sie nahmen derart überhand, dass sich 1892 eine »Association des Parisiens de Paris pour la défense des trottoirs« gegen deren Zustellung mit Stadtmobiliar wandte. Die Stadtverwaltung verordnete zunächst lediglich die Drehung der Kioske um neunzig Grad, damit ihre Türen nicht zur Hausflucht wiesen, wo die wartende Kundschaft den Passanten den Weg versperrte. Anfang des 20. Jahrhunderts wurden etliche der inzwischen weit über 2000 Kioske entsorgt. 1934 kamen neue Kiosktypen auf, mit großzügigeren Dimensionen und einer verchromten Eisenstruktur. In den fünfziger Jahren folgte ein futuristisches Exemplar aus Edelstahl und Glas, das als ultramodern und dem Atomzeitalter angemessen gepriesen wurde. 2007 realisierte die Produktdesignerin Matali Crasset den Prototyp eines neuen Kioskes mit komfortableren Ausmaßen und einem zurückhaltend verzierten Gehäuse aus grün lackiertem Aluminium und Glas sowie einem grauen Zinkdach, das nach und nach die alten Modelle ersetzen wird.

In Berlin hatten die Trinkhallen, die Sprudelwasser und andere Getränke verkauften, in den achtziger Jahren des 19. Jahrhunderts begonnen, ihr Warenangebot um Zeitungen und Zeitschriften zu erweitern. 1904 erwirkte der Buchhändler und Verleger Hermann Stilke die Genehmigung, Zeitungskioske in Berlin zu betreiben, und beauftragte den Architekten Alfred Grenander mit deren Entwurf. Grenander, der durch seine Berliner U-Bahnhofeingänge zu Renommee gekommen war, schuf eine Eisenfachwerkkonstruktion auf quadratischem Grundriss, die im Sockelbereich mit rot irisierenden Fliesen verkleidet und von einem extravagant überdimensionierten Fußwalmdach aus Kupferblech bekrönt war. Darin hatten ein einziger Verkäufer und zahlreiche Zeitungen und Zeitschriften Platz, die zusätzlich außerhalb des Häuschens ausgelegt wurden. Unter dem Dach verlief ein Fensterband, in das Reklametafeln eingesetzt und nachts beleuchtet waren: ein frühes Beispiel der Einbeziehung von Werbung in Architektur. Werbemittel war auch der Kiosk selbst, auffällig genug gestaltet, um von weithin sichtbar im Stadtraum zu wirken, ohne ihn jedoch zu beeinträchtigen. Der erste Kiosk wurde 1905 auf dem Leipziger Platz aufgestellt, es folgten Variationen auf runden oder vieleckigen Grundrissen, die mit markanten Kaminen, Auslegern und bis zu vier Normaluhren ausgestattet waren. Die zeitgenössische Presse feierte die architektonischen Paradiesvögel als willkommene Belebung des grauen Großstadtalltags. 1909 erwarb Stilke die Gesellschaft der Berliner Trinkhallen und ließ deren Häuschen durch neue ersetzen, in denen auch ein Zeitungssortiment angeboten und sogar ein Fernsprech-Automat untergebracht war. Als Architekt firmierte William Müller, ein Schüler von Alfred Messel, dem Erbauer des berühmten Wertheim-Kaufhauses.

Von 1924 an wurden die Berliner Kioske nicht mehr von Stilkes Gesellschaft, sondern von den Bezirksverwaltungen bewirtschaftet. Entsprechend divers entwickelte sich das Verkaufsangebot, und entsprechend unterschiedlich die Bauweise.

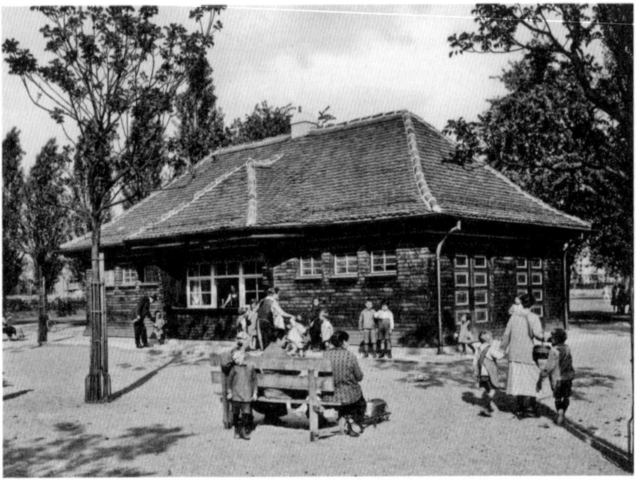

Hermann Herter, Milchhäuschen mit Kiosk an der Josefswiese, Zürich, 1926

Die Häuschen waren wie zuvor aus Eisen, aber auch aus Holz und Stein konstruiert und boten neben Zeitungen Theaterkarten, Tabakwaren, Reiseandenken und Lebensmittel feil. Bereits 1922 waren am Kurfürstendamm zwei kleine Rundtempel mit spitzem schiefergedecktem Dach gebaut worden, zwischen deren acht Säulen die Zeitungsvitrinen eingesetzt waren. Die beiden Zwillinge standen bald in einer Reihe von ähnlichen, allerdings leichteren Kleinbauten, die den Berliner Prachtboulevard belebten. Besonders fielen die Theaterkasse der Reinhardt-Bühnen mit ihrem dreifach abgetreppt auskragenden Flachdach und der transparente Informationspavillon auf, den der auf Ausstellungsräume spezialisierte Architekt und Grafiker Paul Mahlberg baute. Als Symbol der autogerechten Stadt, die das Berlin der Nachkriegszeit zu werden sich anschickte, entstand 1954–1956 an der geschäftigen Ecke des Kurfürstendamms mit der Joachimsthaler Straße ein spezieller Kiosk: Nach dem Entwurf von Werner Klenke und Werner Düttmann wurde eine Kombination von Zeitungskiosk, Telefonzelle, U-Bahneingang und Verkehrskanzel mit seitlich angebrachten Uhren aufgestellt, bei der eine Doppelstütze aus Stahlbeton den asymmetrischen gläsernen Hochsitz über dem weit auskragenden Betondach des Sockelbaus emporhebt. Der extravagante Bau steht noch heute, die Kanzel wird längst nicht mehr genutzt.

Um die Wende vom 19. zum 20. Jahrhundert gewannen die Verkaufskioske vor allem in den nordeuropäischen Städten zunehmend an architektonischer Bedeutung. Josef Stübben schrieb in seinem 1890 erschienenen, umfassenden und einflussreichen Manual zum Städtebau, sie würden »nicht bloß dem Wanderer zur Labung, sondern auch der Straße zur Verschönerung«[2] dienen. Als zentrale Illustration verwendete er eine massiv gemauerte und üppigst dekorierte Verkaufsbude in Frankfurt am Main, in deren abenteuerlich sich auftürmendem Dach vier riesige Zifferblätter einer öffentlichen Uhr integriert sind.

Friedrich Fissler, Stadtbaumeister von Zürich und Architekt der Riedtli-Siedlung, baute 1911 die Tramstation am Pfauen als steinernen Kiosk mit dorischem Säulenportikus, tief heruntergezogenem geschweiftem Walmdach und reich gerahmter Uhr im Tympanon. Sie wurde sofort als »überfütterter Mops« apostrophiert, bildet aber noch heute den Blickfang des Heimplatzes. Wenige Jahre darauf realisierte Fissler den Kiosk am Kreuzplatz, diesmal als klassizistisch inspirierter Rundtempel. Beim Landesmuseum schufen Otto und Werner Pfister, die Baumeister des Bahnhofs Enge, einen wiederum steinernen Kiosk, diesmal nicht bei einer Tramhaltestelle, sondern bei einem Schiffsanlegeplatz. Um eine auch touristische Belebung der Innenstadt zu fördern, stellte August Buxbaum, Stadtbaurat von Darmstadt, 1925 sieben baugleiche Kioske aus Betonguss mit kupferbedecktem Spitzdach auf verschiedenen Plätzen auf; nur jener am Kantplatz ist bis heute erhalten.

Doch nicht nur Heimatstil-Architekten widmeten sich der Bauaufgabe Kiosk: Auch die Avantgarde der zwanziger Jahre beschäftigte sich damit. Alexander Rodtschenko zeichnete 1919 einen konstruktivistischen Kiosk, später Alexandra Alexandrowna Exter und Herbert Bayer. Max Ernst Haefeli und Werner Max Moser realisierten 1939 das heitere Buffet im städtischen Freibad Allenmoos in Zürich-Oerlikon als kreisrunden verglasten Pilzbau.

Im Gegensatz zu Mitteleuropa, wo sich reine Zeitungskioske lediglich vereinzelt und kurzzeitig durchsetzten, gab und gibt es in den Städten südlich der Alpen Häuschen und Buden, die ausschließlich Presseprodukte anbieten. Architektonisch anspruchsvolle Exemplare, wie sie etwa in Lissabon oder Madrid zu finden sind, stellen Ausnahmen dar: Überwiegend sind die Zeitungsstände utilitaristisch anonym, werden von den ausgestellten Zeitungen und Zeitschriften geradezu verdeckt. In Italien heißen sie *edicole*, eine Ableitung aus dem lateinischen Terminus *aedicula*, Diminutivform von *aedes*, Haus oder Tempel. Tatsächlich waren die *aediculae* der Antike verkleinerte Nachbildungen von Tempeln, die Kultbilder schützten. Von diesem Anspruch ist in den zeitgenössischen Pfosten-Riegel-Strukturen aus Holz oder Eisen wenig übrig, sie sind demontabel und transportabel, allseitig von Rollläden aus Blech geschlossen, dunkelgrün oder mausgrau gestrichen und oft mit ausstellbaren Stoffmarkisen ausgestattet. Zieht man die Läden hoch, verwandeln sie sich in Zeitungs- und Zeitschriftenauslagen, mit einem schmalen Verkaufsfenster an der exponierten Seite. An strategischen Orten wie Plätzen und Straßenkreuzungen aufgestellt, bilden sie wichtige soziale Treff- und Brennpunkte. Im Zusammenhang mit der Aufwertung des historischen Zentrums Roms, die in der ersten Hälfte der achtziger Jahre unternommen wurde, zeichneten Architekten wie Costantino Dardi, Franco Purini und Paolo Portoghesi neue, ästhetisch anspruchsvollere Zeitungskioske. Sie blieben fast alle auf dem Papier, aber 1986 sollte Portoghesi die

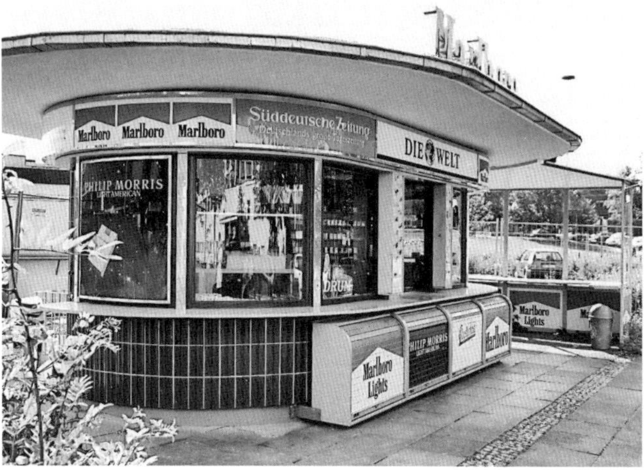

Kiosk (Bundesbüdchen), Bonn, um 1960

dabei gesammelten Erfahrungen beim Entwurf eines Kioskes für die römische Tageszeitung Il Messaggero verwerten.

Es ist im Rückblick auffällig, wie viele bedeutende Architekten und Stadtbaumeister, also oberste Baubeamte, sich der Kioske und überhaupt der Kleinarchitekturen ihrer Stadt persönlich angenommen haben. Sie waren ihnen so wichtig, dass sie sie nicht aus der Hand gegeben und mit Sorgfalt gestaltet und platziert haben. Heute, da es kaum mehr Stadtarchitekten gibt, weil diese Position in der Verwaltung faktisch abgeschafft wird, um der Politik mehr Spielraum zu gewähren, werden Gestaltung und Unterhalt der modernen Kioske privaten Firmen überlassen. Sie achten auf Funktionalität, Wirtschaftlichkeit und eine gewisse modische Eleganz; Verantwortung für die Stadt und ihre Identität übernehmen sie nicht.

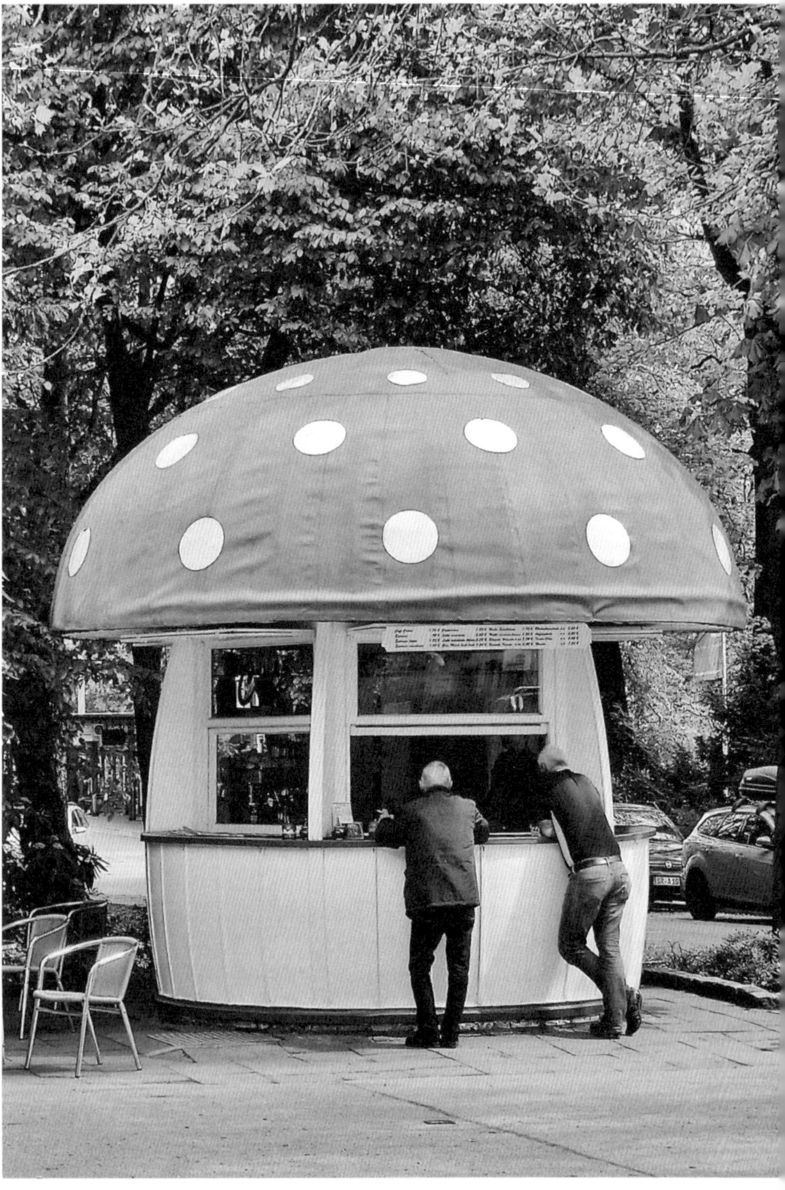

Milchhäuschen, Regensburg, um 1950

Die Trinkhalle

Brunnenhallen oder Trinkhallen kamen in den Kurorten des frühen 19. Jahrhunderts auf. Seit dem 17. Jahrhundert hatte die Trinkkur nach und nach die Badekur abgelöst. Dafür wurde ein wetterfester, meist geschlossener Raum notwendig, in dem das Heilwasser den Kurgästen ausgeschenkt wurde; oft erhielt er die Form eines Pavillons. Herausragende Beispiele sind die Brunnen- und Wandelhalle, die Karl Friedrich Schinkel 1823 in Bad Aachen errichtete, und jene, die Heinrich Hübsch knapp zwanzig Jahre später im Baden-Badener Kurgarten schuf.

Ihren Einzug in den städtischen Raum hielt die Trinkhalle im Zusammenhang mit der Verbreitung des künstlich hergestellten Mineralwassers, das der Arzt Friedrich Adolph August Struve erfunden hatte. Brunnen- und Leitungswasser war bis weit ins 19. Jahrhundert hinein mit hohem gesundheitlichen Risiko verbunden, und die Arbeiter tranken Bier und Schnaps, unterstützt von den Fabrik- und Zechenbesitzern, die sich vom Alkoholkonsum irrtümlicherweise eine höhere Produktivität erhofften. Um den zunehmend verbreiteten Alkoholismus zu bekämpfen, förderten die Städte das Angebot von Wasser und alkoholfreien Getränken. Das sofort beliebte Sprudelwasser, zu dem bald Brausen, Tee, Milch und Kaffee hinzukamen, wurde in eigens aufgestellten Kleinbauten verkauft. Sie standen in der Nähe der Fabriken, aber auch auf den städtischen Bürgersteigen. Zunächst schlichte Holzbuden, wurden sie bald als architektonische Aufgabe betrachtet: Martin Gropius entwarf 1861 eine »Berliner Trinkhalle für Selter- und

Sodawasser« als modulare Eisenkonstruktion auf rechteckigem, quadratischem oder oktogonalem Grundriss, eine klassische Komposition aus Säulen, Gebälk und Flachdach mit ausladender Verkaufsveranda; von den drei Varianten wurde nur die erste ausgeführt und unter anderem am Spittelmarkt montiert, wo die robuste Kleinarchitektur bis 1909 stand. Zugleich zeichnete Gropius eine zierlichere Version für Paris, bei welcher die kräftigen Gusseisensäulen der Berliner Trinkhalle zu filigranen und reich ornamentierten Stützen mutierten. Die »kleinen Hallen« wurden einige Jahre später tatsächlich auf den neuen Boulevards der französischen Metropole aufgestellt und mit dem deutschen Terminus Trinkhallen bezeichnet.

Ihr Hauptort blieb indessen Mitteleuropa. Seit den sechziger Jahren des 19. Jahrhunderts begannen die Trinkhallen, ihr Verkaufsangebot um Tabak, Zigaretten und Gebäck, aber auch Zeitungen und Zeitschriften zu erweitern; einige gerieten zu hybriden Kiosken mit Hunderten von Artikeln. Zusehends verwandelten sie sich in Orte, wo man einfache Nahrungsmittel auch außerhalb der Ladenöffnungszeiten kaufen und dabei nachbarschaftliche Kontakte pflegen konnte. In Frankfurt am Main hießen sie Wasserhäuschen, im Ruhrgebiet Buden, in Berlin Spätkauf oder Budiken.

Ihre Architekturen waren überwiegend anonym und geradezu primitiv, nur wenige zeichneten sich durch Individualität aus: Einige ahmten hölzerne Chalets nach, die zuweilen extravagant verziert waren, andere stellten klassizistisch inspirierte gemauerte Häuschen dar, die der Eleganz nicht entbehrten. Wie untrennbar sie mit der Stadt der Wende vom 19. zum 20. Jahrhundert verbunden waren, zeigt der programmatische Entwurf eines fiktiven 22. Wiener Bezirks, den Otto Wagner 1901 als Element seiner utopischen »unbegrenzten Großstadt« zeichnete: Jede der 33 Gartenanlagen, die die gleichmäßige Bebauung im engen Straßenraster auflockern, verfügt über zwei Kinderspielplätze, eine öffentliche Toilette und eben eine Trinkhalle. Zu den schönsten Beispielen realisierter Trinkhallen gehören

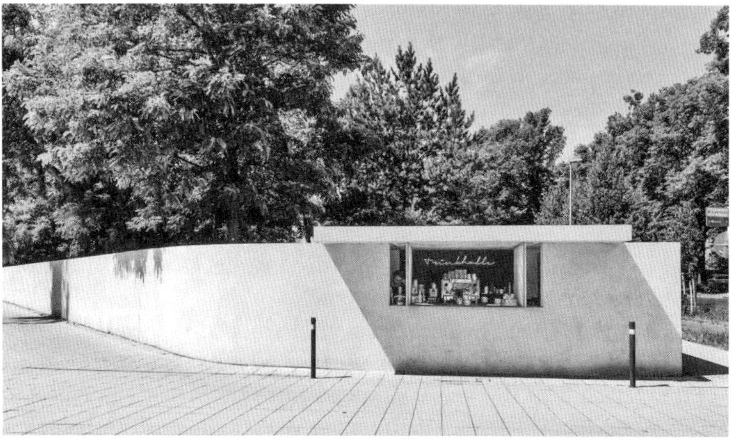

Ludwig Mies van der Rohe, Trinkhalle, Dessau, 1932

jene auf dem Hermannplatz und auf dem Richardplatz in Berlin, 1908 von Reinhold Kiehl als zierliche kuppelüberwölbte Rundtempel entworfen.

Um 1900 und später entstanden vor allem im Rheinland Hunderte von Milchhäuschen, die allerdings nach dem Ersten Weltkrieg und dem Zusammenbruch der Milchversorgung ihr Sortiment ausweiteten. Zu den kuriosesten gehören jene in Fliegenpilzform, von denen in den fünfziger Jahren serienmäßig Exemplare gebaut und auch ins Ausland exportiert wurden.

Die wohl berühmteste Trinkhalle der Architekturgeschichte ist ein Nicht-Gebäude und entstand in Dessau als Ersatz für jene, die 1925 für den Bau der Bauhaus-Meisterhäuser abgerissen wurden. Ludwig Mies van der Rohe, seit 1930 Direktor des Bauhauses, wurde 1932 mit dem Entwurf des winzigen Bauvorhabens beauftragt, hinter dem der Mineralwasser-Hersteller Adolf Schnackenberg stand und für das bereits ein Plan des Städtischen Bauamtes existierte. Mies fügte die Trinkhalle in die fast zwei Meter hohe weiße Mauer ein, die Walter Gropius kurz zuvor als Begrenzung des Grundstücks der Meisterhäuser hatte errichten lassen, und zwar genau an der Sichtachse zu den Sieben Säulen des Dessau-Wörlitzer Gartenreichs. Von außen gewärtigt man nur eine scharf ausgeschnittene rechteckige Fensteröffnung, die ein gerade vorkragendes Dach schützt und akzentuiert, sowie eine schmale Tür. Die ausgrenzende Mauer ist in einen Ort der Kommunikation verwandelt, die Trinkhalle selbst in ein radikal zurückgenommenes Juwel der architektonischen Moderne.

Im Dritten Reich wurden viele Trinkhallen abgerissen, weil sie vermeintlich das Bild einer repräsentativen Stadt störten. Nach dem Zweiten Weltkrieg kamen sie wieder auf, teilweise aus den Überresten zerbombter Häuser zusammengebaut, teilweise als einfache Holzbuden oder in bestehende Bauten integriert, vor allem in Bahnhöfen. Mit ihrem erweiterten Verkaufsangebot stellten sie die Versorgung mit Lebens- und Genussmitteln kapillar sicher und entwickelten sich zu sozialen Begegnungsorten.

Bei den Anwohnern waren sie wenig beliebt: Paradoxerweise zogen ausgerechnet jene Einrichtungen, die entstanden waren, um den Alkoholismus zu bekämpfen, nun alkoholisierte, laute Stammgäste an. Auch verschwanden nach und nach die Stadtbrachen, auf denen sich die Buden eingerichtet hatten. Aufgegebene Postbüros und neue Tankstellen, die inzwischen nicht mehr nur Benzin verkauften, ersetzten die Trinkhallen. Jene, die übrigblieben, ließen sich immer weniger von einer Imbissbude, einem Zeitungsstand oder einem Tante-Emma-Laden unterscheiden. Als Kleinarchitekturen sind sie heute fast ausnahmslos aus dem Stadtbild verschwunden.

Im traditionellen Wiener Würstelstand, einer Einrichtung der k.u.k.-Monarchie, die analog zu den frühen deutschen Trinkhallen den Kriegsinvaliden ein Minimaleinkommen sicherte, werden nicht nur Würstel, sondern auch alle möglichen Lebensmittel und Getränke angeboten. Ursprünglich einfache Bretterbuden, sind sie heute überwiegend aus Metall und Glas gebaut und zuweilen so elegant wie der stromlinienförmig modellierte Stand am Schwedenplatz in Wien. Andere Städte wie London setzen eher auf das Besondere: In Canary Wharf realisierten Make Architects einen transportablen und zusammenfaltbaren Kiosk, ein übergroßes, raffiniertes Origami-Objekt, dessen gelenkig miteinander verbundene, dreieckig zugeschnittene Hüllelemente sich öffnen und schließen lassen. Allerdings treffen sich dort nicht Quartierbewohner unterschiedlicher sozialer Herkunft, sondern die gutverdienenden Angestellten aus den umliegenden exklusiven Büros; und die Trinkhalle, von Anbeginn an ein schillerndes, hybrides Stadtelement, ist ganz und gar zu einem reinen Imbisskiosk mutiert.

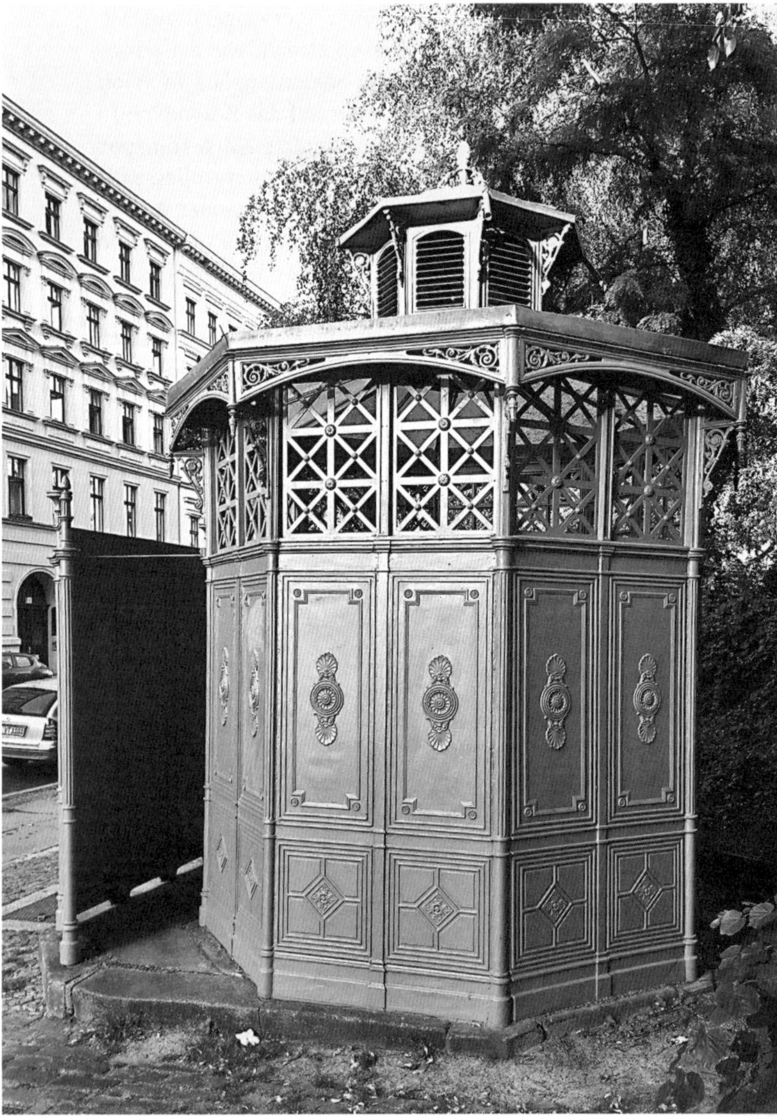

Urinal (Café Achteck), Berlin, um 1880

Die öffentliche Toilette

Die wohl ersten öffentlichen Toiletten wurden im spätrepublikanischen Rom gebaut. Sie gewannen an Bedeutung, je größer die Stadt wurde und je mehr *insulae* hochgezogen wurden, mehrgeschossige Wohnhäuser, im Gegensatz zu den vornehmen *domus* ohne Privatbäder, sondern nur mit einem Kübel unter der Treppe. Die antiken Latrinen waren Räume, an deren Wänden Marmor- oder Holzbänke mit eingeschnittenen Löchern entlangliefen. In der Regel boten sie Platz für ein Dutzend Menschen, aber es gab auch Großlatrinen mit bis zu 80 Sitzen. Darunter verlief ein offener Abwasserkanal mit fließendem Wasser. In der Mitte des Raumes war eine weitere Rinne eingelassen, die Spritzwasser und Urin aufnahm. Die Latrinen waren meist überdacht, ansonsten aber weitgehend offen und damit gut durchlüftet. Oft waren sie mit Mosaiken, kleinen Brunnen und Statuen geschmückt, meistens von Carna oder Hygieia, den Göttinnen der Gesundheit. In Pompeji mahnt auf einem Wandgemälde Fortuna die Benutzer unumwunden: cacator cave malum (wörtlich: Scheißer, hüte dich vor dem bösen Blick!). Männer und Frauen benutzten die Anlagen gemeinsam, wobei Letztere eher seltene Gäste gewesen sein dürften; während die Notdurft verrichtet wurde, unterhielt man sich ungeniert. Die Toiletten wurden privat finanziert und kosteten Eintritt. So wurden sie überwiegend von der Mittelschicht genutzt, die sie sich leisten konnte. Die Armen mussten sich mit Amphoren behelfen, die Gerber, Färber und Stoffwalker aufstellten, weil sie den Urin, genauer: das im Urin enthaltene Ammoniak für ihr Handwerk brauchten. Kaiser Vespasian ließ das Aufstellen dieser Amphoren ebenso besteuern wie den Betrieb der Latrinen. Letztere waren in allen größeren römischen Städten am Forum, bei den Thermen oder an anderen frequentierten Orten zu finden; Rom selbst zählte im 4. Jahrhundert 144 solche Einrichtungen.

Im Mittelalter und in der frühen Neuzeit hatten die Stadtbürger keine Hemmungen, Blase und Darm auf den Straßen zu entleeren, die in einem dementsprechenden Zustand waren: ungeheuer verdreckt und übelriechend. Es gab auch kaum eine Alternative, denn private und öffentliche Aborte waren eine Seltenheit. Im 14. und 15. Jahrhundert existierten in München acht, in Nürnberg und Bern je eine, in London vier allgemein nutzbare Bedürfnisanstalten. In Paris ließ Philippe I. de Bourbon, Herzog von Orléans, im Palais Royal, das 1692 in seinen Besitz überging, immerhin zwölf öffentliche Toiletten einbauen: Obwohl lukrativ, blieben sie in der französischen Hauptstadt ein Einzelfall. Es war mit Blick auf diesen Mangel, auf den vergangenen gesellschaftlichen Luxus der römischen Thermen und auf zeitgenössische Stadträume voller Kot und Urin, dass Jonathan Swift 1726 mit beißendem Sarkasmus seine *Proposals for Erecting and Maintaining Public Offices of Ease within the Cities and Suburbs of London and Westminster* verfasste. Darin malte er das Bild von fünfhundert unerhört opulenten Latrinen, die aus Portland-Stein und Marmor gebaut und mit Fresken, Skulpturen und Teppichen ausgestattet werden sollten, zumal die Verwertung der Exkremente ihren Betreibern reiche Einnahmen bescheren würde.

Etwa ein halbes Jahrhundert später forderte Nicolas-Edme Restif de La Bretonne, man solle Hausbesitzern, deren Gebäude an besonders frequentierten Orten standen, den Einbau öffentlich zugänglicher Latrinen in ihren Erdgeschossen vorschreiben. Louis-Sébastien Mercier schloss in seinem mehrbändigen *Tableau de Paris* (1781–1788) die lebhafte Beschreibung des erbärmlichen Zustands der Straßen der französischen Hauptstadt mit der Aufforderung, öffentliche Bedürfnisanstalten einzurichten. Sein Appell blieb nicht ungehört: Beim Ausbruch der Französischen Revolution wurde der Schriftsteller aus seinem Schweizer Exil zurückgeholt, und auf seinen Antrag hin verfügte der Gemeinderat von Paris die Aufstellung allgemein benutzbarer Aborte in den Straßen der Stadt. Umgesetzt wurde der Beschluss erst 1830; die begehbaren Anschlagsäulen aus Stein und Gips wurden allerdings prompt als Barrikadenmaterial für die Julirevolution zweckentfremdet.

1839 tauchte die Kombination von Pissoir und Anschlagtafel wieder auf, als sogenannte *colonnes des boulevards* oder *colonnes moresques*; die ersten wurden am Boulevard Montmartre und am Boulevard des Italiens montiert. Nach dem damaligen Präfekten nannte man sie *colonnes Rambuteau*. Dieser war wenig erfreut, seinen Namen mit Pissoirs in Verbindung gebracht zu sehen, und lancierte dagegen, in Anspielung auf den erwähnten römischen Kaiser, die Bezeichnung *colonne Vespasienne*. Ebenso wenig erfreut, wenngleich aus anderen Gründen, waren Architekten wie der einflussreiche César Daly, der den neuen Stadteinrichtungen deplatzierte Exotik und Mangel an Eleganz bescheinigte. Doch 1841–1849 wurden die *colonnes* zu Protagonisten eines erstaunlichen Stadtverschönerungsprogramms: Auf Initiative einer Gruppe von Anrainern wurde die Rue du Faubourg-Saint-Martin auf einer Länge von zwei Kilometern mit 100 Gaskandelabern, 30 Brunnen und ebenso vielen Pissoirs neu gestaltet. Letztere bestanden aus Eisenblech, waren anspruchsvoll ornamentiert und stellten sich neben den gemauerten *colonnes* und den Latrinen aus zwei Lavascheiben von der Auvergne, die mit grünlicher Emaille ausgekleidet waren, als dritten Typ der Pariser öffentlichen Toilette dar.

Im Second Empire widmete sich Gabriel Davioud, Chefarchitekt unter Georges-Eugène Haussmann, der Verfeinerung der Pissoirs: Sie wurden mit Sichtschutz versehen, mit einer Gaslaterne ausgestattet und aus zurückhaltend verziertem Gusseisen und Eisenblech in den unterschiedlichsten,

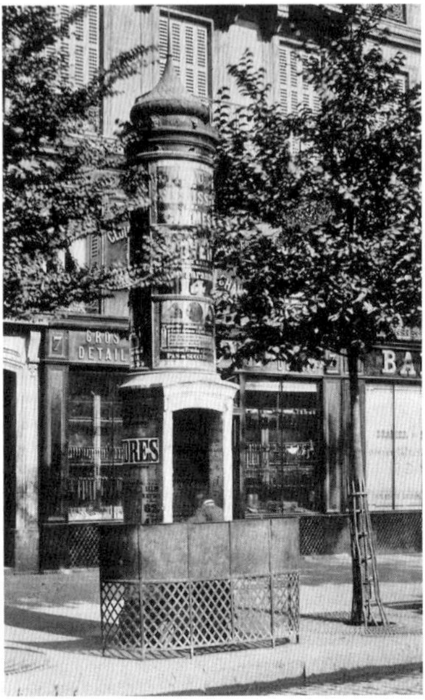

Urinal mit Anschlagsäule, Paris, um 1865, Fotografie: Charles Marville

teilweise ausgesprochen reizvollen Formen realisiert. Mit dem Aufkommen der *colonnes Morris* im Jahr 1868 wurde die Funktion der Reklame von den Vespasiennes ausgelagert, die zunehmend aus Metall hergestellt und komplex artikuliert wurden. Sie boten mehreren Nutzern gleichzeitig Raum, standen auf runden, ovalen, rechteckigen oder achteckigen Grundrissen und wurden diskret dekoriert. Die verschiedensten Architekten entwarfen sie, verwandelten sie in *cabinets inodores,* Kioske, *chalets de nécessité, tempietti.* Charles Marville, der als Stadtfotograf von Paris arbeitete, dokumentierte sie in den sechziger und siebziger Jahren des 19. Jahrhunderts ebenso systematisch wie liebevoll. 1877 begann man, die *colonnes moresques* abzubauen. Ende des 19. Jahrhunderts waren sie so gut wie verschwunden, und in Paris gab es über 100 Bedürfnisanstalten für Damen und Herren sowie knapp 1700 Pissoirs, die *urinoirs, pissotières, lieux d'aisances, chiottes, latrines* oder *tasses* genannt wurden. Ihrer Funktion als Treffpunkte der Homosexuellen widmeten Marcel Proust und Jean Genet zahlreiche Seiten, Henry Miller sang in *Schwarzer Frühling* ihr Loblied.

Die erste öffentliche Toilette in London entstand 1851 im Crystal Palace, den Joseph Paxton für die erste große Weltausstellung in Hyde Park errichtete, und war derart erfolgreich, dass sie nach der Demontage des riesigen Glashauses bestehen blieb. Nach ihrem Vorbild entstanden weitere ähnliche

Anstalten: eine für Herren in Fleet Street und kurz darauf eine für Damen in Bedford Street. Sie boten zwei Klassen unterschiedlichen Komforts an und waren gediegen ausgestattet, fanden aber trotz Werbung in der Tageszeitung *The Times* nicht genügend Kundschaft und mussten bald geschlossen werden. Erst in den neunziger Jahren setzten sich die *public waiting rooms* in London durch, teilweise als pavillonartige Kleinbauten, teilweise als unterirdische Anlagen. Mit ihren großzügigen Raumanordnungen und noblen Materialien galten sie bald als die elegantesten Europas. Josef Stübben, der sich in seinem Manual *Der Städtebau* von 1890 mit erstaunlicher Ausführlichkeit und Detailliebe den städtischen Bedürfnisanstalten widmete, stellte die beiden unterirdischen Toilettenanlagen an der Farrington Street und am Mansion House Place als beispielhaft vor, bemerkte allerdings zur Letzteren, die um den Unterbau des Wellington-Reiterdenkmals angelegt war, das »Herauswachsen eines monumentalen Reiterstandbildes aus der Mitte einer öffentlichen Bedürfnis-Anstalt dürfte [...] deutschem Gefühle nicht entsprechen«.[1] Auch entging ihm nicht, dass sie eine Männerdomäne darstellten, in der Damen und ihre Bedürfnisse keinen Raum hatten. George Bernard Shaw, der nicht nur literarisch, sondern auch lokalpolitisch aktiv war, traf auf erbitterten Widerstand, als er sich für eine Bedürfnisanstalt für die arbeitenden Frauen in Camden Town starkmachte.

In Berlin, wo seit 1737 die Commodität am Schloss als exotisches Solitär stand, versuchte Ernst Litfaß 1855, die Anschlagsäule, die seinen Namen tragen sollte, nach dem Muster der *colonnes moresques* mit einer Toilette zu kombinieren. Der Vorschlag scheiterte an der Ablehnung der potentiellen Nutzer. Bereits 1847 hatte ein Wettbewerb für die Gestaltung öffentlicher Toiletten in Berlin stattgefunden; weitere folgten 1861 und 1865. 1863 stand auf dem Askanischen Platz die erste Urinieranstalt, die auf Kosten der Stadt gebaut und betrieben wurde; drei Jahre später waren es bescheidene 56, davon nur sechs von der Stadt finanziert. Sie bestanden aus einem

Gerüst aus Gusseisen und Blech, verfügten über ein Glasdach und eine Laterne, waren innen mit Schiefer verkleidet und mit einer modernen Wasserspülung ausgestattet. 1876 entwarf der Stadtbeamte Carl Theodor Rospatt zusammen mit einem Architekten namens Peters eine elegante metallene Pissoiranlage auf achteckigem Grundriss, die sofort auf breite Zustimmung stieß; mit freundlichem Berliner Spott wurde sie als Café Achteck oder, in Anspielung auf den damals amtierenden Polizeipräsidenten Guido von Madai, als Madai-Tempel, zuweilen auch als Rotunde apostrophiert. Die Version für Damen blieb auf dem Papier. Doch nur wenige Jahre danach wurden größere Einrichtungen für Damen und Herren aufgestellt, mit zwei separaten Eingängen und Toilettenkabinen, die wie in London in zwei Klassen aufgeteilt waren: mit und ohne Waschbecken. Zunächst aus Holz, später aus Eisen und Holz gefertigt, waren sie beleuchtet, geheizt und aufwendig dekoriert. Ihre Finanzierung übernahmen zwei Unternehmen, die einen Konzessionsvertrag mit der Stadt schlossen und aus den Eintritten Gewinn schöpften.

Im Berlin der Jahrhundertwende gab es über neunzig Bedürfnisanstalten und knapp 1800 Pissoirs. Nach und nach wurden die verspielten Blechhäuser durch klassizistisch inspirierte, zumeist massive Pavillonbauten ersetzt, die oft Wartehallen, Zeitungskioske, Blumenläden und eben Toiletten in einem waren. Selbst ein Toilettenhäuschen im Schweizerhaus-Stil und eines als Fachwerkbau fehlten nicht. Nach dem Ersten Weltkrieg wurden die öffentlichen Aborte expressionistisch und neusachlich. Städtebaulich besonders ambitioniert stellte sich die unterirdische Bedürfnisanstalt dar, die Heinrich Lassen, Stadtbaurat von Schöneberg und Architekt der ansprechenden Wohnanlage Ceciliengärten, 1926–1927 unter dem Winterfeldtplatz anlegte und deren Treppen von einer durchlässigen Pfeilerexedra gefasst waren, die mit dem mittig angeordneten Raum für den Marktmeister die Nordseite des Platzes mit leichter Geste abschloss.

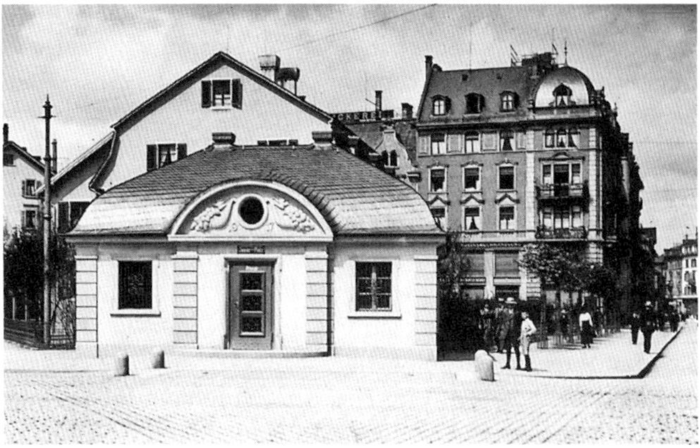

Friedrich Fissler, öffentliches Toilettenhaus am Zweierplatz, Zürich, 1917

In Wien wurden erstmals 1861 vier Eisenpissoirs in Schneckenform, die aus London importiert wurden, an strategischen Orten der Stadt aufgestellt, stießen aber bei den Bürgern auf Ablehnung; die ein Jahr darauf eingeführten Pavillonpissoirs fanden mehr Akzeptanz. Von 1868 an wurden sie in der vornehmen Ringstraße montiert und etwa zwanzig Jahre später durch elegante Bedürfnisanstalten ersetzt, die aus eisernen, neobarock verzierten Fertigteilen zusammengefügt und von Baumeistern wie Carl Tietz und Hugo Schuster entworfen wurden. Gleichwohl rissen die Beschwerden nicht ab, etliche Pavillons mussten unter dem Druck der Öffentlichkeit wieder abgebaut werden. Nachdem der Plan einer unterirdischen Bedürfnisanstalt beim Stephansdom am vehementen Widerstand der kirchlichen Behörden gescheitert war, wurde sie 1905 am Graben realisiert: nach einem Entwurf von Franz Krasny und luxuriös ausgeführt mit verfliesten Böden, vertäfelten Decken, Wänden aus Eichenholz, polierten Natursteinplatten, geschliffenen Glasscheiben, Messingarmaturen und Klosettsitzen aus Teakholz. In den beiden nach Geschlechtern getrennten

Vorräumen gab es sogar je ein Aquarium mit Springbrunnen, was Karl Kraus zur trocken ironischen Bemerkung veranlasste, man würde die Aufforderung, beim Verlassen der Anstalt die Goldfische zu betrachten, gern befolgen.

Die erste öffentliche Bedürfnisanstalt in Zürich entstand 1880 und war ein Pissoir. Dreizehn Jahre später wurde eine Frauentoilette auf dem Bürkliplatz aufgestellt, ein schnuckeliges Fachwerkhäuschen, das in markantem Gegensatz zu den gusseisernen zeitgenössischen Stadtaborten stand. Auch die Bedürfnisanstalt, die 1905 am Utoquai errichtet wurde, setzte sich mit ihrer verspielten neobarocken Architektur von dem ab, was damals üblich war. Die Tramstation am Pfauen von 1911 inkorporiert einen Kiosk und eine öffentliche Toilette: Der Einsatz von Elementen der Monumentalarchitektur brachte ihr viel Spott ein, aber Friedrich Fissler, ihr Architekt, ließ sich nicht beirren und baute sechs Jahre später am Zweierplatz eine kleinere Version als reine Toilettenanlage mit mächtigem Walmdach und halbrundem Giebel mit von beredten Füllhörnern gerahmter Uhr. Dekor und architektonischer Anspruch spiegelten den Stolz auf die fortschrittliche hygienische Versorgung der Stadt und das Prestige wider, das damit einherging.

Zu Beginn des 20. Jahrhunderts mutierten in den großen europäischen Städten öffentliche Bedürfnisanstalten vereinzelt zu regelrechten Körperpflegezentren mit Duschen, Bädern und Coiffeurs. Zu den eindrucksvollsten gehört der Albergo Diurno Metropolitano, den Piero Portaluppi 1923–1926 in Mailand schuf, unter der Piazza Oberdan bei Porta Venezia. Neben veritablen Thermen, die einen gediegen, die anderen verschwenderisch ausgestattet, bot er seinem Publikum auch einen Frisörsalon, Pediküre, Maniküre, ein Reisebüro und ein Fotografiestudio. Der Zugang erfolgte über einen Pavillon auf dem Platz; ein großzügiges, über Glasfliesen von oben belichtetes unterirdisches Atrium verlieh dem raffiniert gestalteten Komplex einen beunruhigend urbanen Charakter.

Nach dem Zweiten Weltkrieg wurden die öffentlichen Toiletten zunehmend als störend und unschicklich empfunden: Nicht umsonst transportiert der italienische Komiker Totò im Film *Totòtruffa 62* einen Vespasiano auf seinem Kleinlaster durch Neapel, um mit der Drohung, ihn unmittelbar vor einem Restaurant mit Außenbestuhlung aufzustellen, den Wirt zu erpressen. Allenthalben wurden die städtischen Bedürfnisanstalten abgetragen, geschlossen oder zweckentfremdet: In London sind die teilweise durchaus attraktiven und auf jeden Fall begehrten unterirdischen Räumlichkeiten in Nachtlokale und Läden umfunktioniert. Auch die eleganten Metallpavillons in Paris, Berlin oder Wien sowie die ruppigen Betonpissoirs in Rom sind verschwunden. An ihrer Stelle gibt es in Paris die *sanisettes* und in Berlin die City-Toiletten. Sie sehen so aus, wie sie heißen: austauschbar, abweisend und mittelmäßig. Konzeptionell interessanter sind die versenkbaren Urinale, die unter anderem in den Londoner Bürgersteigen eingebaut wurden und nur nachts daraus emportauchen, wenn sie das urbane Leben nach Vorstellung der Verwaltung erforderlich macht.

Gegen die sterile Belanglosigkeit traten Architekten vom Rang eines Rem Koolhaas an, der 1996 in Zusammenarbeit mit dem Künstler Erwin Olaf eine verspielte Bedürfnisanstalt in Groningen baute. 1999 entwarf und realisierte Luigi Blau zwei Toilettenanlagen in Wien, die sich durch schlichte Formen und ein elegant geschwungenes Dach auszeichnen. 2009 lud das Royal Institute of British Architects namhafte Baumeister ein, zeitgemäße öffentliche Toiletten zu entwerfen, mit eher befremdlichen Ergebnissen. Sie alle deuten, im Einklang mit dem zeitgenössischen Verständnis vom Stadtraum als Spielwiese der Eitelkeiten, die öffentliche Toilette als exaltiertes urbanes Kunstwerk. Die Versuchung ist groß, den gediegenen, unaufdringlichen unterirdischen Bedürfnisanstalten und sogar den bescheidenen zierlichen Pissoirs nachzutrauern.

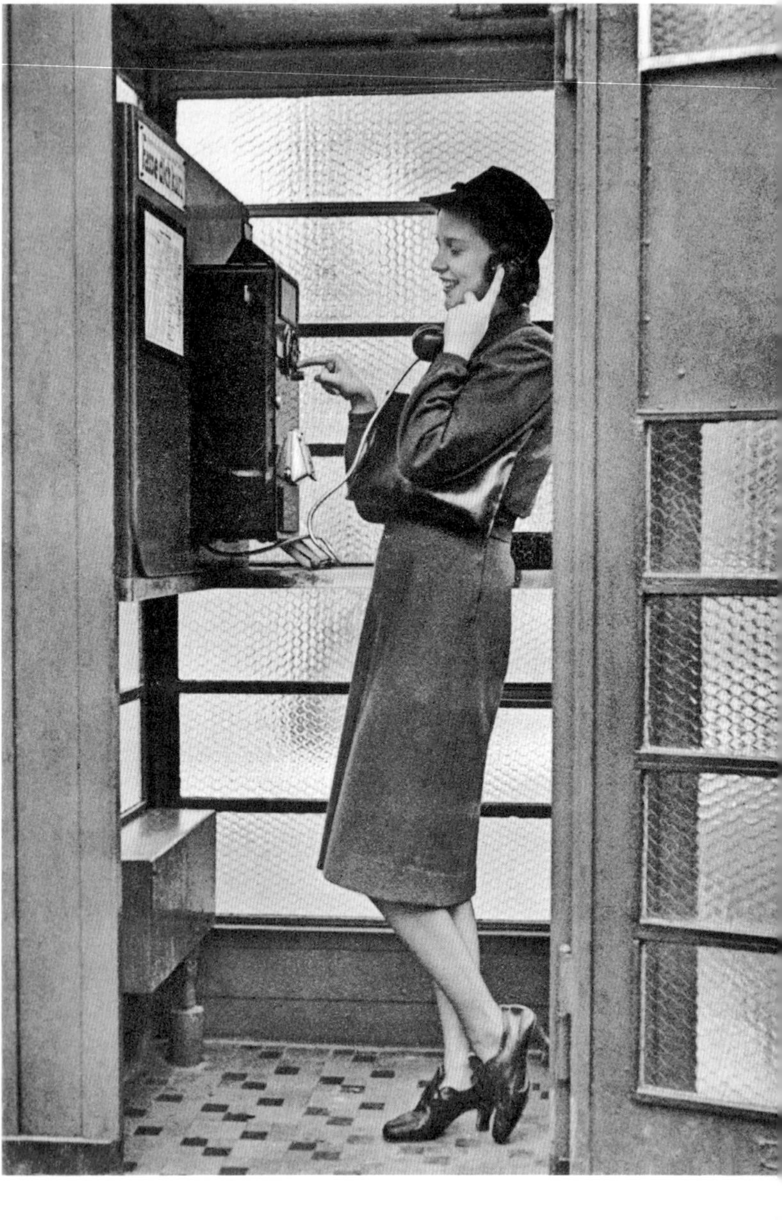

Telefonzelle in Deutschland, um 1940

Die Telefonzelle

Um in der Frühzeit der Telefonie die begrenzte Anzahl von Leitungen einem größeren Benutzerkreis verfügbar zu machen, wurden öffentliche Fernsprecher installiert: zunächst in abgesonderten schallgedämmten Kabinen in Postämtern. Die erste Telefonzelle weltweit wurde 1878 in New Haven, Connecticut in Betrieb genommen; in Deutschland wurde ein Fernsprechkiosk, wie er damals bezeichnet wurde, drei Jahre später an der Französischen Straße in Berlin aufgestellt. Eigene Telephon-Billets berechtigten dazu, fünf Minuten lang zu telefonieren. Die Apparate waren jene, die auch in den Wohnzimmern oder Büros der wenigen Privilegierten standen, die sie sich leisten konnten; Münztelefone wurden erst 1899 eingeführt. Die frühen deutschen Telefonzellen hatten alle etwa einen Quadratmeter Grundfläche, das, was ein einzelner Benutzer braucht, um sich nicht allzu eingeengt zu fühlen, und waren ansonsten ausgesprochen vielgestaltig. Die Grundform war meist quadratisch, konnte aber auch rechteckig, dreieckig, achteckig, rund, halbrund und viertelrund sein. Eingangstür und Wände waren mit Blenden, Leisten und ornamentalen Motiven verziert und teilweise verglast, das Dach war als Walm-, Hauben- oder Kuppeldach ausgebildet. Möbelhersteller und Bauschreinereien, aber auch Konzerne wie das Junkers-Flugzeugwerk produzierten sie aus Holz, Eisen und Glas: Zentrale Verkaufsargumente waren gute Schallisolierung und gefällige Erscheinung. Die Entscheidung, ob sie aufgestellt werden durften oder nicht, traf die zuständige Postdirektion

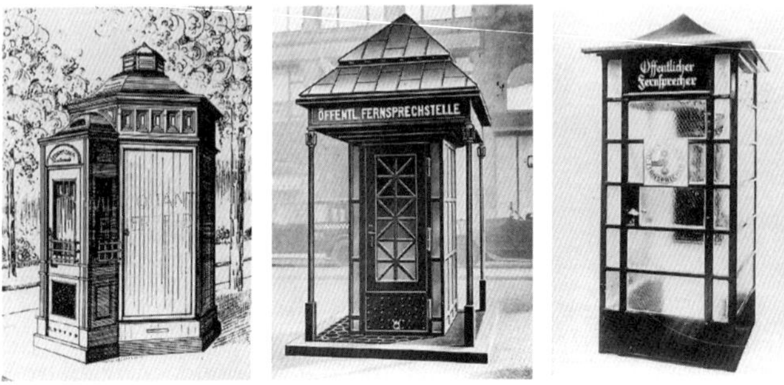

Fernsprechhäuschen der Firma Quante, von links nach rechts: um 1910, um 1913, um 1918

im Einvernehmen mit den jeweiligen Stadtverwaltungen. Die Nachfrage war groß: 1907 gab es bereits fast 6000 Telefonhäuschen im Deutschen Reich, nahezu jedes anders. Auch die Namen, die man für sie fand, waren unterschiedlich: Kiosk, Pavillon, Häuschen und später Zelle.

1913 wurde in Deutschland ein erstes typisiertes Telefonhäuschen entwickelt: mit auffälligem Walmdach, leidlich großzügiger Verglasung und der Aufschrift Fernsprecher-Automat. Innen gab es sogar eine Sitzgelegenheit. In den zwanziger Jahren vereinfacht und modernisiert, konsolidierte es sich 1928 im sogenannten Fernsprechhäuschen, einer quaderförmigen, durch liegende, abwechselnd durchsichtige und durchscheinende Glasfelder sowie ein schräg nach oben hin auskragendes Flachdach charakterisierten Eisenkonstruktion, die gelb, blau und grau gestrichen wurde. Das Häuschen wurde probeweise auf dem Berliner Reichskanzlerplatz aufgestellt und fand von dort aus im gesamten Reichsgebiet Verbreitung. Neben diesem Standardtyp wurde eine etwas größere Ausführung mit Briefmarkenautomaten produziert. Eine Sitzbank gab es nicht mehr, dafür mahnte ein Schild, sich kurz zu fassen. Zwischenzeitlich entstanden Kombinationen von Telefonhäuschen mit Kiosken, Erste-Hilfe-Stationen und sogar Uhren: Die Kabinen waren im Schaft der Uhrensäulen untergebracht, eine zylindrische Version stand in den dreißiger Jahren auf dem Kurfürstendamm in Berlin. Unter dem Nationalsozialistischen Regime wurden die Telefonkabinen rot und schwarz, zuweilen auch mit etwas Weiß; seit 1946 waren sie wieder postgelb und zunehmend nüchtern, erst kantig aus Stahlblech und Glas, dann aus glasfaserverstärktem Polyesterharz und mit abgerundeten Ecken. In den neunziger Jahren wurden sie von der Deutschen Telekom durch neue, nahezu vollständig verglaste Telefonzellen ersetzt, die in Weiß, Grau und Magenta gehalten wurden.

In Frankreich wurden die ersten Telefonzellen 1881 auf der Exposition internationale d'Électricité in Paris aufgestellt: Die dreißig begehbaren Holzkojen mit je einem Telefonapparat erfreuten die Besucher ungemein. Zwei Jahre später wurden öffentliche Telefonhäuschen in Reims montiert, von 1884 an auch in Paris und weiteren Städten. Sie waren aus Eichenholz gebaut, nach außen hin geschlossen, und sahen wie noble Kleiderschränke aus. Innen waren sie mit Moleskin ausgeschlagen, einem Baumwolle-Wachs-Gewebe, und mit Armlehnen aus dunkelrotem Samt komfortabel ausgestattet. Zunächst standen sie nicht auf der Straße, sondern witterungsgeschützt in öffentlichen Gebäuden, und die Apparate lagen horizontal, was ihre Benutzer zu beträchtlichen Verrenkungen zwang. Dem setzte, nicht nur in Frankreich, die Entwicklung des Wandapparats ein Ende.

In Großbritannien kamen die Telefonzellen etwa zur gleichen Zeit auf wie in Deutschland und Frankreich, und wie in Deutschland und Frankreich waren sie zunächst aus Holz oder Gusseisen und sahen alle anders aus. Besonders beliebt waren rustikale Modelle. Die Abgeschlossenheit und Privatheit, die sie gewährten, brachte ihnen auch die Bezeichnung *silence cabinets* ein. Zuweilen verkündete eine Aufschrift unmissverständlich: »Public Telephone« oder gar »You may telephone from here«. Nach der weitgehenden Übernahme des Telefonnetzes durch das Post Office bemühte man sich darum, die Häuschen zu vereinheitlichen: 1921–1923 entstand der Kiosk Nummer 1, kurz K1, der aus vorgefertigten Beton- oder Holzteilen und einer Holztüre konstruiert und moderat verglast war. Er verfügte über ein verziertes pyramidales Dach und wurde überwiegend cremefarben und rot gestrichen. Etliche Gemeindeverwaltungen, allen voran die Londoner Behörden, weigerten sich, ihn auf ihren Straßen und Plätzen aufzustellen, weil sie ihn unansehnlich fanden. Das Metropolitan Boroughs Joint Standing Committee veranstaltete 1923 einen Wettbewerb für ein alternatives städtisches Telefonhäuschen, leider mit unbefriedigenden Ergebnissen. Das Post Office entwickelte daraufhin einen eigenen, gleichermaßen missglückten Entwurf. Angesichts dieses Debakels animierte die Birmingham Civic Society, die ebenfalls eine Telefonzelle entwickelt hatte, die vom Post Office abgelehnt worden war, das Royal Institute of British Architects, das Town Planning Institute und die Royal Academy, auf einen neuen Wettbewerb zu drängen. Unter der Federführung der gerade gegründeten Royal Fine Art Commission wurden ein Jahr später drei prominente Architekten eingeladen, eine neue Telefonzelle zu zeichnen. In der Jury amtierten Koryphäen wie Edwin Lutyens, der Architekt von New Delhi, und Reginald Blomfield, Autor des Quadrants in der Londoner Regent Street. Ausgewählt wurde der Vorschlag von Giles Gilbert Scott, der sich mit dem Bau der neugotischen anglikanischen Kathedrale von Liverpool einen Namen gemacht hatte, die übrigens im gleichen Jahr, 1924, geweiht wurde. Sein Telefonhäuschen war ein schlichtes klassizistisches Gebilde mit regelmäßigen Sprossenfenstern und einem flachen Kuppeldach, das ein Motiv von John Soanes' Familiengrab auf dem Old St. Pancras-Friedhof in London aufnahm. In die vier Tympani waren der Schriftzug *Telephone* und die königliche Krone integriert. Die Holzprototypen des Wettbewerbs wurden zusammen mit ihren Konkurrenten des

Post Office und der Birmingham Civic Society probeweise hinter der National Gallery aufgestellt, jenes von Scott steht heute noch im linken Eingangsbogen des Gebäudes der Royal Academy. Kurz darauf ging es als K2 in Produktion, allerdings mit Abwandlungen: nicht aus Baustahl, wie von seinem Autor vorgesehen, sondern aus Gusseisen mit einer Tür aus Teakholz; und nicht silberfarben mit grünblauem Interieur, sondern rot. Es wog über eine Tonne, war sperrig und recht teuer. So stellte man es nahezu ausschließlich in London auf, während K1 überarbeitet und in ganz England eingesetzt wurde.

1929 folgte K3, eine kostengünstigere Telefonzelle aus cremefarbenem Beton mit roten Fensterrahmen, ebenfalls von Scott gezeichnet. K4 war mit einem Briefmarkenautomaten sowie Briefkasten kombiniert, hatte aber keinen Erfolg; wie auch K5, eine überarbeitete Version aus Beton, die 1934 nicht über das Versuchsstadium hinausgelangte. K6 entwickelte Scott als verkleinerte, vereinfachte und erschwinglichere Fassung von K2 zum silbernen Thronjubiläum von Georg V.: Deswegen wird er auch Jubilee-Kiosk genannt. Die mittige Sprossenfensterreihe ist verbreitert, was nicht nur mehr Tageslicht in das Häuschen einlässt, sondern ihm auch ein dynamischeres Aussehen verleiht. Außerdem erhöhte Scott die Anzahl der Fensterreihen von sechs auf acht. Das Kronenmotiv im Tympanon ist nun nicht mehr als Lüftungselement in das Gusseisen gebohrt, sondern als Relief ausgebildet;

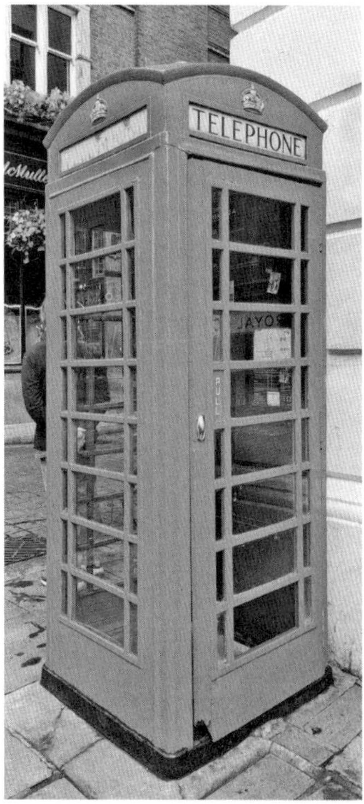

Giles Gilbert Scott, Telefonzelle K6, London, 1936

für die Belüftung sorgt ein separater Schlitz. Das erleichterte den von Elisabeth II. gewünschten Wandel von der Tudor- zur St.-Edwards-Krone 1953 und die spätere Verwendung der schottischen Krone für Telefonzellen, die in Schottland aufgestellt werden sollten.

Mit seiner exquisiten Ästhetik und 65 000 produzierten Exemplaren geriet K6 zur englischen Telefonzelle par excellence. Unmittelbar nach dem Ende des Zweiten Weltkriegs drängte das Council for the Preservation of Rural England auf eine Revision des Rot-Diktats: sechs Kioske in unterschiedlichen Farben, rot, dunkelgrün, hellgrün, dunkelgrau, hellgrau und schwarz, wurden nebeneinander aufgestellt und evaluiert. Schlussendlich einigte man sich darauf, am traditionellen Rot festzuhalten, aber an besonders sensiblen Orten Dunkelgrau als Ausnahme zuzulassen. In Irland wurden sie grün gestrichen. Die Erfolgsgeschichte von K6 riss nicht ab, dennoch fand 1958 erneut ein Wettbewerb statt. Zwischen Misha Black, Jack Howe und Neville Conder setzte sich Letzterer durch, aber sein K7, modern gestaltet, aus Aluminium gefertigt und großflächig verglast, erwies sich als wenig widerstandsfähig und ging über ein Dutzend Prototypen nicht hinaus. 1965–1968 entwickelte Bruce Martin, ebenfalls nach einem Wettbewerb, K8, ein zierliches, elegantes, gleichsam schwebendes Objekt, das eine zusammenhängende Verglasung aufwies, aus Gusseisen und Gussaluminium hergestellt wurde, aus lediglich 50 Teilen bestand (beim K6 waren es 400) und in einem brillanteren Rot lackiert war.

Kurz vor der Privatisierung wurde die Post Office Telephones in British Telecom umbenannt: Sie kündigte an, sämtliche Telefonhäuschen gelb spritzen zu lassen. Der öffentliche Widerstand schlug solche Wellen, dass es zu Debatten im Parlament kam. Die Aktion wurde abgebrochen, dennoch wurden 1985 die traditionellen britischen Telefonhäuschen definitiv ausgemustert. Knapp 2 000 davon, unter Denkmalschutz gestellt, finden sich heute ausgerechnet an jenen exponierten städtischen Orten, von denen man sie ursprünglich fernhalten wollte; die grauen wurden ironischerweise wieder rot gespritzt, weil sie so stärker identitätsstiftend wirkten. Etliche wurden umgenutzt oder an Private verkauft, die sie sogar als Duschkabinen zweckentfremdeten, wieder andere als Souvenirs exportiert. In Kingston upon Thames komponierte der Künstler David Mach zwölf K6-Häuschen zur irritierenden Arbeit *Out of Order*.

In der Schweiz wurde die erste Telefonzelle 1889 installiert, und zwar in Zürich in der neu errichteten Fraumünsterpost. Als die Tramgesellschaft 1903 am Bellevue ein neues, zierliches Wartehäuschen baute, war dort neben einem Zeitungskiosk ein Diensttelefon vorgesehen, das gegen ein Entgelt von zehn Rappen auch für die Kundschaft zur Verfügung stand. 1936 führte die Schweizerische Post Münzfernsprecher ein. Die Kabinen entwickelten sich von einfachen Prismen zu leicht überhöht wirkenden gläsernen Zylindern mit Werbeträgern: Die Telecab, die der Architekt Hans Ulrich Imesch 1993 entwickelte, beleben noch heute den Stadtraum.

Die erste italienische Telefonzelle wurde erst 1952 auf der Mailänder Piazza San Babila installiert; bis dahin waren öffentliche Telefone nur in den Postämtern und in den Bars verfügbar, wo eine große gelb-schwarze Wählscheibe aus Blech als Stechschild an der Tür warb. Die schlichte Kabine war aus Stahl und Glas gefertigt und geriet zum Prototyp der folgenden italienischen Telefonzellen-Generationen.

In sämtlichen europäischen Städten kamen seit den siebziger Jahren neben den Telefonzellen die Telefonhauben oder, wie sie offiziell genannt wurden, die Fernsprechboxen-Anlagen auf, die nur einen summarischen Schutz vor Regen und fremden Ohren boten, dafür auch für Behinderte zugänglich, vollständig einsehbar und vor allem preiswert waren. Auch diese werden inzwischen von der allgegenwärtigen und nahezu jedem zugänglichen Mobiltelefonie verdrängt und sind eine aussterbende Spezies.

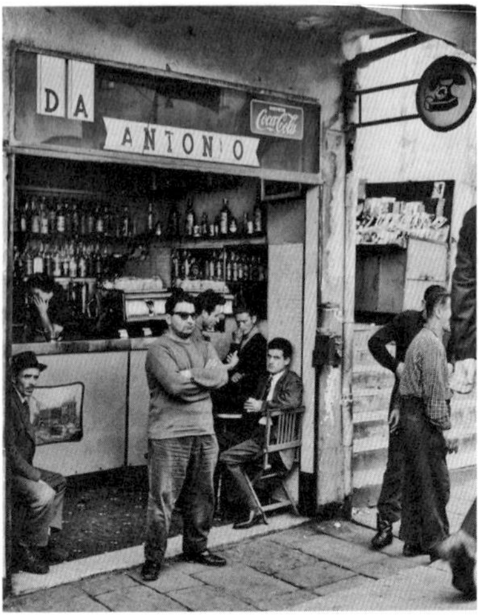

Italienische Bar mit öffentlichem Telefon und Stechschild, 1959

Es fällt nicht leicht, die Telefonzelle aus unseren Städten wegzudenken. Sie ist mit deren Bild zusammengewachsen und über die Literatur, die Malerei und den Film zum Bestandteil unserer kollektiven Vorstellung geworden. Vor allem in Letzterem spielt sie immer wieder Hauptrollen: In Alfred Hitchcocks *Die Vögel* von 1963 stellt sie den rettenden, wenngleich fragilen Zufluchtsort von Tippi Hedren dar, die sich dort eine Zeitlang vor dem mordlustigen Gefieder schützt; in einer der ersten Szenen von Richard Lesters Beatles-Film *A Hard Day's Night* von 1964 tauchen John, George und Ringo aus einer dreiteiligen Telefonzelle vor Marylebone Station auf; in Don Siegels *Dirty Harry* von 1971 muss Clint Eastwood von Telefonzelle zu Telefonzelle durch halb San Francisco hetzen, um ein entführtes Mädchen zu retten; in *Matrix* von 1999 sucht Carrie-Anne Moss einen Ausweg aus der künstlichen Computer-Welt in einer Telefonkabine, bevor diese durch den Lastwagen des Agenten Smith zerschmettert wird. Der Thriller *Nicht auflegen* von 2003 spielt mit klaustrophobischer Versessenheit ausschließlich in einer gläsernen New Yorker Telefonzelle: Doch als Joel Schumacher den Film mit Colin Farrell drehte, stand die Fernsprechkabine bereits kurz vor dem Aussterben.

Die Entwicklung und das Verschwinden der öffentlichen Telefonzellen zeichnet eine anthropologische Revolution der Fernkommunikation nach, die in nur einem knappen Jahrhundert stattgefunden hat und kaum radikaler hätte ausfallen können. Die ersten Telefonkabinen waren Orte der Diskretion und des Komforts, witterungs-, blick- und vor allem schallgeschützt: Nicht von ungefähr charakterisierte sie die Pariser Presse als moderne Beichtstühle. Bis zur ersten Hälfte des 20. Jahrhunderts blieben die zuneigungsvoll Telefonhäuschen genannten Zellen einigermaßen gemütliche und durchaus intime Orte, wo man neben dem Telefonapparat auch eine Sitzgelegenheit, eine Lampe, Informationsschilder, ein Telefonbuch, zuweilen auch Notizblock und Bleistift vorfand. Sie galten als externes Zimmer, das man in dem Augenblick anmietete, in dem man die Tür hinter sich zuschloss, und strahlten, obwohl öffentlich, freundliche, ja warme Privatheit aus, in welcher man ebenso privat zu sprechen vermochte. Nach dem Zweiten Weltkrieg verwandelten sich die Telefonzellen in kühle, zunehmend spartanisch ausgestattete transparente Unterstände: Der Akt des Telefonierens benötigte keine Intimität mehr. Man konnte gesehen und auch gehört werden, wollte es sogar. Insofern stellen die Mobiltelefone und der rücksichts- und schamlose Gebrauch, der von ihnen gemacht wird, den Endpunkt der Evolution des telefonierenden Menschen dar: von einem zurückhaltenden, respektvollen, ja scheuen Wesen zu einem ungehemmten Exhibitionisten.

Die Telefonhäuschen werden als Einrichtungen der Fernsprechkommunikation verschwinden, doch auf unseren Straßen und Plätzen wird ihre leicht fremde und doch vertraute Präsenz, die von ihnen suggerierte Illusion von kleinen Zufluchtsorten fehlen. Vielleicht ist es aus diesem Grund, dass einige von ihnen zu Internet-Kabinen aufgerüstet werden und auf den Champs-Élysées in Paris bereits debütiert haben. Vielleicht ist es aus diesem Grund, dass andere wider jede praktische Vernunft zu Mikrobibliotheken, Mikromuseen oder gar Mikrobars umfunktioniert und damit liebevoll erhalten werden.

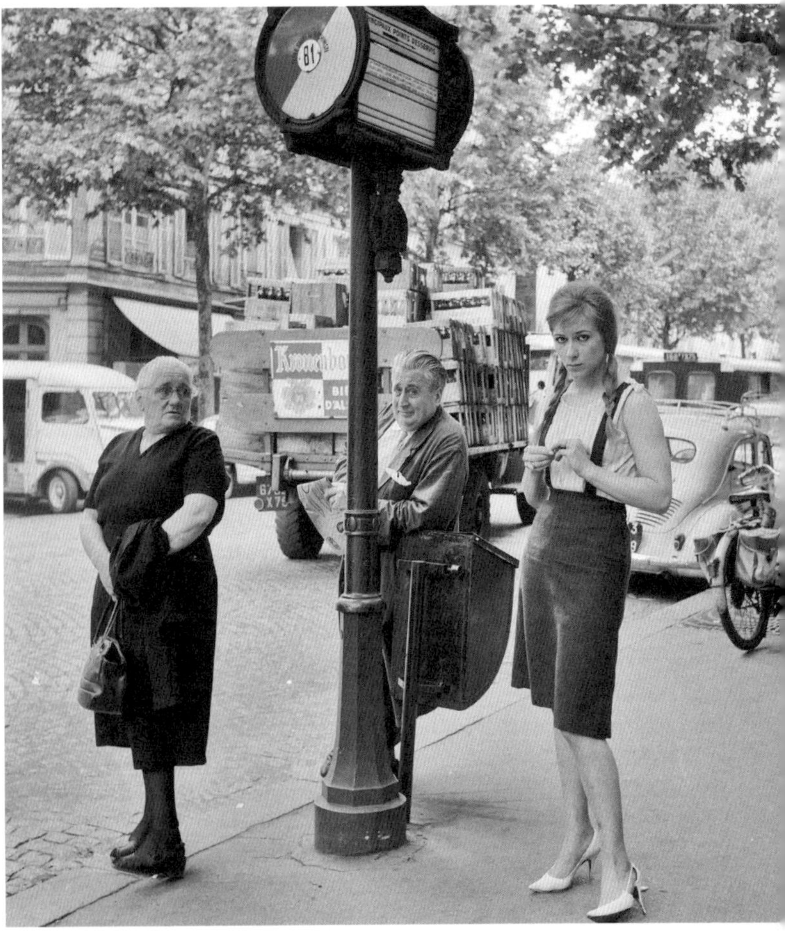

Bushaltestelle, Paris, um 1960

Die Haltestelle

Mit dem Aufkommen des Pferde-Omnibus, dessen erste Linien in den zwanziger Jahren des 19. Jahrhunderts eingerichtet wurden, und der Straßenbahn, die nur wenig später erst durch Pferdekraft, dann mit Dampf, Natron und Druckluft und schließlich elektrisch angetrieben wurde, entstanden die ersten Haltestellen. Zu Beginn konnten die Passagiere einsteigen, wo sie wollten, und brauchten dafür nur Handzeichen zu geben. Mitte der achtziger Jahre des 19. Jahrhunderts wurden Haltepunkte festgelegt und in Deutschland mit der Aufschrift Kraftomnibus- oder Straßenbahn-Haltestelle bezeichnet: auf einfachen Holz- oder Emailleschildern in eisernem Rahmen, oder auf reich verzierten gusseisernen Tafeln, die an Pfosten befestigt waren. Weitere Informationen verrieten die Schilder nicht; allenfalls wies ein Pfeil lakonisch die Fahrtrichtung. Erst um 1920 tauchten Haltestellen-Säulen mit Linien- und Fahrplaninformationen, auch mit Reklame auf. In Berlin stellte von 1924 an die Haltestellen-Reklame-AG ihre Hastrag-Säulen auf, die nachts erleuchtet wurden: Bis 1931 gab es davon nahezu 700 in der Stadt. Daraufhin wurde ein neuer, schlanker Typ entwickelt, der platzsparender war und bis heute zu sehen ist.

Früh kamen überdachte und gelegentlich zusätzlich seitlich geschützte Unterstände zu den Haltestellenpfosten hinzu, um den wartenden Fahrgästen etwas Komfort zu bieten. Sie wurden von den Betreibergesellschaften entwickelt, gebaut und finanziert und waren entsprechend heterogen. In Paris erwirkte der Seine-Präfekt die Befugnis, ihre Gestaltung und ihre Positionierung im Stadtraum zu bestimmen. In seinem Opus Magnum *Les promenades de Paris* von 1867 zeigt Jean-Charles Adolphe Alphand, der Chefingenieur unter Georges-Eugène Haussmann war, zierlich gegliederte Wartehäuschen aus Holz oder Gusseisen, die bereits Teil eines einheitlich konzipierten Stadtmobiliars sind. Auch Josef Stübbens Manual *Der Städtebau* von 1890 behandelt die Wartehäuschen gesondert, vor allem jene, die in Hamburg entstanden waren. Stanley Davenport Adshead, erster Städtebau-Professor am Londoner University College und Autor der Artikelserie *The Decoration and Furnishing of the City* in der Zeitschrift *The Town Planning Review*, erwog 1911, ob sich Tramhaltestellen mit ihrer Ästhetik an die urbane Umgebung oder an jene der Tram selbst anlehnen sollten, und machte aus seiner Vorliebe für die zweite Haltung keinen Hehl: Als Teil der modernen technischen Infrastruktur hatten sie diese Zugehörigkeit zur Schau zu bringen. Ein positives Beispiel fand er in John Alexander Brodies filigraner Haltestelle in Blackpool mit ihren halbrunden Seitenteilen. Ansonsten ließ er an den Unterständen in seinem Land kein gutes Haar: Sie seien eine Mischung aus einem alten deutschen Puppenhaus und einem Viehschutzdach und hartnäckig dort platziert, wo eine künstlerische Nation eine Nelson-Säule oder eine Königsstatue aufstellen würde.

In Berlin waren die frühen Wartehallen Holzbauten, putzige Häuschen oder stattliche Langhallen mit geneigten Dächern und zuweilen Säulen. 1928 schuf der Architekt Erich Richter mit der kleinen Rotunde auf dem Fehrbelliner Platz, einem rundum verglasten Stahlbau mit scharf auskragendem Flachdach, einen einprägsamen Typus: Nicht zufällig eroberte er die erste Seite der Übersicht, die die Zeitschrift *Der Baumeister* 1929 den »Neuen Berliner Straßenbahn-Wartehallen« widmete. Von Richter sind auch die asymmetrisch verschachtelte Wartehalle an der Heerstraße und die gläserne Haltestelle Lichtenberg-Berlin vertreten, eine klassisch-kubistische Komposition von gläsernen Informations- und Werbefeldern. Daneben gibt es Beispiele aus Köln, von Adolf Abel, dem damaligen Stadtbaudirektor, und Ernst Nolte, sowie aus München, wo die programmatisch modernistische Kraftposthaltestelle Bayernstraße von Robert Vorhoelzer aufgeboten wird. Zusammen sollen sie die Thesen der Schriftleitung der Zeitschrift veranschaulichen, in jenen Jahren keinem Geringeren überlassen als Hermann Jansen, die Adsheads Dialektik von Ortsgebundenheit und infrastruktureller Ästhetik zu einer verwegenen Synthese führt. »Einbauten in den Straßenraum dürfen nicht kleine ›Häuser‹ werden. [...] Wie der Straßenbahnwagen sind sie Instrumente, die ihren besonderen Zweck zu erfüllen haben, ohne Verkehr oder freie Sicht zu stören; daher niedrig, keine Ecken, elegante, durchsichtige Konstruktion.« Aber, typografisch hervorgehoben: »Kein Schema ›F‹, sondern jeder Situation gewissenhaft angepaßt.«[1] In der Tat konnte sich trotz entsprechender Bemühungen kein Einheitstypus entwickeln, und noch in den fünfziger Jahren entstanden leicht verspielte Modelle, die über die reine Zweckmäßigkeit hinausweisen und mit ihrem besonderen urbanen Ort verbunden sind.

Einen Höhepunkt erreichte die Architektur der Haltestellen in der Straßenbahnstadt par excellence, Zürich. Die erste

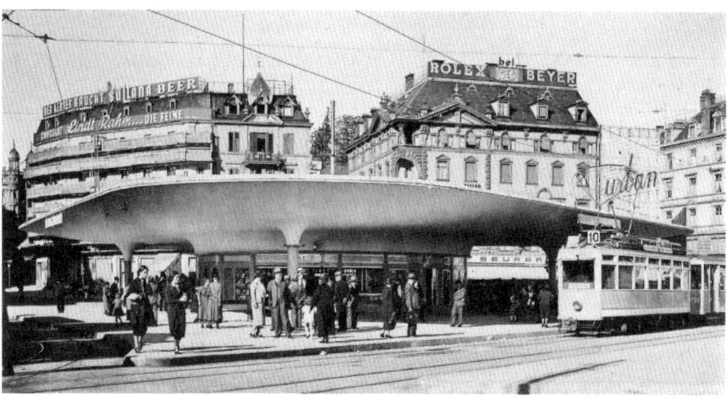

Hermann Herter, Fritz Stüssi, Tramhaltestelle mit Kiosk am Bellevue, Zürich, 1939

Tramwartehalle entstand 1899 auf dem gerade fertig bebauten Paradeplatz. 1911 errichtete Friedrich Fissler, bedeutender Heimatstil-Architekt und Stadtbaumeister, das selbstbewusste massive Tempelgebäude am Heimplatz, dem er sieben Jahre später jenes am Kreuzplatz folgen ließ. Sie bilden nicht nur Unterstände für die Fahrgäste, sondern auch und vor allem städtebauliche Akzente der jeweiligen Freiräume. Hermann Herter, ebenfalls Stadtbaumeister, verlieh den Tramstationen Albisgüetli und Zoo, die er 1928 baute, das Aussehen eines Hauses im ländlichen Stil: mit geschweiftem Walmdach, Eckquaderung und kraftvollen Kaminen. Modern geben sich hingegen seine späteren Tramstationen, so jene am Paradeplatz mit ihren gerundeten Formen, ihrer großzügigen Verglasung und der umliegenden Holzbank. Beinahe zu einer Apotheose der Straßenbahnhaltestelle geriet das kühn auskragende Dach mit seiner versteckten, mit Holzlattung und Spritzbeton verkleideten Stahlkonstruktion auf schlanken Pilzstützen, das Herter 1938–1939 mit dem Ingenieur Fritz Stüssi am Bellevue schuf und das die eiserne Wartehalle von 1903 ersetzte: Mit seinen drei in die Straßeneinmündungen gedehnten Rundungen und dem nahezu vollständig verglasten Zentralbau mit großem Oberlicht wurde es zur ebenso beredten wie eleganten Metapher des Knotenpunktes des Zürcher Verkehrs. 1948 entwarf Alfred Altherr die Tramstation Letzigraben als vorbildlich zurückhaltendes Kleingebäude aus Eisen, Holz und Glas, 1952 formte er jene auf dem Albisriederplatz der Schienenkurve nach und versah sie mit einer Glashülle und einem Betondach; die Renovierung und Erweiterung durch Ueli Zbinden hat den essentiellen, modernen Charakter noch verstärkt. Zbinden verdankt Zürich auch seine Standard-Haltestellen, die zwischen 1985 und 2015 entstanden und sich durch feine, unaufdringliche Eleganz auszeichnen. Ihre wohltuende Normalität hebt sich vorteilhaft von vereinzelten grimmig demonstrativen Gesten wie Erwin Müllers skulpturalem Betondach für die Tramstation Triemli von 1969 ab und harmoniert mit dem Stelen-, Tafeln- und Fahrkartenautomatensystem aus gebogenem feuerverzinktem Stahlrohr (später Chromstahl), das der visuelle Gestalter Ernst Hiestand 1976 entwickelte.

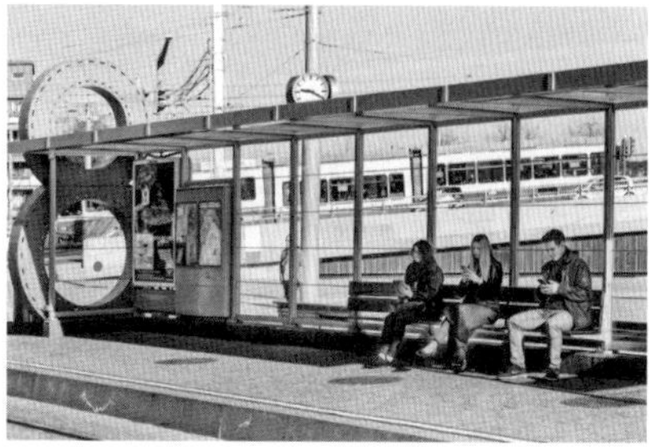

Ueli Zbinden, Tramhaltestelle, Zürich, um 1990

Auch in Paris, Wien oder Mailand entwickelten sich die städtischen Haltestellen zu zierlichen gläsernen Konstruktionen mit leichtem Dach, transparenten Schutzwänden, Sitzbank und Informations- und Werbetafeln. Vereinzelt, aber immer wieder wurde indessen versucht, die städtischen Haltestellen mit einem angestrengten ästhetischen Anspruch zu belegen, der ihrer pragmatischen Funktion und ihrer eher beiläufigen Position im Stadtraum nicht ansteht. 1994 entstanden in Hannover im Rahmen des Projekts Kunst im öffentlichen Raum neun extravagante Bushaltestellen, für die unter anderen Frank Gehry, Ettore Sottsass, Jasper Morrison und Alessandro Mendini verantwortlich zeichneten. 2014 wurden in der Vorarlberger Ortschaft Krumbach sieben Bushaltestellen von sieben international renommierten Architekturbüros gebaut, darunter von den Belgiern Jan De Vylder, Inge Vinck und Jo Taillieu, dem Chilenen Smiljan Radic, dem Russen Alexander Brodsky und dem Chinesen Wang Shu. Die publizistische Begeisterung, mit der diese ehrgeizigen Experimente aufgenommen wurden, lässt sich als Nachweis eines erfolgreichen Stadtmarketings lesen. Ein gelungener Beitrag zu einer modernen Stadtkultur sind sie kaum.

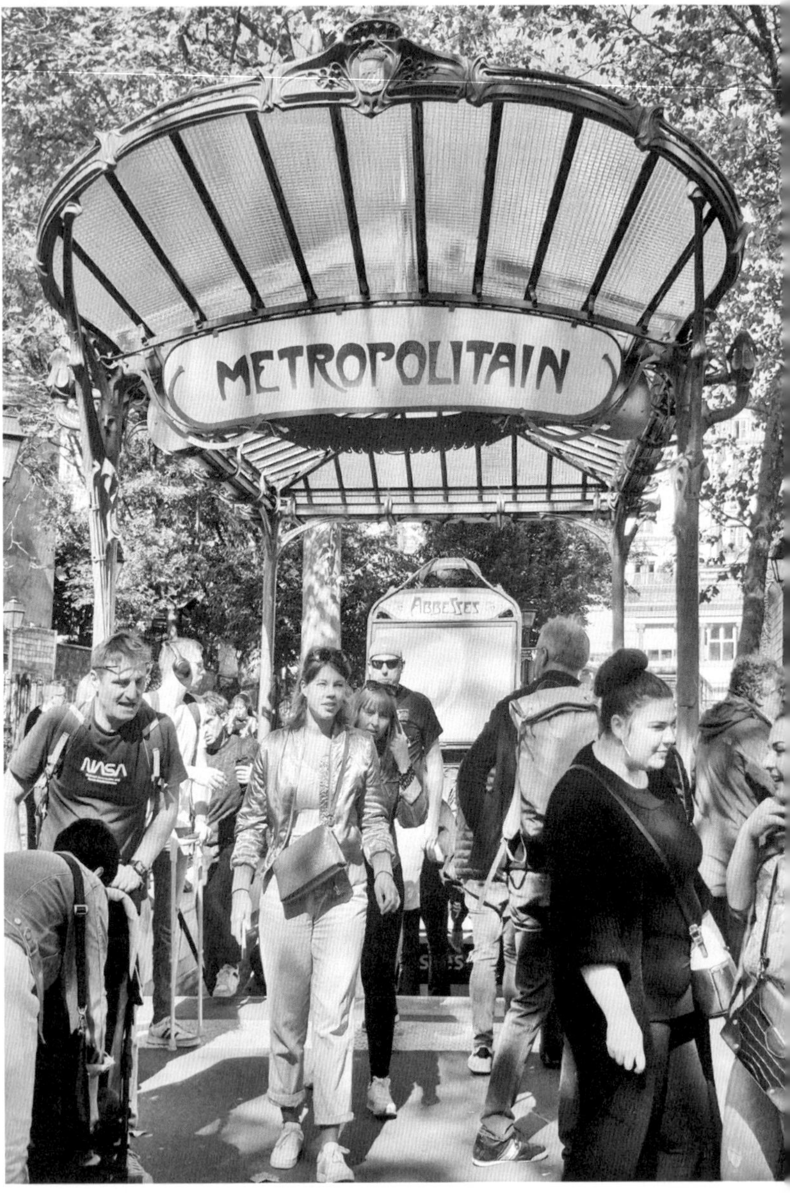

Hector Guimard, Metroeingang mit Glasvordach, Paris, um 1900

Der Metroeingang

Mit dem Bau der weltweit ersten Untergrundbahn in London stellte sich die Aufgabe, unterirdische Bahnhöfe mit den Straßen und Plätzen der Stadt zu verbinden. Die erste Linie zwischen Paddington, damals Bishop's Road, und Farringdon Street wurde 1863 eröffnet. Die frühen Bahnhofseingänge waren klassizistische Bauten, die Bahnsteige erhielten Tageslicht von oben. Eine klare architektonische Strategie für die Tube verfolgte erstmalig der junge, der Arts-and-Crafts-Bewegung zugeneigte Architekt Leslie Green, der 1903 mit dem Bau sämtlicher Bahnhöfe der Underground Electric Railways Company London beauftragt wurde. Um die aggressiven Zeit- und Kostenvorgaben zu erfüllen, die ihm auferlegt waren, wählte Green für die zweigeschossigen Bahnhofsbauten eine Stahlskelettkonstruktion, der er elegante Rundbogenfassaden vorsetzte. Er verkleidete sie mit ochsenblutroten Terrakottafliesen und integrierte die markanten Lettern der Stationsnamen, die ebenfalls aus emaillierter Keramik bestehen, in die Fassadenkomposition. Innen sind die Fliesen dunkelgrün und weiß. Nach diesem Muster, das er je nach Ort geschickt abwandelte, realisierte Green in nur fünf Jahren über fünfzig bemerkenswerte Bahnhöfe, darunter Russell Square und Holloway Road, beide 1906. 1907 wurde sein Vertrag nicht erneuert, ein Jahr später starb er, gerade 33-jährig, an den Folgen der enormen Arbeitsanstrengung.

Ungleich bessere Bedingungen fand der zweite große Bahnhofsarchitekt der Londoner Untergrundbahn vor, Charles

Holden. Aus der gleichen Generation wie Green, und wie Green unmittelbar von der Arts-and-Crafts-Bewegung beeinflusst, realisierte er erst 1923 seine erste Station, Westminster, der nach und nach über vierzig weitere folgen sollten. Die frühen, für die City and South London Railway, heute Northern line, zeichnen sich durch zurückgenommen modernistische Formen aus, die eine Verkleidung mit grauem Portland-Sandstein sowie große Verglasungen nobilitieren. Oft schließen und betonen die zweigeschossigen Bauten Straßenecken. Eine Reise, die der Architekt zusammen mit seinem Bauherrn 1930 durch Deutschland, die Niederlande und Skandinavien unternahm, bewegte ihn zu einem Paradigmenwechsel. Der Bahnhof Sudbury Town von 1931, ein Quader aus Sichtmauerwerk mit Flachdach und vertikalen Einschnitten für die Eingangstüren und die übergroßen Fenster, geriet zum Modell der folgenden Bahnhöfe für die Piccadilly line. Arnos Grove ist ein zweigeschossiger Ziegelzylinder, Southgate ein eingeschossiger Rundbau mit weit ausladendem Flachdach, Oberlichtband und kugelbekröntem zentralem Aufsatz. East Finchley Station, 1939 fertiggestellt, zeigt in der eleganten Verschachtelung der Mauerwerkvolumina den Einfluss des niederländischen Architekten Willem Marinus Dudok. Daneben schuf Holden auch Straßenbahn- sowie Bushaltestellen und für Oakwood Station eine kuriose achteckige Bank um einen hohen Pylon mit Underground-Schild und vier Lampen, darüber ein rundes, exzentrisch auskragendes Betondach.

Die Stationsbauten der Londoner Underground bewegen sich zwischen dem Versuch, eine im Stadtbild erkennbare Identität für die neue technische Infrastruktur zu schaffen, und der Verpflichtung gegenüber dem jeweiligen Ort. Die konzeptionelle Unentschiedenheit hatte auch mit der Vielfalt der Gesellschaften zu tun, die die verschiedenen Linien der Untergrundbahn betrieben. Eine radikale Haltung zeigten hingegen die zwei Gesellschaften der Pariser Métro: Beiden ging es um ein möglichst einheitliches, eigenes und wiedererkennbares

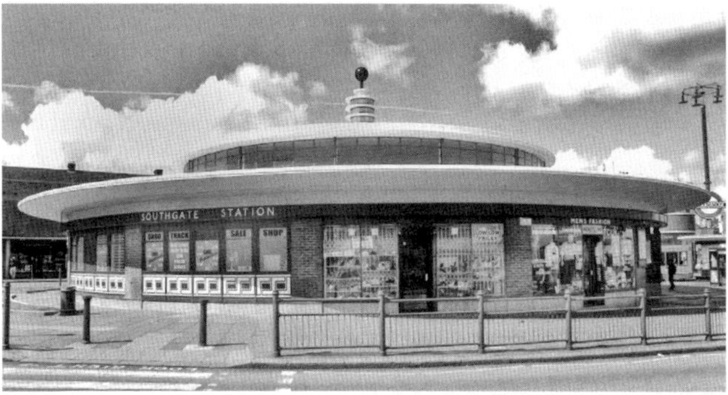

Charles Holden, Underground-Bahnhof Southgate, London, 1932–1933

Image, dessen Ästhetik an den verschiedenen Orten der Stadt immer gleich sein sollte. Hinzu kam der Wunsch, die Bauprozesse weitgehend zu rationalisieren.

Für die Stationsausgänge des ersten Teilstücks der Métro, dessen Eröffnung zur Weltausstellung von 1900 vorgesehen war, schrieb die Compagnie du Chemin de Fer Métropolitain de Paris 1899 einen Wettbewerb aus: Nur vereinzelt ging es um Pavillons, deren Größe mit den Londoner Stationen vergleichbar war, überwiegend waren simple Einstiege zu den unterirdischen Bahnhöfen gewünscht. Die eingereichten Projekte waren derart enttäuschend, dass die beiden Architekten, die in der Jury amtiert hatten, nacheinander aufgefordert wurden, eigene Entwürfe zu entwickeln. Auch sie blieben glücklos. Am Ende wurde jemand beauftragt, der an der Konkurrenz gar nicht teilgenommen hatte: Hector Guimard, als avantgardistischer Jugendstilbaumeister bereits in Paris etabliert. Weit entfernt von der nüchternen Zweckform, die ein Zugang zu einem technischen Massenverkehrsmittel hätte nahelegen können, schuf der zweiunddreißigjährige *architecte d'art*, wie er sich selber kokett bezeichnete, flamboyante Gebilde, deren organisch weiche, nervöse Formen von erotischen Assoziationen

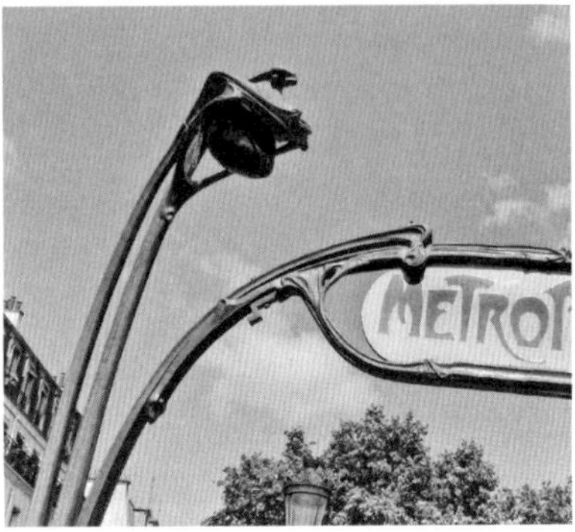

Hector Guimard, Metroeingang, Paris, um 1900. Detail der Lampe und des Schriftzugs

keineswegs frei sind. Um Kosten zu sparen und die Bauzeit zu minimieren, wählte er als Hauptmaterial Gusseisen, das er zu standardisierten Bauteilen in üppig vegetabiler Formensprache verarbeitete und in einem Grün anstrich, das verwittertes Kupfer nachahmte. Tatsächlich wurden die ersten Eingänge bereits sechs Monate nach deren Entwurf installiert. Zunächst wurden die großen freistehenden Pavillons der Stationen Bastille und Étoile errichtet, die japanischen Pagoden nachempfunden waren, dann die *édicules*, Typ A mit nach außen geneigtem Glasdach auf vier Stützen und vergleichsweise kleinem, ebenfalls gläsernem Vordach, Typ B mit nach innen geneigtem Glasdach auf drei Stützen und prononcierterem Vordach. Außerdem schuf Guimard einen weiteren, vereinfachten Typus, die *entourages*: nicht überdachte Treppenaufgänge, die dreiseitig von reich dekorierten gusseisernen Geländern mit ebenfalls gusseisernen Schildern umfasst waren und deren Antritt durch einen wiederum gusseisernen Bogen markiert wurde; er war von zwei orchideenartigen bernsteinfarbenen Lampen flankiert und trug ein ovaloides, leicht gekrümmtes Schild mit der Aufschrift Métropolitain, in den engeren Zugängen schlicht Métro. Sogar den Schriftzug zeichnete Guimard als überzeugter Verfechter des Gesamtkunstwerks selber und ignorierte den Vorwurf, er sei kaum zu lesen. Die *édicules* wurden von entzückten Parisern zuneigungsvoll *libellules* genannt, aber nicht alle waren von dem Einzug der exotischen Gebilde in das strenge Stadtbild des Second Empire angetan: Einer der Pariser Stadträte forderte unumwunden deren unverzüglichen Abriss. Dennoch wurden zwischen 1900 und

1912 167 Métrozugänge nach den Entwürfen des eigenwilligen Architekten realisiert, von denen heute noch 86 existieren, und damit ein in sich konsistentes, klar erkennbares System von Orientierungspunkten in der Stadt.

Die zweite Pariser Métrogesellschaft, die Société du Chemin de Fer Électrique Souterrain Nord-Sud de Paris, beauftragte den Architekten Adolphe Dervaux mit der Gestaltung ihrer Eingänge. Dieser entschied sich für eine Strategie, die jener Guimards entgegengesetzt war: Seine Stationen aus Naturstein und Schmiedeeisen zeichnen sich durch elegante Zurückhaltung aus.

Bereits 1903 war es über ausstehende Honorare zum Zerwürfnis zwischen Guimard und der Direktion der Compagnie du Chemin de Fer Métropolitain gekommen, und die Gesellschaft realisierte die Entwürfe des Architekten ohne dessen Beteiligung. 1904 wurde für den städtebaulich besonders empfindlichen Métrozugang an der Opéra Guimards *entourage* das Projekt des Architekten Joseph Marie Cassien-Bernard vorgezogen, eines Schülers von Charles Garnier, der wie Dervaux Naturstein und Schmiedeeisen verwendete. Die Zeitung *Le Figaro*, die nur vier Jahre zuvor die graziösen neuen *édicules* euphorisch begrüßt hatte, lobte den Kurswechsel und griff Guimard an, der sich in *La Presse* in einem Interview verteidigte. Doch ohnehin galt der expressive Jugendstil als mittlerweile vom Zeitgeist überholt und klassizistische Zurückhaltung als die einzig angemessene

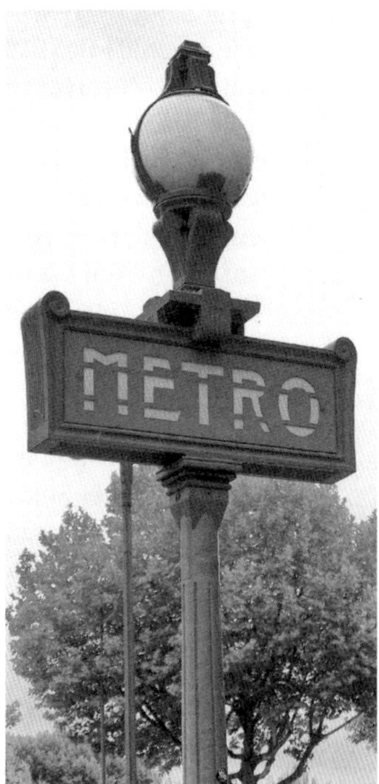

Adolphe Dervaux, Metroeingang, Paris, um 1930. Detail des »Totems«

Strategie, vor allem in der Nähe bedeutender Monumente: Die Station Étoile wurde abgetragen und durch einen Neubau von Cassien-Bernard ersetzt. Selbst Salvador Dalí, der anfangs von den »göttlichen Eingängen« geschwärmt hatte, durch die man in die »Region des Unbewussten der lebendigen und monarchischen Ästhetik von morgen« hinabsteigen konnte, stimmte nun in den Chor der Konservativen ein und verhöhnte die Jugendstil-Übungen als Arts Nouille und Spaghetti-Stil. 1962 wurde auch der Pavillon Bastille abgerissen, wo zwei Jahre zuvor Catherine Demongeot in Louis Malles Verfilmung von Raymond Queneaus Roman *Zazie in der Metro* vergeblich versucht hatte, die bestreikte Pariser Untergrundbahn zu erleben. Seit der Mitte der sechziger Jahren wurden die einprägsamen Guimard-Zugänge wiederentdeckt und unter Schutz gestellt, ja sie gerieten sogar zum Exportartikel: unter anderem wurde einer der Metro von Montreal geschenkt, einer steht im Garten des New Yorker Museum of Modern Art. Im farbenfrohen, wild geometrisch gebrochenen Portal, das er 2021 für die Metrostation Pont Cardinet realisierte, sah der Künstler Tobias Rehberger eine zeitgenössische Neudeutung von Guimards architektonischer Bildsprache.

In Berlin bezog sich Alfred Grenander bei seinen frühen, im Zusammenhang mit der ersten Streckeneröffnung 1902 entstandenen U-Bahneingängen auf jene Guimards, die er anlässlich einer Studienreise durch Frankreich besucht hatte. Im Gegensatz zu seinem Vorbild verwendete er allerdings Walzeisen. Die Portale der Bahnhöfe Wittenbergplatz und Zoologischer Garten bestanden aus dünnen, teilweise floral geschwungenen Eisenstäben, die durch einen ebenfalls aus Einzelstäben gebildeten Segmentbogen verbunden waren; darauf war ein Emailleschild mit der Bezeichnung Elektrische Hoch- und Untergrundbahn sowie in Klammern der Name der Haltestelle zwischen zwei übergroßen Leuchten befestigt. Das pflanzliche Motiv setzte sich in der Einfassung des Abgangs fort. Das zuweilen daran anschließende Kassenhäuschen nahm mit seinem auffälligen Fußwalmdach, das mit einem Zwerchdach verschränkt war, die späteren, bald legendären Zeitungskioske vorweg.

In der nächsten Portalgeneration 1906–1908 waren die Stützen weiterhin filigrane Eisenkonstruktionen, aber strenger geometrisch diszipliniert; sie trugen ein Satteldach nach dem Muster asiatischer Tempelanlagen; woran der Schriftzug Untergrundbahn in einer Jugendstiltype angebracht war. Die dritte Portalgeneration nach 1908 wies zwei parallele Bogenprofile auf, die einen kleinen Giebelaufsatz stützten, unter dem auf einem von innen beleuchteten Glaskasten Untergrundbahn in nunmehr sachlicher Schrift und mit signalhaft hervorgehobenem U zu lesen war. Beim Bahnhof Alexanderplatz wurde 1922 dieser klassische Eisenentwurf in Stein übersetzt und mit großem metallenem Giebel versehen. Von 1927 an ersetzte Grenander die eigenen frühen Jugendstilportale, deren Verspieltheit nicht mehr geschätzt war, durch einen einfachen, kühlen Eisenbügel mit daruntergehängtem Schild mit großem U. Insgesamt sollte er bis 1930 etwa siebzig U-Bahnhöfe in Berlin realisieren.

Die Moskauer Metro, deren Planungen auf die Wende vom 19. zum 20. Jahrhundert zurückgehen, wurde 1931 vor dem Hintergrund einer verkehrsgeplagten Dreimillionenstadt und als Prestigeprojekt Stalins begonnen: Die Leitung übernahm kein Geringerer als der damalige Verkehrsminister und Sekretär des Zentralkomitees der Kommunistischen Partei der Sowjetunion Lasar Kaganowitsch. Für die oberirdischen Eingangspavillons und die unterirdischen Bahnhofshallen ließ er Wettbewerbe unter den sowjetischen Architekten veranstalten und die Pläne öffentlich ausstellen. 1935 fand die Eröffnung der ersten Linie statt, die Kaganowitsch explizit als Gesamtkunstwerk für die Arbeitermassen vorstellte: Jede Station ein Palast, jeder Palast ein besonders gestaltetes Bauwerk. Den aufsehenerregendsten Eingangspavillon schuf Nikolai Alexandrowitsch Ladowski für den Bahnhof Krasnye Worota: eine

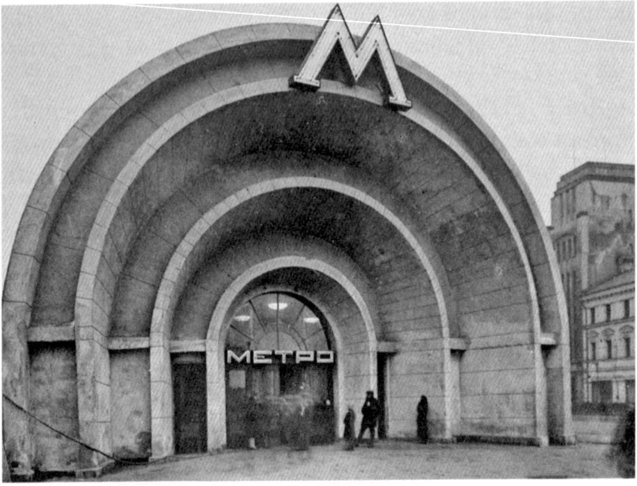

Nikolai Alexandrowitsch Ladowski, Metrostation Krasnye Worota, Moskau, 1935. Fotografie: Hannes Meyer

dramatisch in- und übereinandergeschobene Rundbogenschar, die der belgische Maler Frans Masereel, der sich damals in der Sowjetunion aufhielt, zusammen mit einer triumphierend feiernden Menschenmenge in einem Holzschnitt festhielt. Eine ganz andere architektonische Haltung verkündete der Eingangspavillon der Station Dynamo am damals größten Sportstadion der sowjetischen Hauptstadt: Dmitri Nikolajewitsch Tschetschulin, späterer Stadtbaumeister Moskaus, realisierte 1938 ein zierliches klassizistisches Gebäude mit korinthischen Marmorsäulen und Friesen, die sportliche Wettkämpfe abbilden. Wo es möglich war, wurden die Vestibüle der Moskauer Metro in bestehende, vor allem aber in die neuen Bauten im Stil des Sozialistischen Realismus integriert und diskret mit einer entsprechenden Inschrift angezeigt; so der erste Einstieg in die großartige unterirdische Station Majakowskaja. Die eigens errichteten Pavillons, die oft von anderen Baumeistern als jenen der Bahnhofshallen entworfen waren, wurden explizit, ja geradezu demonstrativ auf ihre städtische Umgebung bezogen. Für jenen an der neuen Lenin-Bibliothek wurden sogar deren Architekten, Wladimir Alexejewitsch Schtschuko und Wladimir Georgijewitsch Helfreich, als Berater herangezogen. In Moskau ging es nicht, wie noch in Paris, um die Wiedererkennbarkeit der neuen technischen Infrastruktur als einheitliches städtisches System, sondern darum, diese Infrastruktur zu nutzen, um die Orte der Stadt in ihrer Besonderheit zu betonen und zu stärken.

In Mailand begannen die Bauarbeiten für die Metropolitana 1957; 1962 wurden Franco Albini und Franca Helg mit der Architektur der Bahnhöfe beauftragt, deren Bau bereits fortgeschritten war und mithin wenig gestalterischen Spielraum zuließ. Die Architekten entwickelten ein geradezu asketisches modulares System von Stahlrahmen und vorgefertigten Kunststeinpanelen. Die Ein- und Ausgänge wurden als schlichte Brüstungen aus Stein und schwarz lackiertem Stahl um die offenen, ebenfalls steinernen Treppenaufgänge ausgeführt, die sich überaus diskret in den Stadtraum einfügen; lediglich der Handlauf zeigt mit seiner Farbe, rot oder grün, die jeweilige Linie an. Ansonsten bleibt der Wiedererkennungseffekt ganz den Schildern überlassen, die der Grafiker Bob Noorda in den Elementarfarben der U-Bahn-Linien und einer vereinfachten Helvetica-Schrift entwarf. Die rote Linie wurde 1964 eröffnet, die grüne 1969.

Für die Untergrundbahn von Bilbao, deren erste Linie 1995 der Stadt übergeben wurde, entwarf das Büro von Norman Foster sämtliche Bahnhöfe. In Anlehnung an die Strategie, die Guimard in Paris verfolgt hatte, sind die meisten Zugänge gleich oder zumindest eng miteinander verwandt: aus Stahl und Glas gefertigt und muschelförmig ausgebildet. Sie lassen nicht nur viel Tageslicht in den unterirdischen Bereich, sondern stellen auch erkennbare und dabei diskrete Elemente im Stadtraum dar. Ehrerbietig und liebevoll wurden sie von den

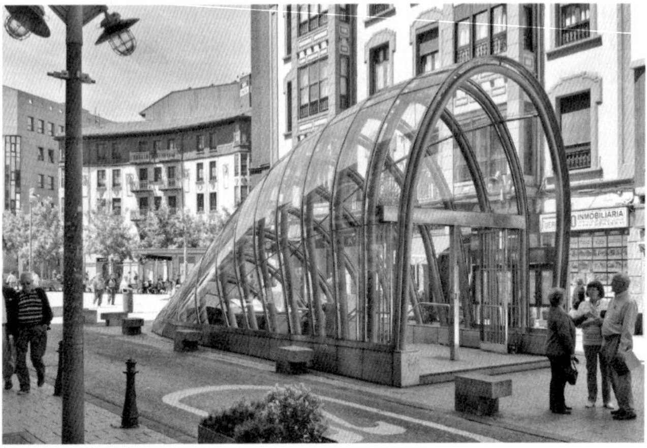

Norman Foster & Partners, U-Bahnstation, Bilbao, 1995

Bürgern *fosteritos* getauft. Ausnahmen stellen die Stationen Sarriko und Ansio dar, deren große Glasdächer eine noch unmittelbarere Beziehung von Straßenraum und urbaner Unterwelt beschwören.

In Neapel wurden die Linien 1 und 6 der Untergrundbahn, deren Bau Ende der siebziger Jahre des 20. Jahrhunderts begonnen, aber immer wieder von technischen Problemen und spektakulären Korruptionsskandalen unterbrochen wurde, zunächst mit *stazioni dell'arte* ausgestattet, mit Bahnhöfen der Kunst, die sich nach einem Konzept des Kritikers Achille Bonito Oliva zu einem »Pflichtmuseum« zusammenfügen sollten. Kurz darauf begann eine Kollektion von Stationsbauten exponierter internationaler Architekten, die auch als stadträumliche Verbesserungsmaßnahmen begriffen wurden. Den Anfang machten 2002 Alessandro Mendini und Gae Aulenti, später folgten unter anderen Mario Botta, Hans Kollhoff, Dominique Perrault, Richard Rogers, Álvaro Siza Vieira und Eduardo Souto de Moura. Anstatt der Metropolitana einen

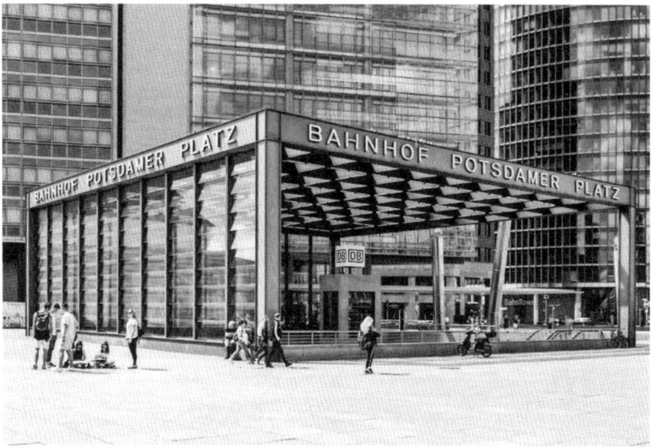

Hilmer & Sattler und Albrecht, U-Bahnstation Potsdamer Platz, Berlin, 1995–2006

Wiedererkennungswert und eine spezifische Identität zu verleihen, stellen die Bahnhöfe, von denen etliche noch Baustellen sind, bewusst eigenständige, individuelle Werke dar, die tief in die Gestaltung des Stadtraums eingreifen.

In seinem Buch *Ein Ethnologe in der Metro* von 1986, dem er 2008 *Le Métro revisité* folgen ließ, weist der Ethnologe und Anthropologe Marc Augé auf die nur scheinbare Inkohärenz der Unterwelt der Bahn mit der Oberfläche der Stadt sowie auf die verwickelten geschichtlichen Assoziationen hin, die allein schon die Namen der Stationen wecken. In ihren glücklichsten Momenten gelingt es der Architektur der Zugänge zur Untergrundbahn, diese symbolischen Suggestionen in dreidimensionale Bilder zu fassen, die sowohl die unterirdischen Strukturen einführen als auch den Stadtraum klären und bereichern.

OBJEKTE

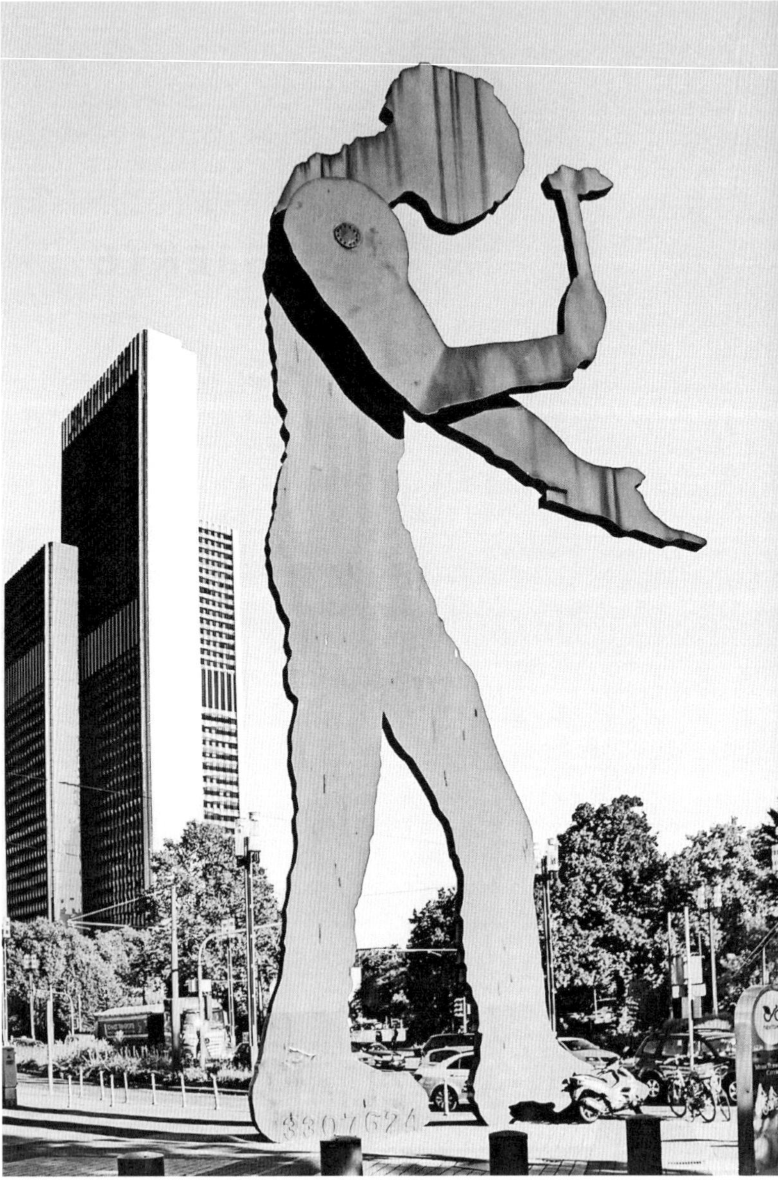

Jonathan Borofsky, Hammering Man, Frankfurt, 1991

Das Denkmal

Der Begriff Denkmal, eine Zusammensetzung aus denken, sich erinnern und Mal, Zeichen, geht angeblich auf Martin Luthers Übersetzung des griechischen Begriffs *mnemosynon* und des lateinischen *monumentum* zurück, ebenfalls abgeleitet aus *monere*, erinnern oder mahnen, und *mens*, die Denkkraft oder der Sinn. So bezeichnet er zunächst alles, was als historische Gedächtnisstütze wirkt. Monumentalbauten wie die Pyramiden, Komplexe wie die Akropolis, Landschaften wie die Gartenanlagen von Versailles können unter diese Kategorie fallen, und sogar Bergen wie dem Matterhorn kann Denkmalcharakter zugeschrieben werden. Auch mit einem herausragenden literarischen Werk vermag sich ein Autor ein Denkmal zu setzen.

Im engeren Sinn ist ein Denkmal eine architektonische oder plastische Struktur, die von vornherein und so gut wie ausschließlich dafür konzipiert wurde, eine Erinnerungsfunktion zu erfüllen. Die ersten Denkmäler dienten dem Totenkult, so die gigantische Porträtstatue des Königs Chephren aus der vierten altägyptischen Dynastie, etwa 2500 vor Christus: Sie stellte die personifizierte Lebenskraft des Verstorbenen dar und sollte sein Weiterleben im Jenseits sichern. Nach und nach traten die reinen Verherrlichungs- und Erinnerungsfunktionen in den Vordergrund. Seit dem 6. Jahrhundert vor Christus fanden die Denkmäler Eingang in das Stadtgefüge: eher bedächtig auf der Agora von Athen, geradezu überschwänglich auf dem römischen Forum. Seitdem Konsul Gaius Maenius nach dem Sieg von Antium über die latinische

Flotte (338 vor Christus) die erbeuteten Schiffsschnäbel an der Rednertribüne hatte anbringen lassen, wurde die architektonische Veranschaulichung kriegerischer und politischer Ereignisse durch Beutestücke, Siegessäulen, Siegesaltäre, Stelen und Standbilder zur Gepflogenheit. Bald war das Forum mit Denkmälern vollgestellt, zwischen denen sich die Menschenmassen der rasant wachsenden Großstadt nur mit Mühe hindurchzwängen konnten. In den Kaiserforen, die nicht zuletzt zur Entlastung des öffentlichen Raums entstanden, spielten die Monumente von Anfang an eine im Wortsinn zentrale Rolle: Die Reiterstandbilder von Caesar und Augustus, genau mittig aufgestellt, beherrschten deren geometrisch gefasste Plätze, auf dem Trajansforum thronten gar vier riesige Statuen des Kaisers. Der Titusbogen lancierte im Jahr 81 eine neue Art des Denkmals, den Triumphbogen als Stein gewordene Festarchitektur und als Stadttor, das aus seinem Kontext losgelöst rein zelebrative Funktionen erfüllte. Die trajanische und die aurelianische Säule, beide aus dem 2. Jahrhundert, überführten die Siegessäule in einen monumentalen Maßstab.

Mit dem bronzenen Reiterstandbild von Marc Aurel, das um 170 entstand, schuf die römische Kunst ein ebenso vollendetes wie prototypisches Werk, das von den frühmittelalterlichen Bildzerstörungen der Christen verschont blieb, weil der Reiter mit Konstantin verwechselt wurde; 1538 stellte es Michelangelo, der sich zunächst gegen dessen Verlegung vom Lateran ausgesprochen hatte, als raumbestimmendes Element auf dem römischen Kapitolsplatz auf, zuvor inspirierte es unmittelbar die zwei bedeutendsten Platzdenkmäler der Renaissance, Donatellos Reiterdenkmal des Gattamelata in Padua (1447–1453) und Verrocchios Bartolomeo Colleoni in Venedig (1480–1488). Von da an gerieten Reiterstandbilder zum geläufigsten Mittel der Verherrlichung weltlicher Macht: von Andreas Schlüters Großem Kurfürsten in Berlin (1696–1700) bis zu Étienne-Maurice Falconets Peter dem Großen in St. Petersburg (1766–1778).

Wie eng solcherlei Plastiken mit dem Stadtraum verknüpft waren, zeigen die französischen Königsplätze. Bereits der erste, der nach dem Willen von Heinrich IV. als nahezu quadratischer regelmäßiger Raum 1605–1612 aus dem Pariser Marais herausgeschnitten wurde und heute Place des Vosges heißt, erhielt ein Reiterstandbild in seiner Mitte, allerdings erst 27 Jahre nach seiner Fertigstellung und von Ludwig XIII. Dafür stand eine Skulptur von Heinrich IV. am äußersten Rand des Pont Neuf in der Achse der Place Dauphine, die nahezu gleichzeitig mit der ersten Place Royale angelegt wurde. Inmitten auf der kreisförmigen Place des Victoires, 1687 eingeweiht, wurde ein Denkmal von Ludwig XIV. aufgestellt; ebenso auf der Place Vendôme, wo die sieben Meter hohe Skulptur auf ihrem zehn Meter hohen Podest sogar die Platzwände überragte. Das königliche Reiterdenkmal wurde im Zug der Französischen Revolution zerstört, an seine Stelle trat Napoleon I.: auf einer 44 Meter hohen Säule, welche die Statue des Imperators im Kostüm der Cäsaren trug. Nach seinem Sturz wurde sie durch Heinrich IV. ersetzt, den Napoleon jedoch nach seiner Rückkehr wieder herunterholen ließ. Ludwig XVIII. setzte die Bourbonenlilie auf die Säule, nach der Revolution von 1830 tauchte Napoleon erneut auf, diesmal nicht antikisiert, sondern in Uniform. Die Kommune stürzte 1871 nicht nur die Regierung Napoleons III., sondern auch die Säule, aber danach wurde sie wieder aufgerichtet und trug, als sei nichts gewesen, den ursprünglichen klassizistischen Napoleon.

Eine noch engere Verknüpfung von Denkmal und Stadt führte Domenico Fontana im Auftrag von Papst Sixtus V. vor, als er an den wichtigsten Kreuzungen der neuen Straßen, die er 1585–1590 in Rom anlegte, die vier ägyptischen Obelisken aufstellte, die kurz davor in der Stadt ausgegraben worden waren. Vor allem jener, der auf der Piazza del Popolo positioniert wurde, markierte den Schnittpunkt der Achse der neuen (und nie bis zum Platz durchgeführten) Strada Felice mit jenen des bestehenden Dreistrahls der Via Lata, der Via

Leonina und der Via Paolina, den heutigen Via del Corso, Via del Babuino und Via di Ripetta, und geriet zum geometrischen Anfangspunkt der großartigen Platzgestaltung, die Giuseppe Valadier Anfang des 19. Jahrhunderts realisieren sollte.

Der Klassizismus griff auf die Bilder der Antike zurück und auch auf deren Denkmaltypen: Statuen, aber auch Triumphbögen und Säulen. Carl Gotthard Langhans baute 1788–1791 das Brandenburger Tor in Berlin, Jean-François Chalgrin den Arc de Triomphe (1806–1836) auf der Place de l'Étoile in Paris, William Railton die Nelson's Column (1840–1843) auf dem Trafalgar Square in London.

Die Denkwelt der Aufklärung und die neue Macht des Bürgertums brachen das Monopol der Herrschenden auf skulpturale Selbstdarstellung in der Stadt: Statuen von Generälen, aber auch von Dichtern, Heiligen, Musikern, Malern und Gelehrten begannen, die Plätze der expandierenden Städte des 19. Jahrhunderts zu bevölkern. Das Pathos ihrer Inszenierungen entsprach jenem des nationalen Stolzes, der hinter ihrer

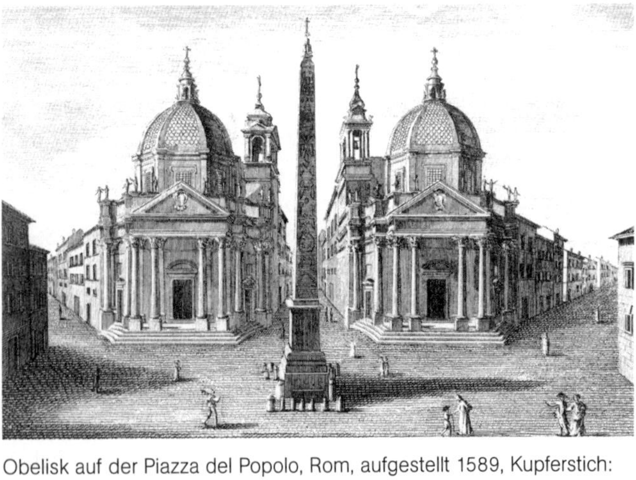

Obelisk auf der Piazza del Popolo, Rom, aufgestellt 1589, Kupferstich: Giovanni Battista Piranesi

Verbreitung stand. Ludwig Schwanthalers Bavaria-Statue in München rekurrierte auf die Kolossalstatuen der Antike. Mit der Siegesallee im Berliner Tiergarten wurde um die Wende vom 19. ins 20. Jahrhundert eine ganze Straße aus bedeutungsvollen Skulpturen geschaffen. Dem neuen Denkmalskult und dem pathetischen Nationalismus huldigten in Deutschland zahllose Wilhelm I.- und Bismarckdenkmäler, denen nach den Gemetzeln des Ersten Weltkriegs die Gefallenendenkmäler folgen sollten.

Dabei hatte bereits in den siebziger Jahren des 19. Jahrhunderts eine kritische Reaktion auf den bombastischen Denkmalkult begonnen. Mit seiner Platzskulptur *Die Bürger von Calais*, die normale, normalbekleidete Bürger zeigte und sockellos auf dem Platz stand, hatte Auguste Rodin nicht nur seine Auftraggeber schockiert, sondern auch einer neuen Auffassung des städischen Denkmals den Weg geebnet, die eine andere, entspanntere Beziehung zwischen Kunst und Betrachter wollte. Sie sollte in den Arbeiten von Constantin Meunier, Wilhelm Lehmbruck und Mark Matwejewitsch Antokolski Höhepunkte feiern und im 20. Jahrhundert in den Werken von El Lissitzky, Walter Gropius und Ludwig Mies van der Rohe zur radikalen Abstraktion finden. Bereits der Hauptprotagonist der Etablierung des Städtebaus als Disziplin, der österreichische Architekt Camillo Sitte, machte sich in seinem Bestseller *Der Städte-Bau nach seinen künstlerischen Grundsätzen* von 1889 Gedanken über die richtige Positionierung von Denkmälern auf Plätzen und plädierte für die Freihaltung der Mitte. Ähnlich argumentierte der deutsche Kunsthistoriker Albert Erich Brinckmann in seinem 1908 erschienenen Buch *Platz und Monument*: Seine »Untersuchungen zur Geschichte und Ästhetik der Stadtbaukunst in neuerer Zeit« überzeugten ihn davon, dass Denkmäler eine wichtige Rolle für den städtischen Platz spielen, aber aus dessen geometrischer Mitte herausgerückt werden sollten. Damit war ein entscheidender Bruch mit der Stadtbaukunst des Barock vollzogen, die den Platz als Kulisse

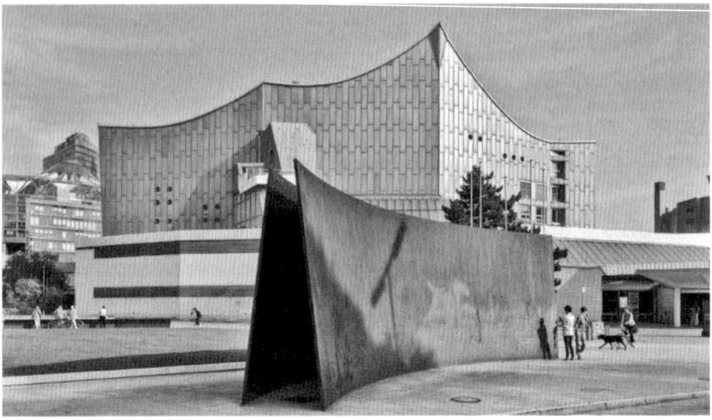

Richard Serra, Berlin Junction, Berlin, 1987

für das Monument verstanden hatte: Nun war der Platzraum der Hauptdarsteller und das Monument lediglich seine Zierde.

Wie modern diese Auffassung ist, zeigen die Arbeiten von Künstlern wie Henry Moore oder Richard Serra. Sie haben die Funktion des Denkmals, an eine Person oder ein Ereignis zu erinnern, zugunsten freier künstlerischer Assoziationen aufgegeben, setzen sich dafür umso intensiver mit dem Stadtraum auseinander. In diesen, aber auch in dessen Bezugssystem von Bewegungslinien und Blickbeziehungen, greifen sie tief ein. So sehr, dass Serras *Tilted Arc* in New York von einer empörten Bürgerinitiative derart angegriffen wurde, weil es Foley Federal Plaza funktional umdeutete, dass es 1989 entfernt werden musste.

Ebenso eng mit der Stadt, aber freilich auch mit der Politik verwoben war die Monumentalpropaganda, die Lenin unmittelbar nach der Oktoberrevolution im April 1918 lancierte. Hausfassaden und Mauern wurden mit revolutionären Parolen und Symbolen überzogen. Große, auch temporäre neue Skulpturen ersetzten auf den Plätzen die Denkmäler aus der zaristischen Epoche, die demonstrativ zerstört wurden.

Begeistert rief Wladimir Majakowski aus: »Die Straßen sind jetzt unsere Pinsel, unsre Paletten die Plätze«,[1] doch anstelle des Ikonoklasmus träumte er im Gedicht *Letztes Märchen von Petersburg*, wie das von Falconet geschaffene und von Alexander Sergejewitsch Puschkin gepriesene Reiterstandbild des

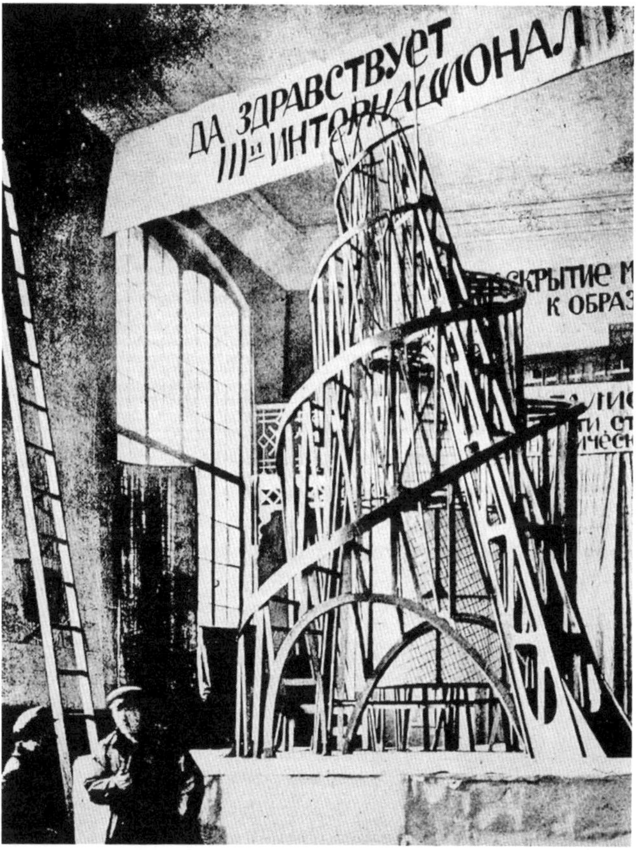

Wladimir Tatlin, Monument für die Dritte Internationale, Moskau, Modell, 1920, Fotografie: Nikolai Punin

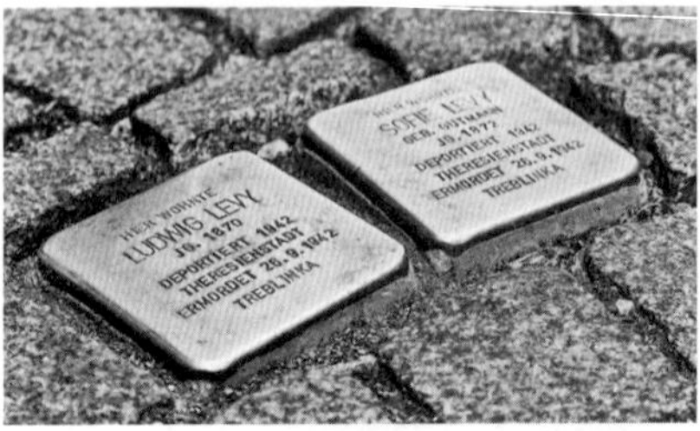

Gunter Demnig, Stolpersteine, von 1992 an

Zaren Peter des Großen von seinem Sockel steigt und im Hotel Astor zu Abend isst.[2] Wladimir Tatlin konzipierte das ehrgeizige Projekt des Monuments der Dritten Internationale, eines 400 Meter hohen Turmes, von dem nur ein großes Holzmodell gebaut wurde: Majakowski feierte es, in gewitzter Anspielung auf die Proliferation von Lenin-Darstellungen, als »erstes Denkmal ohne Bart«.

Auf die Krise des figürlichen Denkmals, die nach dem Massentod des Ersten Weltkriegs einsetzte, hatte bereits Robert Musil hingewiesen. Er befand, auf der Welt gebe es nichts, »was so unsichtbar wäre wie Denkmäler«, und forderte von ihnen, dass sie sich »anstrengen« und möglicherweise auch bewegen sollten.[3] Das nahm Alexander Calder mit seinen Mobiles ernst, die allerdings Schwierigkeiten hatten, im öffentlichen Raum zu bestehen. Geradezu wörtlich scheint der *Hammering Man* von Jonathan Borofsky Musils Forderung zu nehmen, der erst in verschiedenen nordamerikanischen Städten und dann auch in Basel, Frankfurt am Main, Seoul und Lillestrøm die Bürger mit seiner gemächlichen rhythmischen Bewegung irritierte.

Eine andere, möglicherweise subtilere Strategie wählte Jochen Gerz, der zwischen 1990 und 1992 mit seinen Studentinnen und Studenten die Namen jüdischer Friedhöfe, die von den Nationalsozialisten verwüstet worden waren, in die Pflastersteine des Platzes vor dem Schloss in Saarbrücken einmeißelte und anschließend verkehrt herum wieder einsetzte, wodurch die Beschriftung nicht zu sehen war. Hier strengt sich das Denkmal nicht nur nicht an, es verlangt die Anstrengung vom Betrachter, der es mühsam im unscheinbaren Pflaster suchen muss. Die hintergründige Symbolisierung der Verdrängung von Geschichte machte Schule: 1992 begann Gunter

Demnig in Köln mit dem Projekt *Stolpersteine*, das an die Opfer des Nationalsozialismus erinnert und die Orte, wo sie gelebt haben, markiert: Betonwürfel mit einer angegossenen Messingtafel von knapp zehn auf zehn Zentimeter, die in den Gehweg eingelassen werden oder einen Pflasterstein ersetzen. Inzwischen gibt es davon über 75 000. Lawrence Weiner ließ auf dem Zürcher Limmatplatz stählerne Schriftzüge einlegen, die auf Lenin, Einstein und Joyce und damit auf die Innovationen hinweisen, die in Zürich möglich waren. 2006 markierte eine Doppelpflastersteinreihe mit bronzener Beschilderung den innerstädtischen Verlauf der abgerissenen Berliner Mauer und erinnerte an die Teilung der Stadt.

Solcherlei Minimalismus wollte nicht nur den Denkmalbegriff neu definieren und dem Betrachter gerade dadurch, dass er sich ihm nicht anbiederte, Aufmerksamkeit abzwingen. Er reagierte auch auf die Vermüllung der Stadt mit Denkmälern, die in den sechziger und siebziger Jahren kunstbeflissene Urstände feierte und dazu führte, dass die öffentlichen Straßen und Plätze an allen möglichen und unmöglichen Orten zugestellt wurden.

Die Stadt ist seit jeher auch ein Ort der Erinnerung, der die eigene Geschichte erzählt und diejenige der Gemeinschaft, die sie bewohnt. Das gilt auch für die moderne Stadt, in der Denkmäler einen Platz finden können und müssen. Doch wie alles in der Stadt dürfen sie nicht willkürlich ausgewählt und zufällig dort abgeladen werden, wo gerade noch Platz ist: Sie müssen geplant, gezielt konzipiert und reflektiert platziert werden. Nur aus der Zurückhaltung vermag eine prägnante Botschaft geschaffen zu werden. Nur aus der Sparsamkeit ihrer architektonischen Komposition und Bestückung können gute, brauchbare und bedeutsame öffentliche Räume entstehen.

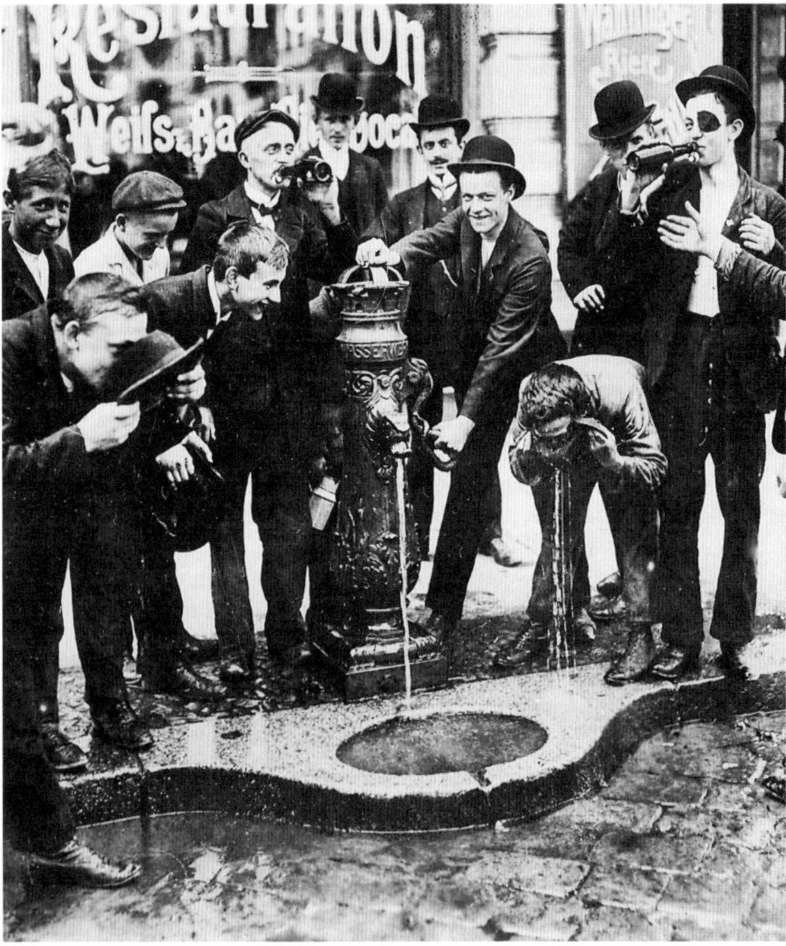

Schwengelbrunnen mit jungen Männern, die sich erfrischen, Berlin, um 1910

Der Brunnen

Jean Giraudoux, Diplomat, Schriftsteller mit Architekturaffinität und Autor des Dramas *Undine*, hat einmal leichthin bemerkt, Zivilisation bedeute hauptsächlich, mit Wasser zu spielen. Im Bonmot steckt mehr Wahrheit, als es zunächst den Anschein hat. In den antiken Mythen und in den Erzählungen der Weltreligionen hat das Wasser eine zentrale Rolle inne. Sauberes Wasser war und ist heute mehr denn je ein kostbares Gut. In der Architektur der Stadt, der Materialisierung der Zivilisation par excellence, ist es ein eminent wichtiges Element und der Brunnen vielleicht seine urbanste Form: Inszenierung der Lebensressource Wasser und sichtbare Manifestation seiner infrastrukturellen, aber auch sozialen Netzwerke. Jean-Jacques Rousseau geht so weit, den Brunnen als ursprüngliches kollektives Projekt und damit als Geburtsort von Gesellschaft und Sprache zu deuten.

Tatsächlich wurden bereits in der antiken Stadt die öffentlichen Brunnen, die archäologisch seit dem 8. Jahrtausend vor Christus nachweisbar sind, mit Vorliebe auf Plätzen und auf Straßenkreuzungen angelegt. Athen erhielt als eine der ersten Städte Griechenlands Ende des 6. Jahrhunderts vor Christus eine Fernwasserleitung mit zahlreichen Wasserstellen, die nicht mehr an Quellen gebunden waren und somit städtebaulich strategisch gesetzt werden konnten. Die gängigsten Typen waren Schachtbrunnen, Laufbrunnen, die mit oder ohne Schöpfbecken ausgestattet und zuweilen in Nischen gesetzt wurden, und Brunnenhäuser, die nicht selten aufwendig architektonisch gestaltet waren. Die Wasserauslässe wurden oft als Löwenmasken ausgebildet: Im monumentalen Brunnen, der im 4. Jahrhundert vor Christus am Fuß der Akropolis von Ialysos bei Rhodos aufgestellt wurde, bilden die Löwenköpfe ein allgegenwärtiges skulpturales Motiv.

Die römische Brunnenbaukunst übernahm die griechischen Modelle, verfeinerte sie und erfand neue hinzu. Zu den wichtigsten gehörten die Schalenbrunnen mit zwei bis drei übereinander angeordneten, nach oben hin kleiner werdenden Schalen, aus denen das Wasser der obersten jeweils in die nächste fließt; die oft szenografischen Wandbrunnen, die vor allem den Eingang der Aquädukte markierten; und seit dem 3. Jahrhundert nach Christus die *nymphaea*, deren Exedren und Wasserbecken in anspruchsvollen, oft mehrstöckigen architektonischen Strukturen integriert, durch künstliche Grotten und Wasserpflanzen geschmückt und an stadträumlich bedeutsamen Orten positioniert waren, ideale Bühnen für Feste und Bankette. Auch die Quellen wurden architektonisch inszeniert, wie jene der Juturna auf dem Forum Romanum zeigt, die in republikanischer Zeit ausgeschmückt wurde. Wie großartig und phantasievoll römische Brunnen sein konnten, demonstriert eindrucksvoll der Pignone, eine nahezu vier Meter hohe Bronzeskulptur in Form eines Pinienzapfens, die Teil eines antiken Brunnens aus dem 2. Jahrhundert nach Christus war und heute Donato Bramantes Cortile della Pigna im Vatikankomplex dominiert.

Die Mehrzahl der Brunnen waren indessen schlichte Schöpfbrunnen mit Laufhahn, welche die arme Bevölkerung der römischen Städte mit Wasser und Begegnungsorten versorgten. Im vergleichsweise kleinen Pompeji wurden bislang über vierzig Brunnen lokalisiert, jeder mit einem Einzugsbereich von etwa fünfzig Metern. In Rom existierten laut dem *Curiosum urbis Romae*, einer Art Stadtführer aus der ersten Hälfte des 4. Jahrhunderts, neben 956 öffentlichen Bädern, 19 Aquädukten und 11 heißen Quellen 1352 Trinkwasserbrunnen.

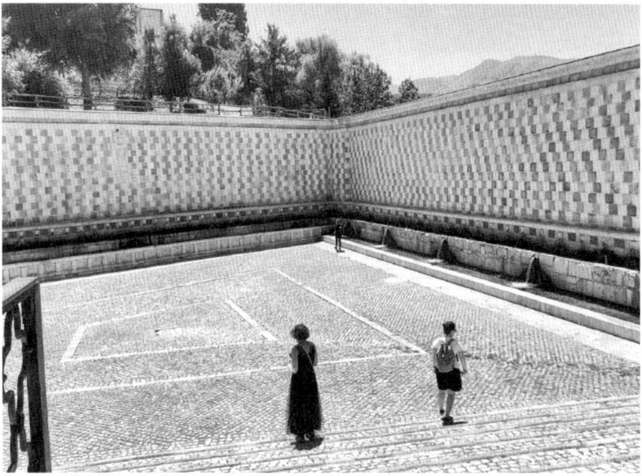

Fontana delle Novantanove Cannelle, L'Aquila, 1272 bis etwa 1600

Dazu kamen die privaten Zierbrunnen in den Peristylen und Gärten der vornehmen Häuser und Paläste.

Etliche antike Brunnentypen lebten im Mittelalter fort und mit ihnen ihre Bestimmung, die Trinkwasserversorgung der Stadtbevölkerung mit stadträumlichen, gesellschaftlichen und ästhetischen Aufgaben zu verknüpfen. Besonders radikal führt dieses Zusammenspiel die Fontana delle Novantanove Cannelle in L'Aquila vor. Der Brunnen, der 1272 errichtet und vermutlich von der Fonte dei Canali oder Serpi in Piombino (1247/48) beeinflusst wurde, wies zunächst 15 Wasserspeier auf, die an einer Mauer über ein Becken aneinandergereiht und mit stilisierten Gesichtsdarstellungen versehen waren. Im Lauf des 15. Jahrhundert wurden schrittweise weitere Röhren und Köpfe hinzugefügt, 1578 annähernd rechtwinklig zur ersten Mauer eine zweite mit einem neuen Becken und neuen Wasserspeiern, kurze Zeit später auf der gegenüberliegenden Seite eine dritte Mauer. Die Anlage stellte sich damit weitgehend so dar, wie sie sich heute präsentiert: eine dreifach geknickte hohe Wand aus schachbrettartig verlegten weißen und rosafarbenen Kalksteinquadern, an der 93 Masken, alle unterschiedlich ausgebildet, Wasser in drei Doppelbecken speien. Der Brunnen ist zu einem trapezoidalen wasserspendenden Platz mutiert.

Das großartige urbane Kunstwerk ließ sich die Kommune beständig etwas kosten: Als es 1563 ein Unwetter nahezu ganz zerstörte, verfügte sie, für dessen Wiederherstellung sei all das auszugeben, was es brauche. Seine Schönheit lobten bereits die Zeitgenossen, die von 99 kunstvoll gestalteten Masken schwärmten und damit der Anlage sechs dazudichteten, ebenso seine Nützlichkeit lobten, denn angeblich vermochten dort hundert Frauen nebeneinander bequem ihre Wäsche zu waschen – was, freilich in etwas bescheidenerer Besetzung, bis ins 19. Jahrhundert hinein tatsächlich geschah.

Die unerhörte Synthese von Brunnen und Platz sollte auch in der Folgezeit unerreicht bleiben; vielleicht mit der Ausnahme von Bagno Vignoni, unweit von Siena, wo der Dorfplatz aus dem 16. Jahrhundert, die Piazza delle Sorgenti, ein einziges, 46 mal 29 Meter messendes Becken ist, das das hervorsprudelnde Thermalwasser aufnimmt. Auch die Fonte Gaia, die 1349 auf der Seneser Piazza del Campo aufgestellt wurde, Trinkwasser über unterirdische Leitungen aus einer 25 Kilometer entfernten Quelle in die Stadt führte und die Jacopo della Quercia 1419 mit kostbaren Reliefdarstellungen schmückte, ist zwar ein räumlich konzipierter Brunnen aus drei Wänden, aber er steht auf einem Platz, er schafft keinen.

Gleichwohl ließen sich die Brunnen des Mittelalters und der Renaissance stark auf die Stadträume ein, die sie besetzten und schmückten. Das offenbart die Fontana Maggiore in Perugia von Bevignate da Cingoli, Rosso Padellaio, Nicola und Giovanni Pisano, die 1275–1280 auf der Piazza Grande (heute Piazza IV Novembre) aufgestellt wurde, um den Ankunftsort des neuen, rein auf dem Druckprinzip basierenden Aquäduktes zu zelebrieren, mit dem der Ingenieur Boninsegna Veneziano Trinkwasser von den nahegelegenen Bergen auf die Akropolis der Stadt leitete. Und das demonstrieren die eleganten Brunnen, die Giacomo della Porta, ein Schüler Michelangelos, in Rom realisierte, um die Stadt mit dem Wasser der restaurierten Aquädukte Aqua Virgo und Aqua Felice zu versorgen.

Die Beziehung der Brunnen zu den städtischen Räumen, für die sie geschaffen wurden, war eng, aber mitnichten unveränderbar. Die Fontana del Trullo, die della Porta 1572 auf dem gleichnamigen Platz errichtete, heute Piazza del Popolo, um das Wasser der Aqua Virgo in einem der dichtesten römischen Quartiere verfügbar zu machen, war bald im Weg, als Sixtus V. den Obelisken aufstellen ließ, und wurde in Richtung von Via del Corso verschoben. Zu Beginn des 19. Jahrhunderts ließ sie Giuseppe Valadier abmontieren, als er die gesamte Platzanlage neu gestaltete. 1849 wurde sie auf dem Gianicolo vor der Kirche San Giovanni in Montorio wieder aufgestellt, blieb dort aber nur zwei Jahrzehnte und verschwand dann in einem Lager der Kommune. Erst 1950 wurde sie um die zwei oberen Becken, die verlorengegangen waren, ergänzt und auf der Piazza Nicosia wieder aufgerichtet, wo sie heute noch ist. Die Fontana Medina oder Neptunbrunnen, die Domenico Fontana und andere Künstler 1600–1601 für den Platz vor dem Castel dell'Ovo in Neapel komponierten, wurde gar sechs Mal in der Stadt herumgeschoben, weil entweder das Wasser oder der Platz nicht ausreichten, bis sie vor nur wenigen Jahren im Zusammenhang mit der Einrichtung der neuen Metrostation von Álvaro Siza Vieira und Eduardo Souto de Moura auf der Piazza Municipio einen kongenialen Ort fand. Die Fontana delle Api, die erlesene Pferdetränke, die Gian Lorenzo Bernini 1644 als utilitaristisches Gegenstück zur gleichzeitigen Fontana del Tritone geschaffen hatte und die für eine Ecke an der Strada Felice (heute Via Sistina) bestimmt war, wurde 1880 abmontiert, weil sie den Verkehr behinderte, und sechsunddreißig Jahre später dort aufgestellt, wo sie heute steht, nämlich zu

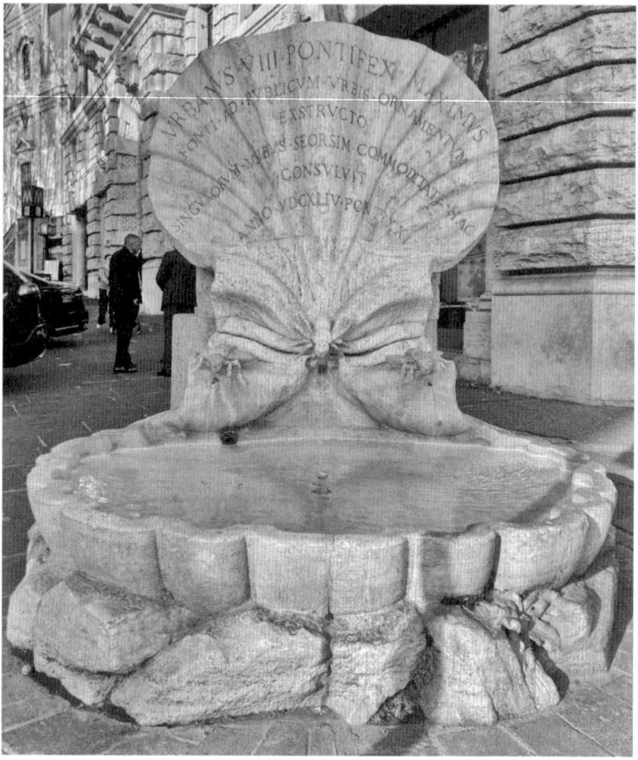

Gian Lorenzo Bernini, Fontana delle Api, Rom, 1644

Beginn der Via Veneto; allerdings nicht mehr mit ihren Originalteilen aus Marmor, sondern als Nachbildung aus dem Travertin der abgerissenen Porta Salaria.

Ihre Sternstunde erlebte die Brunnenkunst im Barock: mit Hubert Gerhards und Adriaen de Vries' Skulpturen für die drei stadtraumprägenden Prachtbrunnen in Augsburg, mit Giambolognas Neptunsbrunnen in Bologna und vor allem mit den römischen Brunnen, die Bernini schuf. Den Anfang machte er mit der Barcaccia in Piazza di Spagna, die er zusammen mit seinem Vater Pietro realisierte und von welcher erzählt wird, sie sei durch ein gestrandetes Schiff nach der Tiberflut von 1598 inspiriert. In der Fontana dei Quattro Fiumi auf der Piazza Navona sind Meeresgötter, Flussgötter, Tritonen, Najaden und Nymphen in exaltierter Bewegtheit in das vielfältige Spiel der Wasserstrahlen einbezogen, die sie zum Teil selber spenden. Solcherlei Kunstwerke wurden nicht nur bewundert, sondern auch benutzt: zum Wasserholen, Wäschewaschen, Pferdetränken und sogar zum Baden. Außerdem konnten mit ihrem Wasser einige der Plätze geflutet werden, auf denen sie standen, darunter Piazza Navona und Piazza Farnese. Die Abläufe wurden kurzerhand zugestopft, und innerhalb weniger Stunden stand das Wasser über einen halben Meter hoch. Das Ereignis, das in den heißen Sommermonaten einmal wöchentlich an verschiedenen Orten der Stadt inszeniert wurde und selbst nachts stattfinden konnte, amüsierte die Römer ungemein, die mit Wagen, Pferden oder einfach zu Fuß durch die temporären Überschwemmungen wateten und die Kühle genossen.

Etliche städtische Brunnen wurden als Symbole der neu eingerichteten oder wiederhergestellten Versorgung der Stadt mit Wasser platziert und gestaltet. Der römische Mosesbrunnen markiert den Endpunkt der Aqua Felice, die Giovanni Fontana, Bruder von Domenico, für Papst Sixtus V. 1585–1587 wieder instand setzte: Seine Nischen fügen sich zu einer Art Triumphbogen, durch den das Wasser in die Stadt quillt. Noch spektakulärer inszeniert der Fontanone auf dem Gianicolo die triumphale Eröffnung der Aqua Paola von Papst Paul V. 1612. Aber auch die Modernisierungsmaßnahmen, die im 19. Jahrhundert in den meisten europäischen Städten einsetzten, beinhalteten neue Aquädukte. Zugleich begann man, nicht nur die privaten Haushalte mit fließendem Wasser zu versorgen, sondern auch die Straßen und Plätze systematisch mit öffentlichen Trinkbrunnen auszustatten.

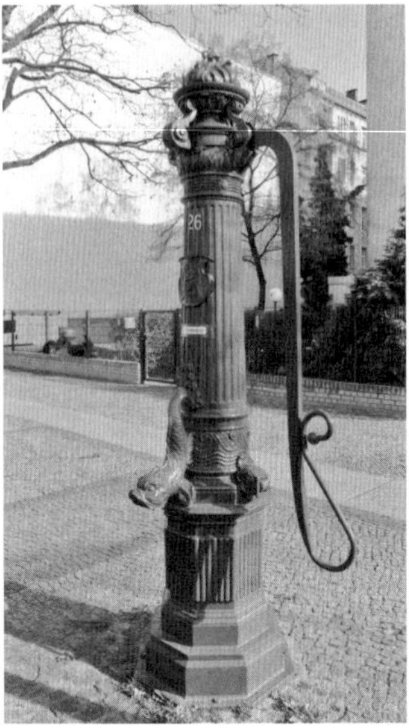

Schwengelbrunnen, Berlin, um 1890

In Berlin wurden bis Ende des 18. Jahrhunderts die mittelalterlichen Ziehbrunnen mit Eimer und Kette in Rohrbrunnen mit Holzummantelung, Pumpwerk und markantem Schwengel verwandelt; um 1860 wurden sie in den vornehmen Innenstadtvierteln mit dekorativen Zinkgussgehäusen versehen, in Charlottenburg mit kleinen Schieferdächern. Damals zählte die Stadt knapp 1000 Brunnen. Ihr Wasser stammte aus gemauerten Kesseln, aber die Verschlechterung der Wasserqualität legte bald Stadtbrunnen mit tieferen, bis zu vierzig Meter unter der Straßenoberfläche liegenden Saugestellen nahe. Sie wurden 1877 in drei verschiedenen Ausführungen hergestellt, für ihre Gestaltung zeichnete Johann Eduard Jacobsthal verantwortlich, seit 1875 leitender Architekt der Berliner Stadtbahn. Der Brunnenbaumeister Louis Lohde entwickelte und produzierte zur gleichen Zeit einen ähnlichen Brunnen, ebenfalls in drei Typen. Bei allen sechs Modellen wurde das Wasser mit einem seitlich angebrachten Handgriff manuell hochgepumpt. Im Bordstein war ein Tränkstein integriert, eine in eine Granitplatte eingemeißelte Mulde, wo sich das Wasser sammeln und von Pferden, Hunden, Katzen und Vögeln getrunken werden konnte. Die Pumpen, in etwa 300 Meter Entfernung voneinander aufgestellt, dienten der Versorgung der Bürger mit Trinkwasser, den Kutschpferden als Tränke und der Feuerwehr als Löschwasserquelle; dafür gab es bei einigen Modellen einen gesonderten Anschluss.

Die erste Funktion trat in den Hintergrund, nachdem 1856 die Berliner Wasserleitung in Betrieb genommen worden war und sukzessive mehr und mehr Haushalte bediente. 1890 wurde eine modernere Pumpe entwickelt, für deren Gestaltung ein Wettbewerb ausgeschrieben wurde: Der preisgekrönte Entwurf war der Stadtverwaltung zu teuer, also wurde der einfachere zweitplatzierte Entwurf von Otto Stahn, der sich mit der künstlerischen Gestaltung zahlreicher Berliner Brücken ein Renommee erworben hatte, in Gusseisen ausgeführt. Um die Jahrhundertwende kamen Zapf- oder Ventilbrunnen hinzu: Sie waren an die städtische Wasserleitung angeschlossen und wurden zunächst durch das Hochziehen des Handgriffs, später, seit den zwanziger Jahren, durch Niederdrücken betätigt. Ihr Dekor entfiel nach und nach, in den dreißiger Jahren wurden sie ganz und gar schmucklos und sachlich. Die Pumpen blieben für die Notwasserversorgung in Betrieb und stellten nach der Zerstörung der Stadt im Zweiten Weltkrieg die wichtigste Trinkwasserquelle für Berliner, Flüchtlinge und Soldaten dar. 1969 kam ein neues, modernistisches Modell hinzu, das der Architekt und Designer Fridtjof Schliephacke entwarf und das in Stahl realisiert wurde. Überwiegend grün gestrichen, stehen bis heute noch über 2100 Pumpen, auch Plumpen genannt, und Brunnen auf den Straßen Berlins: Davon spenden allerdings inzwischen weniger als die Hälfte hygienisch einwandfreies Trinkwasser.

Die öffentliche Wasserversorgung von Paris war seit dem Verfall des römischen Aquädukts von Arcueil im frühen Mittelalter prekär: Mitte des 16. Jahrhunderts verfügte jeder der 26 000 Einwohner über nur einen Liter Wasser pro Tag. Es wurde aus den weniger öffentlichen Brunnen wie der monumentalen Fontaine des Innocents 1547–1549 oder aus der Seine geholt. 1777 gestattete Ludwig XVI. der privaten Compagnie des Eaux der Brüder Jacques-Constantin und Auguste-Charles Périer die Schöpfung und die Vermarktung des gesamten Pariser Trinkwassers, eine Maßnahme, die es noch rarer machte und bereits elf Jahre später nach dem Bankrott der Gesellschaft wieder zurückgenommen wurde. Napoleon I. verabschiedete

1806 mit dem Dekret von Saint-Cloud ein Programm für 15 öffentliche Brunnen, die sowohl repräsentativ-ästhetische Aufgaben erfüllen als auch der kostenlosen Wasserversorgung der Pariser Bürger dienen sollten. So entstanden unter anderen die Fontaine de Mars, die Fontaine du Fellah und die Fontaine de la Victoire, auch Fontaine du Palmier genannt. Nach der ersten Cholera-Epidemie 1832, deren Hauptursache das verseuchte und ungenügende Wasser war (7 Liter pro Tag und Einwohner, größtenteils aus der verschmutzten Seine gepumpt, standen 62 Liter des auch nicht gerade vorbildlichen London gegenüber), ließ Claude-Philibert Barthelot de Rambuteau, von 1833 an Seine-Präfekt, schlichte gusseiserne Brunnen vor allem in den Parkanlagen der Stadt aufstellen: Gab es vor seiner Ernennung lediglich 146 davon, waren es 15 Jahre später, als er sein Amt niederlegte, über 1800. Sie führten allerdings nur wenig Wasser und wurden nachts abgestellt.

Erst im Second Empire und nach der zweiten und dritten Cholera-Welle erhielt Paris mit der Gesamtreorganisation des hydraulischen Netzes und dem Bau von zwei neuen Aquädukten eine gute und ausreichende Wasserversorgung. Nach der Belagerung der Stadt durch die preußische Armee und der Kommune von 1871 waren in Paris zahlreiche Leitungen zerstört und das Trinkwasser wieder überteuert; vor diesem Hintergrund schenkte der wohlhabende britische Philanthrop Richard Wallace der Stadt öffentliche Brunnen, die er selbst nach dem Muster der Londoner Drinking fountains entwarf und vom Bildhauer Charles-Auguste Lebourg künstlerisch verfeinern ließ. Damit wollte er vor allem die arme Bevölkerung mit kostenlosem Trinkwasser versorgen und so auch dem Alkoholismus entgegenwirken. Die Brunnen sollten groß genug sein, dass sie im Stadtbild auffielen, ohne es zu beeinträchtigen, praktisch und schön, widerstandsfähig und billig. Sie wurden aus Gusseisen hergestellt und dunkelgrün gestrichen. Es gibt vier Modelle: Beim großen tragen vier Karyatiden, die auf einem achteckigen Sockel stehen und die Güte, die

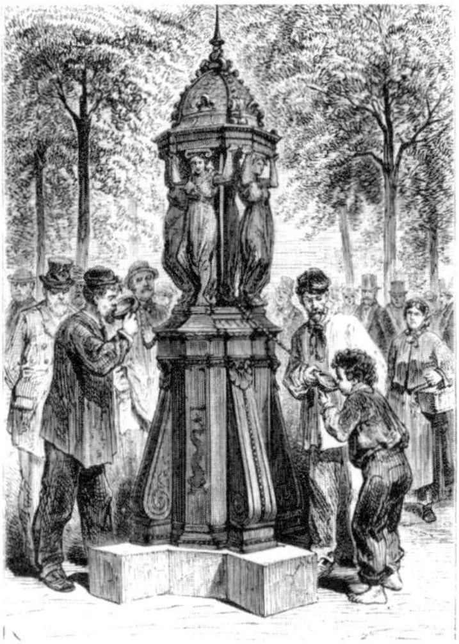

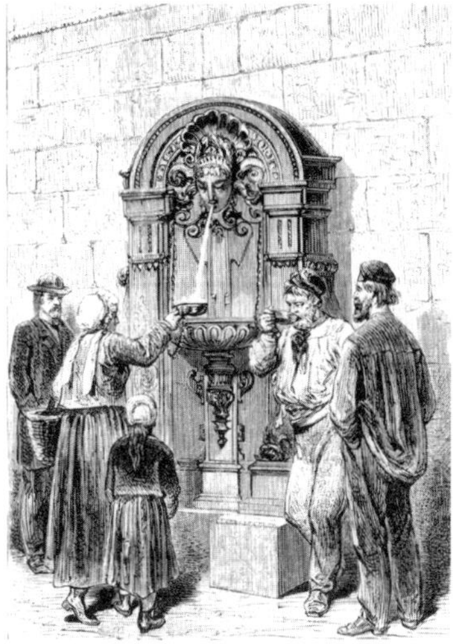

Richard Wallace, Charles-Auguste Lebourg, Trinkwasserbrunnen, Paris, 1872

Einfachheit, die Wohltätigkeit und die Nüchternheit versinnbildlichen, eine spitz zulaufende Kuppel, aus der das Wasser austritt und in ein Becken fällt. Dazu gab es ein Einbaumodell, bei dem der Kopf einer Najade Wasser in ein Becken speit, ein kleineres Modell des Originals, wo die Karyatiden durch zierliche Säulen ersetzt sind, und ein schlichtes zylindrisches Modell mit Druckknopf. Die beiden letzteren wurden nicht mehr von Wallace konzipiert, für ihre Kosten kam die Stadt auf. Der Wasseringenieur Eugène Belgrand, der bereits unter Georges-Eugène Haussmann gearbeitet hatte, positionierte sie an städtebaulich strategischen Stellen, in der Regel an Straßenkreuzungen. 1872 wurde die erste Fontaine Wallace unter den Augen einer enthusiastischen Menschenmenge und der die Menschenmenge beaufsichtigenden Polizei am Boulevard de la Villette installiert, fünfzig weitere Brunnen folgten im gleichen Jahr. Insgesamt wurden über 200 Wallace-Brunnen aufgestellt, von denen heute etwas mehr als die Hälfte übriggeblieben sind. Der Pariser Stadtarchitekt François Eugène Dejean trat in Wallaces Fußstapfen und schenkte zwölf Brunnen, von denen jedoch nur einer 1906 auf der Place Pasdeloup realisiert wurde. 2012 entstanden nach den Plänen von Cécile Planchais die Fontaines Arceau aus Aluminium und Edelstahl.

In London war 1708 als späte Reaktion auf den Stadtbrand von 1666 der Parish Pump Act verabschiedet worden, nach dem jede Pfarrei über eine Pumpe für Löschwasser verfügen musste. Um Trinkwasser war man weniger besorgt, und die Pumpe, die 1799 in Cornhill dort angelegt wurde, wo bereits 1582 ein paar Jahrzehnte lang Trinkwasser geborgen worden war, stellte eine Ausnahme dar. Das elegante gusseiserne Gehäuse wurde vom Architekten Nathaniel Wright gestaltet und weiß und cremefarben gestrichen; unversehrt und frisch restauriert, allerdings ohne den ursprünglichen steinernen Wassertrog und vor allem ohne Wasser, steht das hübsche Erinnerungsobjekt heute mitten in der City: Im Film *Bridget Jones – Schokolade zum Frühstück* ist es Zeuge des ersten Kusses, den Colin Firth und Renée Zellweger tauschen. Unter den späteren Pumpen, die den Londonern mehr schlecht als recht Wasser beschafften, gab es immerhin so bemerkenswerte Exemplare wie jenes, das 1826 in Bedford Row aufgestellt wurde und bis heute überlebt hat, allerdings funktionslos und mit dem Aufsatz einer fragwürdigen Laterne: Das aufwendig gearbeitete Gehäuse aus Gusseisen ist mit zwei übereinanderliegenden Wasserspeiern bestückt und den farbigen Wappen von St. Andrew und St. George verziert. Unter dem Eindruck der letzten großen Cholera-Epidemie von 1854, aber auch um dem exzessiven Bierkonsum entgegenzuwirken, richtete die Metropolitan Drinking Fountain and Cattle Trough Association 1859 einen Trinkwasserbrunnen an der Einfriedung der Kirche St. Sepulchre-without-Newgate am Holborn Hill ein. Das Wasser floss aus einem Rohr im unteren Teil einer Marmormuschel in ein Becken, das von einem säulengestützten Rundbogen aus rotem Granit überdeckt war, und konnte mit Hilfe von zwei angeketteten Schöpflöffeln geborgen werden. Mit bis zu 7000 Benutzern am Tag fand der Brunnen so großen Zuspruch, dass die philanthropische Gesellschaft 85 weitere anlegte. Gegen Ende des 19. Jahrhunderts kamen Tränkebrunnen mit zwei übereinandergestapelten Becken auf, das obere für Pferde, das untere für Karrenhunde bestimmt. Sogar am vornehmen Strand wurde bei einem Droschkenstand ein solcher Brunnen neben einem gewöhnlichen Trinkbrunnen aufgestellt.

In den italienischen Städten übernahmen nach der Gründung des Nationalstaats die Kommunen die Initiative und richteten sich mit Trinkwasserbrunnen ein. Den Anfang machte Turin, wo bereits 1862 die ersten *torèt* aufgestellt wurden: kleine gusseiserne Stelen mit quaderförmigem Schaft und halbrundem oberen Abschluss, an die ein ebenfalls gusseiserner Stierkopf angebracht ist, der aus seinem Maul Wasser speit. Am Boden fängt ein halbkreisförmiges Gitter das Wasser auf und sammelt es in einer Schale, aus der die Tiere trinken können, ehe es der Kanalisation zugeführt wird. Das Stiermotiv ist unmittelbar der Stadtheraldik entnommen und verfehlte seine Wirkung nicht. Die Turiner Bürgerinnen und Bürger schlossen die grün gestrichenen, ikonischen Objekte sofort in ihr Herz und identifizieren sich bis heute mit ihnen. Im Stadtgebiet sind es etwas mehr als 700.

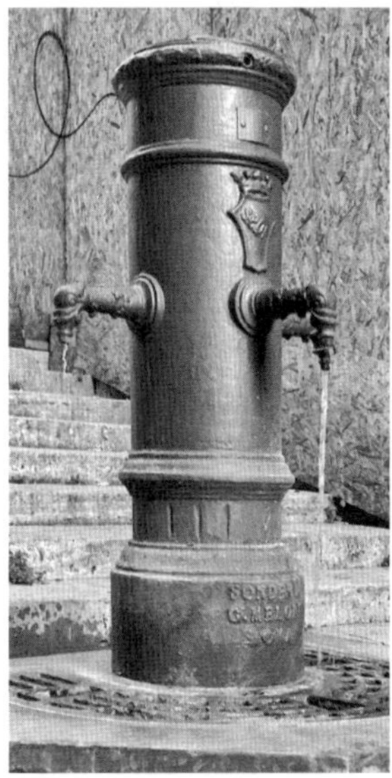

Trinkwasserbrunnen (*nasone*), Rom, um 1890

Die Stadtverwaltung von Rom ließ von 1874 an vorzugsweise in den armen Quartieren, wo die Versorgung der Wohnungen mit Trinkwasser unzureichend oder gänzlich inexistent war, gusseiserne runde Brunnensäulen mit drei drachenförmigen Wasserspendern aufstellen. Den ältesten kann man heute am Pantheon besichtigen, den berühmtesten in der Via delle

Tre Cannelle (der Straßenname geht auf einen älteren, heute verschwundenen Brunnen von della Porta zurück), wo ihm in Mario Monicellis Film *I soliti ignoti* von 1958 eine nicht unbedeutende Rolle zugesprochen wurde. Bald ging man zu einem einzigen, prononcierten Wasserspeier über: Weil er wie eine große Nase aussieht, wurden die Brunnen von den Römern liebevoll *nasoni* genannt. Im Speier ist ein kleines rundes Loch eingestanzt: Hält man den Wasserauslass mit einem Finger zu, spritzt daraus das Wasser in hohem Bogen und kann bequem und hygienisch getrunken werden. In den dreißiger Jahren wurden zwei neue Modelle entwickelt, einer mit den obligatorischen Liktorenbündeln versehen, der jedoch keine Verbreitung fand. Inzwischen gibt es in Rom etwa 2500 *nasoni*, leider durch unzureichenden Unterhalt und Sparpläne bedroht.

In Mailand wurde um 1890 der Trinkwasserbrunnen Typ Milano aufgestellt, der wie das Turiner Modell einen rechteckigen Querschnitt aufweist, aber etwas größer und von einem keck geschwungenen Deckel mit einem stilisierten Pinienzapfen als Abschluss bekrönt ist; auf dem Boden liegt, ebenfalls wie in Turin, eine halbkreisförmige Schale. Eine edlere Variante, die nicht aus Gusseisen, sondern aus vergoldetem Messing ausgeführt wurde, zeichnete der Architekt Luca Beltrami, der nach der 1888 begonnenen Restaurierung von Palazzo Marino die gesamte Piazza della Scala neu gestaltete und möblierte. Der Drachenkopf, dessen Vorbild ein Wasserspeier des gotischen Doms war, wurde im überarbeiteten Serientyp übernommen, der 1931 entwickelt und in der ganzen Stadt eingesetzt wurde. Die Brunnen, nach dem Zweiten Weltkrieg alle in einem kräftigen Grün gestrichen, wurden von den Mailändern, die das ständig fließende Wasser als Metapher von Tränen deuteten, *vedovelle* genannt oder prosaischer »grüne Drachen«. Heute plätschern davon knapp 700 in der Stadt. Im Park des neuen Quartiers City Life hat die Künstlerin Serena Vestrucci die Drachenköpfe aus Messing spielerisch mit jenen von anderen Tieren ersetzt, von Elefanten bis hin zu Giraffen.

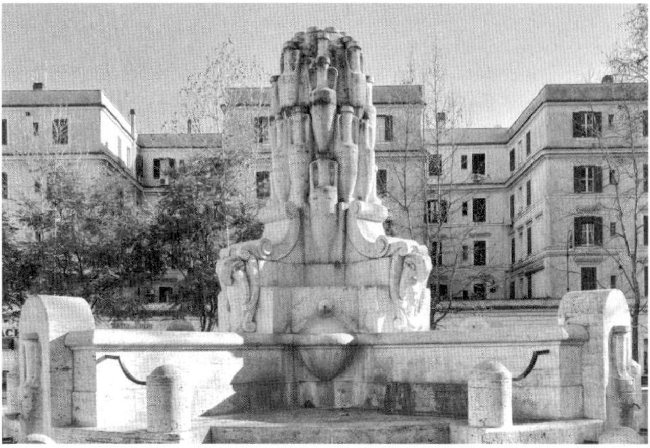

Pietro Lombardi, Fontana delle Anfore auf der Piazza Testaccio, Rom, 1927

So emotional sich die Bürgerinnen und Bürger mit ihren *fontanelle* identifizierten, so ungeniert wurden diese als industrielles Produkt größerer Gießereibetriebe ubiquitär eingesetzt. Der Typ Milano etwa geriet, nur mit einem anderen oder gar keinem Stadtwappen versehen, flugs zum Typ Umbria, tauchte allerdings nicht nur dort auf, er war in den Abruzzen ebenso wie auf Sardinien zu finden. Einen besonderen Fall stellen die Fontanine dell'Acquedotto Pugliese dar, schlanke, auffällig schlichte Säulenmodelle, die von 1902 an entlang der neuen Trinkwasserleitung aufgestellt wurden. Ihre Verteilung folgte genauen Regeln, die sich aus ihrer Bestimmung ergaben, die Bevölkerung mit Wasser zu versorgen: eine *fontanina* je 2500 Menschen in Städten mit mehr als 20000 Einwohnern, eine je 1500 in solchen mit 10000 bis 20000 Einwohnern, darunter eine je 1000 Menschen.

Ein Sonderweg von explizit identitätsstiftenden Trinkbrunnen wurde in Rom mit einem Wettbewerb versucht, der 1927 ausgeschrieben wurde und den der Architekt Pietro Lombardi gewann. In der Folge realisierte er eine Serie von steinernen *fontanelle*, Einzelstücke, deren Dekor spielerisch auf die Stadtquartiere bezogen ist, in denen sie aufgestellt wurden: etwa in Trastevere die Fontana della Botte, die auf die zahlreichen *osterie* des Viertels anspielt, oder in Sant'Eustachio die Fontana dei Libri, die auf die benachbarte Universität La Sapienza verweist.

Eine funktional wie ideologisch besondere Rolle nahmen die Stadtbrunnen in den totalitären Regimen des 20. Jahrhunderts ein. Auf dem Hauptplatz von Littoria, der ersten Stadtgründung des italienischen faschistischen Regimes, deren Grundstein Benito Mussolini 1932 legte und die heute Latina heißt, zelebriert die Fontana del Grano von Oriolo Frezzotti mit ihren übereinander angeordneten geometrischen Wasserbecken und ihrer Krönung durch stilisierte Ähren aus Travertin die Bonifizierung der Pontinischen Sümpfe. Die Anlage von El Realengo, eines der neuen Dörfer, die Francisco Franco im Zuge der inneren Kolonisation Spaniens 1955 bauen ließ und die die Handschrift von José Luis Fernández del Ama trägt, wird durch einen geradlinig geführten und architektonisch gefassten Kanal bestimmt, der als öffentliches Waschbecken dient und dem gesamten Pueblo einen besonderen Charakter verleiht.

Die Basler Serienbrunnen mit der runden Schale auf filigraner Säule, dem giftgrünen wasserspeienden Basilisken und der muschelförmigen Trinkschüssel für Hunde im Sockel gingen aus einem Wettbewerb hervor, der 1884 veranstaltet wurde und den der Architekt Wilhelm Bubeck gewann; es sollte acht Jahre dauern, bis die zwei ersten Exemplare auf dem Marktplatz sprudelten. In Zürich wurde bereits im 15. Jahrhundert unter strenger Kontrolle der Regierung Quellwasser aus der Umgebung über hölzerne Rohrkonstruktionen in die Stadt geleitet: Der Amazonenbrunnen am Rennweg ist seit 1430 aktenkundig. 1894 wurde ein Modellbrunnen mit zwei Becken aus Eisenguss entwickelt; heute steht ein Exemplar bei der Genossenschaftssiedlung Vorderberg. 1914 errichtete der Stadtbaumeister Gustav Gull die klassizistische Brunnenanlage am Toblerplatz: Mit

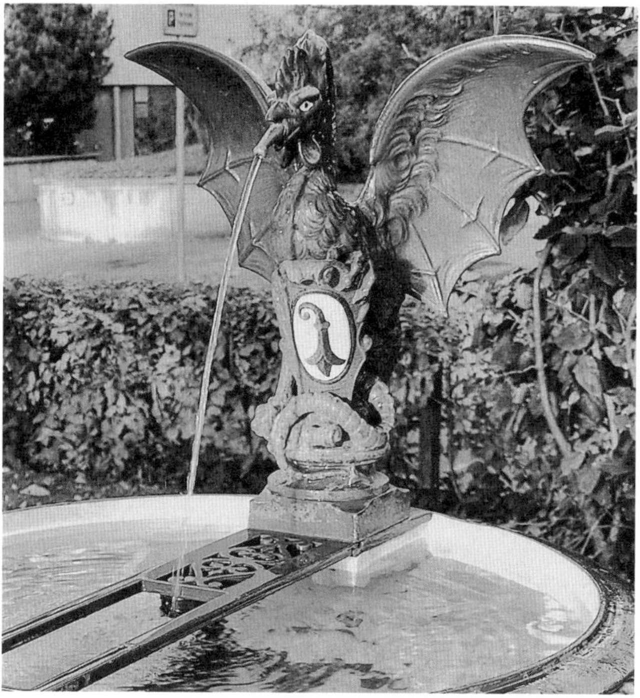

Wilhelm Bubeck, Trinkwasserbrunnen (Basiliskbrunnen), Basel, 1892

ihrer Überdachung und ihren steinernen Sitzbänken bildet sie eine Art Laube, die einen schönen Platzabschluss formuliert. Inzwischen gibt es in der Stadt über 1200 öffentliche Brunnen, etwa alle 100 Meter einen, die teilweise aus Quellen gespeist werden, größtenteils jedoch an die 1868 in Betrieb genommene städtische Wasserleitung angeschlossen sind. Aus dem 1973 ausgelobten Wettbewerb für einen Notwasserbrunnen ging Alfred Aebersolds Entwurf siegreich hervor; von 1976 an wurden etwa achtzig der schlichten, abstrakten Objekte aus Bronzeguss aufgestellt, die auch dann Wasser spenden, wenn

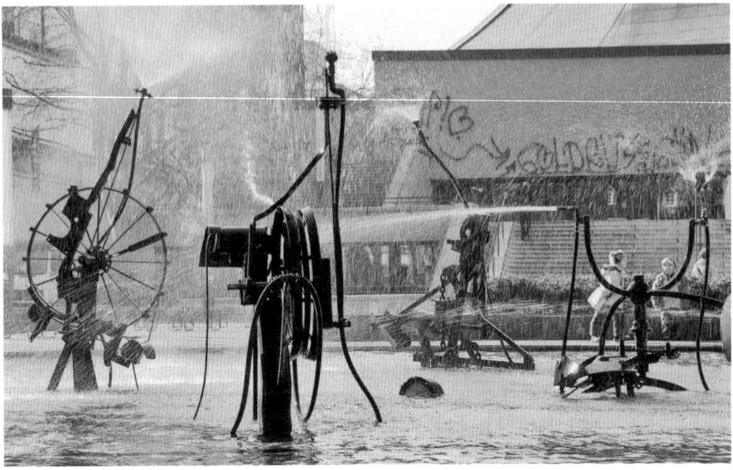

Jean Tinguely, Fasnachts-Brunnen auf dem Theaterplatz, Basel, 1975

der Strom ausfällt, weil sie ihren Druck aus dem natürlichen Gefälle des Wassers in den Rohrleitungen erhalten.

So unterschiedlich ihre Bestimmungen und ihre Formen auch sind: stadträumlich läuten diese seriell hergestellten, standardisierten und weitgehend neutralen Trinkwasserbrunnen eine neue Strategie für den Stadtraum ein, den sie nur geringfügig und nahezu beiläufig besetzen. Sie gehen nicht auf ihre Umgebung ein und schaffen doch ein Wiedererkennungsmoment. Dadurch, dass sie innerhalb der Stadt überall gleich, aber in jeder Stadt anders sind, tragen sie zu deren Identität bei.

Heute steckt der Stadtbrunnen in einer doppelten Krise. Die Serienbrunnen werden in ihrer bestehenden Form nicht ausgebaut, zuweilen nicht einmal unterhalten, und neu entwickelt erst recht nicht. Schließlich widersprechen sie der Bestimmung der zeitgenössischen Stadt als kommerzieller Konsumort. Doch muss man kein Philanthrop, Abstinenzler oder Reformer sein, um den – auch und vor allem sozialen – Wert attraktiver öffentlicher Trinkstellen zu erkennen. Anlass zu Hoffnung geben die *case dell'acqua*, die etliche italienische Gemeinden seit etwa 2010 aufgestellt haben: Wasserspender für hochwertiges, nach Wunsch auch mit Kohlensäure versetztes Trinkwasser, das kostenlos oder zu einem minimalen Preis abgegeben wird. Es ersetzt das kommerzielle Mineralwasser mitsamt seiner Plastikverpackung und macht den Transportaufwand hinfällig: Allerdings ist die Gestaltung der Geräte belanglos und eine verpasste Chance für die Charakterisierung auch nachbarschaftlich wichtiger Orte in der Stadt.

Die zweite Krise betrifft das, was vom städtischen Zierbrunnen übriggeblieben ist. Dort, wo er sich als skulpturales, künstlerisches Werk darstellt, findet er noch zu Höhepunkten wie die Fontana della Sfera grande mit der bronzenen Kugel von Arnaldo Pomodoro von 1967 auf dem Piazzale della Farnesina in Rom oder Jean Tinguelys Fasnachts-Brunnen in Basel, der 1975–1977 entstand und mit seinen spielerisch zusammengefügten beweglichen Elementen den Theaterplatz belebt und erheitert. Aber der normale Stadtbrunnen, der ohne besondere künstlerische Ambition den öffentlichen Raum akzentuiert und dabei auch als Wasserspender dient, ist zur aussterbenden Spezies geworden. Von einer unüberschaubaren Anzahl von Vorschriften erdrückt, die Unfällen vorbeugen sollen, die sich in der Geschichte der Brunnen und der Stadt nie ereignet haben, gerät er zu einer Art trutziger Badewanne, zu einem pflegeleichten Wassertisch oder löst sich frivol in Wasserstrahlen auf, die direkt aus dem Boden sprühen. Das kann in Einzelfällen attraktiv und angemessen sein, aber nicht die Regel. Denn so erfreulich es ist, zuweilen auf planschende Kinder auf einem Platz zu stoßen, sollte das nicht die einzige Brunnenart sein, die sich unsere Epoche leistet. Dazu ist die Stadt zu differenziert, dazu sind ihre Räume zu anspruchsvoll.

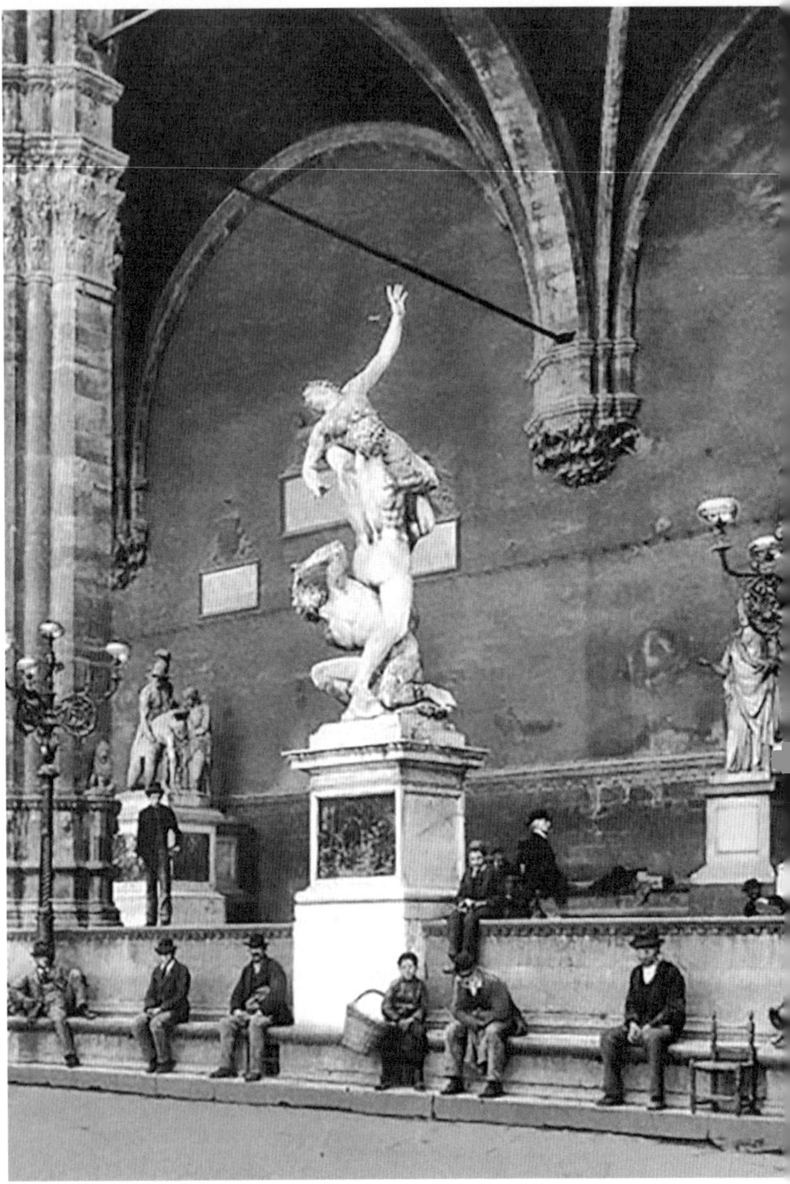

Sitzbank der Loggia dei Lanzi, Florenz, 1374–1382

Die Bank

Straßenbänke, also permanente öffentliche Sitzgelegenheiten, waren bereits in der antiken Stadt verbreitet: in Griechenland und dann in Rom, wo Bänke aus verputzten Ziegeln oder Naturstein an den Straßenfassaden einzelner Gebäude aufgemauert wurden, überwiegend an ihrer verschatteten Nordseite. Sie wurden privat finanziert und öffentlich genutzt. In Pompeji gab es davon an die hundert, an strategischen Orten entlang der Hauptstraßen aufgestellt, vor Thermen, Altären, Läden, Gaststätten und Privathäusern, um zum Verweilen und durchaus auch zum Konsumieren einzuladen.

An diese Tradition und an diese Formen knüpften die italienischen Stadtstaaten des 13. und 14. Jahrhunderts unmittelbar an. Die Bürger verbrachten erstaunlich viel Zeit auf den Straßen und Plätzen, wo sich sowohl das politische Zeremoniell der Kommune als auch deren gesellschaftliches Leben abspielte: Es lag nahe, diese Straßen und Plätze zu pflegen, zu verschönern und zu möblieren. Auf der Florentiner Piazza della Signoria stellte die Stadtregierung 1323 vor dem Palazzo Vecchio die *ringhiera* auf, eine Art Rednertribüne, von der aus ihre Vertreter zum Volk sprachen: Sie bestand aus drei hintereinander aufgetreppten und um die Ecke des Palazzo geführten Sitzstufen und wurde mit einer umlaufenden Steinbank versehen, auf der die Zuhörer saßen. Die Loggia dei Lanzi, 1374–1382 gebaut, um die ständig überfüllte *ringhiera* zu entlasten, wurde ebenfalls mit Steinbänken ausgestattet. So auch der Tetto dei Pisani, eine Fassadenarchitektur mit Vordach, deren Bank sich mit jenen der *ringhiera* und der Loggia beinahe zu einer Theatertribüne auf dem zentralen Platz von Florenz fügte.

Es war mit Blick auf diese Einrichtungen, dass die Medici-Familie ihren gewaltigen Palazzo, den der Bildhauer und Architekt Michelozzo di Bartolommeo 1444–1460 mitten in der Stadt für sie baute, mit einer umlaufenden steinernen Sitzbank zieren ließ. Sie sollte den abweisenden Charakter des riesigen, vor allem im Erdgeschoss festungsartig verschlossenen Gebäudes mildern und den Bürgern, welche die neuen Herrscher zu unterwerfen sich anschickten, eine versöhnliche, ja freundliche Geste zeigen. Bald geriet diese Geste zum festen Attribut der großen städtischen Familienpaläste, so auch von Palazzo Rucellai, Palazzo Pitti und in Rom Palazzo Farnese.

Ansonsten waren Bänke eher in den Gärten und Parkanlagen zu finden. Bereits in der Antike wurden sie nicht nur linear gemauert, sondern auch halbkreisförmig, um Aussichtspunkte zu markieren und Gespräche zu fördern. Diese durften durchaus intim werden: In Piero de Crescenzis Buch über Lustgärten, verfasst zwischen 1304 und 1309, liebkost sich ein Paar auf einer offensichtlich dafür vorgesehenen u-förmigen Parkbank. In dem einflussreichen Traktat sind unter anderem bepflanzte Bänke beschrieben, die sich seinerzeit großer Beliebtheit erfreuten. Auch in den Gartenkompositionen der Renaissance wurden Bänke eingesetzt. Die englischen Aristokraten pflegten das Mobiliar des Hauses mit in den Garten zu nehmen, was den Möbelhersteller Thomas Chippendale Mitte des 17. Jahrhunderts dazu bewog, Stühle und Bänke zu produzieren, die eigens für den Außengebrauch konzipiert waren.

Mit der Einrichtung öffentlicher Stadtparks wurden die dortigen Sitzgelegenheiten ebenfalls öffentlich, und von den Gartenanlagen, wo oft lose Stühle und feste Bänke nebeneinander bestanden, fanden die Sitzbänke ihren Weg in den Stadtraum. Dort gab es sie damals kaum: Jene, die seit 1631 um den Baum in der Mitte der gerade gepflasterten Platzfläche von Covent Garden in London, und jene, die 1655 in Paris auf dem Rasen der Place Royale standen, heute Place des Vosges, bildeten die Ausnahme. Unter Claude-Philibert Barthelot de Rambuteau, Seine-Präfekt unter dem Bürgerkönig Louis-Philippe, der 1833 sein Amt mit dem Versprechen antrat, den Parisern Wasser, Luft und Schatten zu geben, begann man, Bänke nicht nur in den Gärten, sondern auch auf den Straßen systematisch zu installieren. In seinen Memoiren berichtete der Präfekt, er habe sie überall dort aufstellen lassen, wo dafür Platz gewesen sei, und bekannte: »Als ich später die schwer bepackten Männer sich einen Augenblick ausruhen sah, Greise sich in der Sonne wärmen, ihren Stock zwischen den Knien, Mütter einen kleinen Schwatz halten, während sie ihren Kindern beim Spielen zuschauten, und abends Familien, die sich glücklich versammelt unterhielten, lief ich strahlend vorbei, mit ihnen und mir zufrieden.«[1]

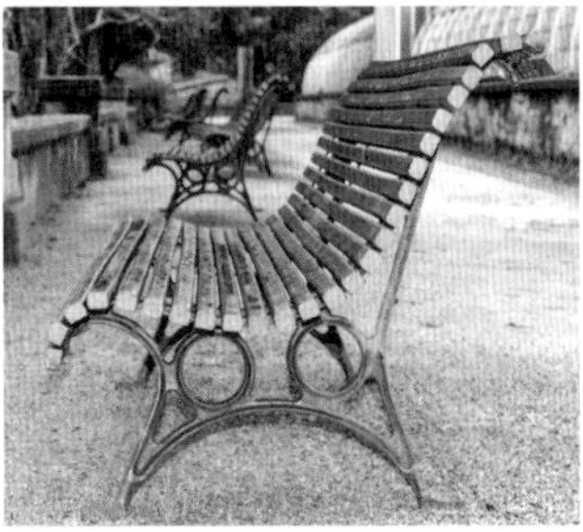

Parkbank, Paris, um 1890

Georges-Eugène Haussmann setzte Rambuteaus Werk mit den ungleich größeren finanziellen Möglichkeiten des Second Empire fort, und der Ingenieur Jean-Charles Adolphe Alphand plante in den neuen Parkanlagen, Squares und Boulevards Bänke, die der Architekt Gabriel Davioud entwarf: einen Typ aus dünnen Eichenholzlatten, die an elegant geschwungenen gusseisernen Beinen und Rückenlehnenhalterungen befestigt sind, die das Stadtwappen als Relief zeigen; und einen anderen aus Brettern, Sitzflächen und Lehnen, ebenfalls aus Eiche und ebenfalls mit Gusseisengerüst, in der Regel als Doppelbank, auf der man Rücken an Rücken sitzt. Sie eroberten rasch die Straßen, Plätze und Grünanlagen der französischen Hauptstadt. 1870, im Jahr der Kommune, waren es knapp 8500 und nahezu alle einheitlich. Experimente wie eine Bank mit Werbefläche und eine mit einer Laterne blieben Einzelstücke. Die Sitzbänke wurden jährlich frisch gestrichen, der Guss grau, das Holz dunkelgrün. Es war auf eine dieser Bänke auf dem Boulevard Bourdon, dass sich an einem heißschwülen Sonntagnachmittag, von zwei entgegengesetzten Seiten der Stadt kommend, ein erschöpfter Bouvard und ein ebenso erschöpfter Pécuchet im gleichen Augenblick nebeneinander fallen ließen – und so begann ihre eigentümliche Freundschaft und Gustave Flauberts 1881 posthum erschienener Roman.

Von Paris aus strahlten die öffentlichen Sitzbänke in die Prachtstraßen der großen europäischen Städte aus. In London hielt man lange an den Holzmöbeln fest, die zuerst in den Parks, dann in den eingezäunten Gartenflächen der Squares auftauchten. Erst für die Improvements des 19. Jahrhunderts wurden besondere und repräsentative öffentliche Sitzgelegenheiten geschaffen: Entlang Victoria Embankment stellte der Architekt George John Vulliamy 1877 schwere Bänke aus Gusseisen und Holzlatten auf, deren seitliche Halterungen Kamele und Sphinxe nachbilden und auf diese Weise einen Bezug zu Cleopatra's Needle beschwören, dem ägyptischen Obelisken, der ein Jahr später an der Flusspromenade aufgerichtet wurde. Für die andere Seite der Themse entstanden, ebenfalls aus Vulliamys Zeichenstift, die leichteren, eleganten Schwanenbänke.

In ganz Europa traten neben einfachen Modellen, die aus schlichten gusseisernen oder schmiedeeisernen Beinen und Holzleisten als Sitzfläche und Rückenlehne bestehen, auch gestalterisch überaus ambitionierte städtische Bänke auf den Plan: etwa die Bancs-Fanals aus weich modelliertem, mit Keramikscherben dekoriertem Beton und schwarz gestrichenem Schmiedeeisen, die Pere Falqués i Urpí, ein Protagonist des katalanischen Modernismo, mit extravaganten Laternen kombinierte und 1906 auf dem Passeig de Gràcia in Barcelona aufstellen ließ. Einen noch integraleren Bestandteil eines urbanen Projekts bilden die Bänke von Jože Plečniks Straße Vegova ulica in Ljubljana. Im Zuge seiner Strategie der städtebaulichen Akupunktur gestaltete der slowenische Baumeister hinter seiner eindrucksvollen Bibliothek (1930–1936) die

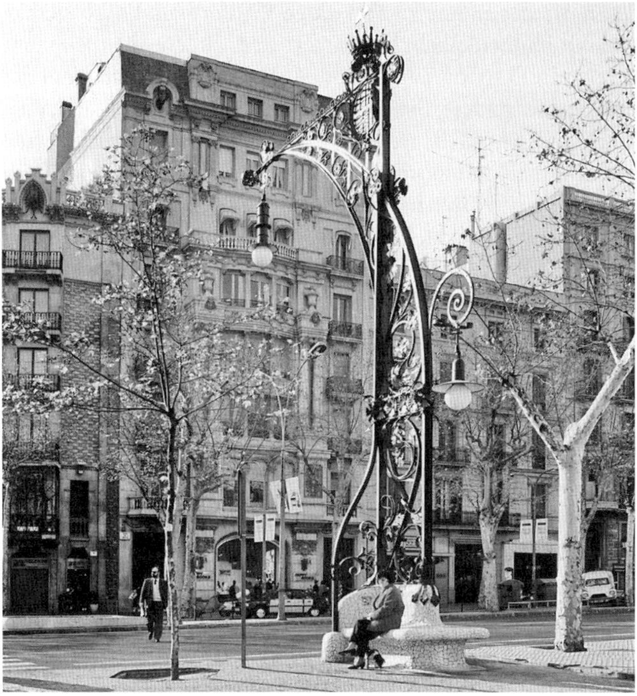

Pere Falqués i Urpí, Banc-Fanals am Passeig de Gràcia, Barcelona, 1906

Grünanlagen der Straße neu und versah sie mit erstaunlich klobigen Sitzmöglichkeiten aus Beton und Holz.

Als Objekt zeigt sich die moderne Stadtbank mittlerweile in unendlichen Variationen: derart unendlich, dass sie beliebig werden. Kaum ein Material, kaum eine Farbe, kaum eine Form, die nicht zur Anwendung käme. Es gab und gibt Bänke mit oder ohne Rückenlehne, mit oder ohne Armlehne, aus Metall, Holz, Stein, Beton und Kunststoff. Einige mutieren zu enorm langgezogenen Sitzschlangen, andere zu übertrieben breiten Sitzflächen, auf welchen man Rücken an Rücken sitzen oder liegen kann, wieder andere zu abstrakten Plattformen. Es gibt Bänke, die mit Blumenkübeln kombiniert sind, andere, die die Silhouetten von fiktiv darauf sitzenden Personen als Ornament zeigen, wieder andere, die derart skulptural ausgeformt sind, dass man gar nicht mehr weiß, worauf man sich eigentlich setzen soll. Dem Erfindungsreichtum, aber auch dem urbanen Kitsch scheinen keine Grenzen gesetzt.

Demgegenüber stellen die Standardbänke aus Baustahl und grün gestrichenen Holzleisten, die an den römischen und Mailänder Straßen und Plätzen stehen, oder die Landi-Bank, die Alfred Altherr und Charles Hoch 1939 für die Schweizer Landesausstellung entwarfen und die inzwischen in zahlreichen Städten die öffentlichen Räume ziert, ob ihrer wohltuenden Normalität erfreuliche Ausnahmen dar. Auch die Bänke, die das Büro von Norman Foster als Neudeutung der traditionellen Pariser Sitzmöbel von Davioud entwickelte, oder jene, die Jean-Michel Wilmotte für die Champs-Élysées entwarf, zeichnen sich durch elegante Diskretion aus.

Bereits im mittelalterlichen Florenz zankte man sich darüber, wer auf den öffentlichen Bänken sitzen und wer sich dort seine Zeit vertreiben sollte: *quelli delle pancaccie* wurden allgemein als faul und böswillig vermutet.

Eine besonders infame Ausprägung der Diskriminierung dachten sich die Nationalsozialisten aus, indem sie nicht nur Juden verboten, sich auf normalen öffentlichen Sitzgelegenheiten niederzulassen, sondern für sie auch eigens gelb markierte oder beschriftete Bänke aufstellten.

Im Südafrika der Apartheid waren etliche Bänke Bürgerinnen und Bürgern europäischer Abstammung vorbehalten. Heute entzünden sich die Debatten um Obdachlose und randständige Menschen, die man vom öffentlichen Raum möglichst fernhalten möchte. Im Rahmen der »feindseligen Architektur«, mit der seit den neunziger Jahren des 20. Jahrhunderts die Benutzung der städtischen Straßen und Plätze reglementiert werden soll, spielen öffentliche Bänke eine zentrale Rolle. Zunächst wurden sie mit Armlehnen versehen, die verhinderten, dass man sich darauf zum Schlafen niederlegte, dann sogar mit Speiks. In London wurden letztere nach einer Protestaktion wieder entfernt. Dafür entwickelte das britische Factory Furniture Studio 2012 im Auftrag der Stadtverwaltung die Camden Bench, ein skulpturales Betongebilde, dessen Flächen so gebrochen sind, dass man nur bedingt darauf sitzen, auf jeden Fall aber sich nicht darauf legen kann. Skaten ist ebenso praktisch unmöglich, Graffiti beugt eine besondere Oberflächenbehandlung vor. Außerdem sind die Objekte schwer genug, um als Straßensperren eingesetzt werden zu können.

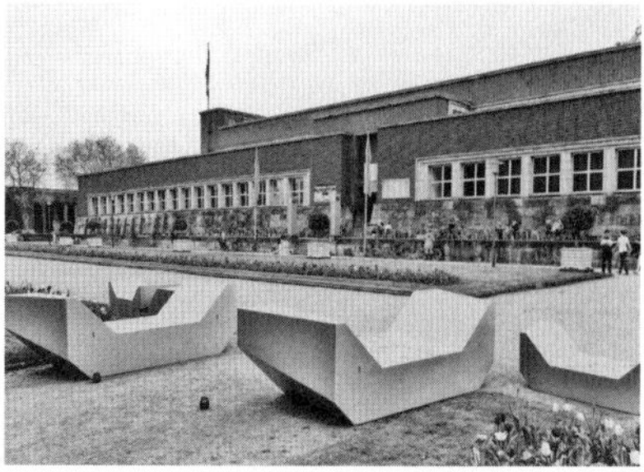

Anna Popelka, Georg Poduschka, Enzi-Bänke, 2002, hier: Quadriennale in Düsseldorf, 2014

Derlei Maßnahmen zielen alle darauf hin, den öffentlichen Raum der Städte ausschließlich für diejenigen zu gestalten, die konsumieren. Die öffentlichen Bänke werden unbequemer und rar. Wer sich setzten möchte, vermag das nur noch in der komfortablen Außenbestuhlung eines Cafés oder eines Restaurants zu tun. Dafür muss er allerdings zahlen. Wer dazu nicht bereit oder nicht fähig ist, ist in der neuen kommerziellen urbanen Welt nicht erwünscht.

Mit Ausnahme von wenigen rein repräsentativen historischen Inszenierungen müssen die öffentlichen Räume unserer Städte Aufenthaltsqualität besitzen, müssen zum Verweilen einladen. Dazu braucht es öffentliche Sitzbänke. Gut gestaltet und an den richtigen Orten aufgestellt, werden sie unsere Straßen, unsere Plätze, unsere Uferpromenaden und unsere Parkanlagen nicht nur benutzbarer und beliebter, sondern auch kultivierter und schöner machen.

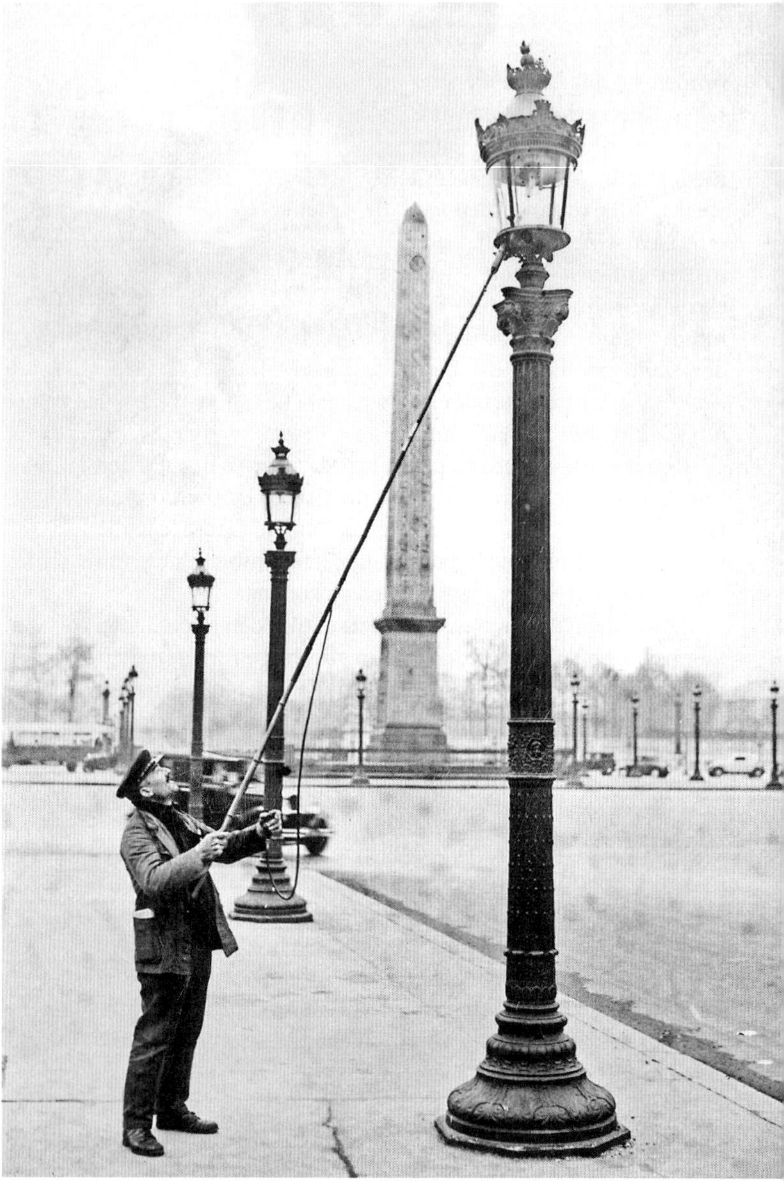

Laternenanzünder, Place de la Concorde, Paris, 1931

Die Stadtbeleuchtung

Die Straßen und Plätze der antiken Stadt, der Stadt des Mittelalters und jener der Renaissance waren dunkel. Licht drang aus den Fenstern der Häuser, manche Bürger ließen vor ihrer Tür eine Laterne brennen, wofür Lichthäuschen mit Windschutzscheibe vorgesehen wurden. Fackeln erhellten zu besonderen Gelegenheiten die Gassen, konnten auch samt ihren Trägern gemietet werden, um in der Finsternis den Weg zu finden. Doch eine Stadtbeleuchtung gab es nicht. Die Regel bestätigten seltene Ausnahmen: Antiochia im 4. Jahrhundert, damals Sitz des römischen Statthalters von Syrien und eine der reichsten Städte des Imperiums, wo nach dem Historiker Ammianus Marcellinus »die Helligkeit der Beleuchtung bei Nacht dem Tageslicht gleich« gewesen sein soll, Bagdad und das maurische Cordoba im 10. Jahrhundert.[1] Nach und nach wurden die Bürger aufgefordert, ihre Privathäuser auch außen zu beleuchten: Man meinte, damit die Sicherheit auf den öffentlichen Straßen und Plätzen zu verbessern. Zuweilen galt aber das umgekehrte Argument: Gut beleuchtete Straßen würden die Menschen einladen, sich dort auch nachts aufzuhalten und möglicherweise sittenwidrig zu verhalten. Erst im 17. Jahrhundert begannen die Kommunen der europäischen Großstädte, die Beleuchtung zentral zu organisieren, und bauten dadurch ihre Kontrolle über das Stadtleben aus.

Bereits 1417 ordnete in London der Bürgermeister an, jeder Hauseigentümer müsse in den Wintermonaten nachts eine Lampe zur Straße hin hängen. Über zwei Jahrhunderte später wurden die ersten öffentlichen Öllaternen aufgestellt. Nach dem Brand von 1666, der das gesamte Stadtzentrum zerstörte, wurde eine umfassende Außenbeleuchtung der wiederaufgebauten Häuser vorgeschrieben. Unterhalten sollte sie eine Privatfirma, die dafür eine städtische Konzession erhielt. Als jedoch die Konzession nicht verlängert wurde, waren bald die Londoner Straßen wieder in Dunkelheit gehüllt. 1716 verpflichtete erneut ein Erlass die Anwohner, den ihnen zugeordneten Straßen- oder Platzteil zu beleuchten. Über das Ergebnis schieden sich die Geister: 1763 berichtete der Schriftsteller James Boswell, er habe sich auf der Westminster Bridge ungestört mit einer Prostituierten vergnügt, weil es dafür dunkel genug gewesen sei. Keine zwanzig Jahre später schwärmte sein deutscher Kollege Karl Philipp Moritz in seinem Reisetagebuch, die Londoner Straßen seien nachts so hell erleuchtet, dass sie einen festlichen Charakter ausstrahlten – im Gegensatz zu jenen Berlins. Jedenfalls waren um diese Zeit die Schaufenster von Oxford Street derart reich mit Kerzen ausgeleuchtet, dass sie die gesamte Straße verführerisch erhellten.

In Paris bestand die erste öffentliche Beleuchtung in einer Laterne, die Philipp V. 1318 über das Tor des Gerichtshauses am Châtelet aufhängen ließ. Verschiedene Anordnungen, die Straßenfassaden zu beleuchten, etwa durch Kerzen im Inneren der Fenster, wurden von den Bürgern ignoriert; schließlich behalf man sich von 1558 an mit Feuern, die nachts am Anfang und am Ende der Straßen angezündet wurden. Als Teil seiner absolutistischen Strategie ließ Ludwig XIV. 1667 die Beleuchtung der Stadt vereinheitlichen: Nach einem Konzept des Finanzministers Jean-Baptiste Colbert wurden Talgkerzen in Glasbehältern im Abstand von 20 Metern in 6 Metern Höhe in der Mitte der Straßen an Seilen aufgehängt. Wie unzählige kleine Sonnen erhellten sie die öffentlichen Räume und symbolisierten die wachsame Allgegenwart des Sonnenkönigs; 1669 waren es 3 000, 1702 über 5 000, Ende des Jahrhunderts 8 000. Sie wurden vor allem in der Nähe des Louvre und an den neuen Boulevards installiert, zum Anzünden und Auslöschen über Winden herabgelassen, konnten dank ihrer zwei Dochte auf starkes oder schwaches Licht geschaltet werden und brannten aus Kostengründen nur vier Monate im Jahr; die Gassen der armen Leute blieben durchgängig dunkel. Daneben gab es Mastlaternen und Kandelaber, die meist auf den Plätzen aufgestellt wurden, und an den Hauswänden befestigte Armleuchten. Eine neu erhobene Steuer finanzierte die gesamte Operation. 1766 wurden die Réverbères eingeführt, Öllampen mit zwei Metallreflektoren, die europaweit übernommen wurden. Während der Französischen Revolution wurden die Armleuchten, allen voran jene an der Ecke von Place de Grève mit der Rue de la Vannerie beim Hôtel de Ville, derart häufig als Galgen zweckentfremdet, dass der Begriff *laterner*, der bis dahin für herumtrödeln stand, einen Bedeutungswechsel erfuhr und sich als Synonym zu aufhängen einbürgerte. Noch 1919 sollte Max Pechstein für die kurzlebige sozialdemokratische Zeitschrift *An die Laterne* ein Plakat mit einer Leiche malen, die mahnend von einem Pfosten hängt.

In Amsterdam, wo es bereits Mitte des 16. Jahrhunderts vereinzelte Straßen- und Brückenlaternen gab, schlug 1669 der Maler Jan van der Heyden die Aufstellung von Öllaternen aus Glas und Blech vor: An vierkantigen Holzpfosten befestigt, sollten sie in der ganzen Stadt brennen und Unfällen vorbeugen. Die Kommunalregierung nahm den Vorschlag an, und ein Jahr später beleuchteten 1800 Laternen die Straßen und Grachten der Stadt. Für den Betrieb waren 100 Beleuchter zuständig, für den Unterhalt Lampenpfleger. Da die Amsterdamer Laternen mit Rapsöl gefüllt wurden, dem im Winter als Frostschutz Leinsamenöl beigemischt wurde, waren sie den lichtschwächeren und übelriechenden Pariser Lampen überlegen und wurden bald auch von anderen Städten übernommen: 1673 von Hamburg, 1675 von Turin, 1682 von Berlin und Cölln, 1683 von Kopenhagen, 1688 von Wien. Nun konnte der europäische Bürger nachts sicher durch die besseren Stadtquartiere promenieren, allerdings unter den wachsamen Augen der Obrigkeit. Nicht zufällig zerschmeißt in Victor Hugos *Die Elenden* der Gassenjunge Gavroche systematisch die Laternen, um Dunkelheit für den Juniaufstand von 1832 zu schaffen – eine Praxis, die die Revolutionäre von 1848 systematisch anwenden sollten.

Anfang des 19. Jahrhunderts tauchten die Gasleuchtsysteme, deren Vorläufer bereits um 500 vor Christus in China entwickelt worden waren, in Europa auf: 1807 wurden die ersten Gaslaternen auf der Pall Mall in London aufgestellt, drei Jahre später waren die Stadtviertel Westminster und Southwark sowie die Great George Street und die Westminster Bridge künstlich erhellt, und schon 1815 war halb London mit Gasbeleuchtung ausgestattet. Auch in Paris wurden seit 1817 die Passagen und nach und nach die vornehmen Quartiere mit Gasleuchten versehen. Die Gasbeleuchtung von der Madeleine bis zur Bastille wurde 1837 gefeiert, und etwa zur gleichen Zeit wurden auch die Öllaternen der Rue de Rivoli, die im Zusammenhang mit ihrer Pflasterung und ihrer Entwässerung 1804 aufgestellt worden waren, durch Gaslaternen ersetzt. Zu den neuen Boulevards, die wenige Jahrzehnte später unter der Leitung von Georges-Eugène Haussmann durch das alte Paris gebrochen wurden, gehörten neben Bürgersteigen, Bäumen, Bänken und Kiosken die Straßenlaternen zur festen Ausstattung. Über ihre optimale Anordnung sollte sich der Präfekt in seinen Memoiren ausführlich verbreiten. Sie wurden in der Regel einander gegenüber aufgestellt, im Abstand von 20 bis 25 Metern; auf den älteren Straßen, die weniger als 14 Meter breit waren, bevorzugte man die Quincunx-Aufstellung mit gegeneinander versetzten Lampen. Die Stadt werde damit vierundzwanzig Stunden lang hell und von allen Bürgern benutzbar. Was allerdings zunächst als Kontrollmaßnahme intendiert war, ermutigte Nutzungen, die weniger in das programmatische Bild von Ruhe und Ordnung passten: darunter die Prostitution, die sich urbane Standorte eroberte, die ihr bis dahin versagt geblieben waren. Das neue Licht war intensiv, akzentuierte jedoch die Schatten zwischen den Helligkeitsflecken. Im »flackernden und grellen Licht«[2], wie Edgar Allan Poe beschrieb, im »frechen Feuer«[3], wie Heinrich Heine eins draufsetzte, spielte sich ein gänzlich neues Großstadtleben ab.

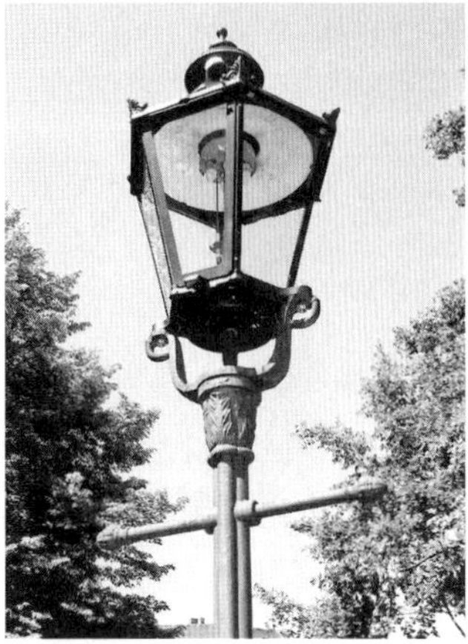

Gaslaterne, Berlin, um 1900

Die Debatten, die es begleiteten, brachte eine Satire auf den Punkt, die 1819 in der *Kölnischen Zeitung* erschien. Die Straßenbeleuchtung, hieß es dort, sei aus theologischen Gründen verwerflich, weil sie einen Eingriff in die Ordnung Gottes darstelle; aus juristischen, weil ihre Kosten auch von jenen getragen werden mussten, denen sie gleichgültig war; aus medizinischen, weil Öl- und Gasausdünstungen schädlich seien und das nächtliche Verweilen Erkältungskrankheiten fördere; aus philosophisch-moralischen, weil die Trinker länger und mehr zechten, die Sittenstrolche nichts mehr von ihrem Treiben abhalte; aus polizeilichen, weil sie die Pferde scheu und die Diebe kühn mache; aus staatswirtschaftlichen, weil die teilweise im Ausland eingekauften Leuchtmittel die Staatsbilanz beeinträchtigen würden; und schließlich aus volkstümlichen Gründen, weil die Illuminationen von Volksfesten auf den »lichtgesättigten Großstädter« kaum mehr Wirkung zeitigten. Tatsächlich war die Skepsis gegenüber der strahlenden Ausleuchtung des öffentlichen Raums verbreitet, wurde aber zunehmend von der Begeisterung für die neue Helligkeit und den Luxus, den sie ausstrahlte, verdrängt.

Die Lampen wurden in allen möglichen Formen und Größen hergestellt und in umfangreichen Katalogen feilgeboten. 1865 wurde in Paris der Candélabre Oudry eingeführt, der mit seinem diskret mit Pflanzenformen verzierten Mast aus

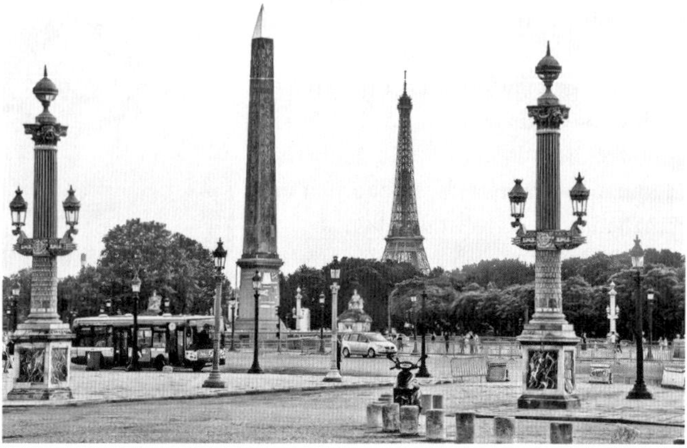

Jakob Ignaz Hittorff, Rostra-Leuchten auf der Place de la Concorde, Paris, 1837

verkupfertem Eisen und seiner zylindrischen oder, in den ärmeren Stadtvierteln, prismatischen Laterne lange das Stadtbild prägen sollte: 15 000 Stück wurden produziert.

Daneben entstanden luxuriösere, höhere und lichtstärkere Leuchten, meistens im Zusammenhang mit der Neugestaltung öffentlicher Räume. Jakob Ignaz Hittorff entwarf 1837 für die Place de la Concorde römisch inspirierte gusseiserne Rostra-Säulen, auffällig grün und golden lackiert, die jeweils ein Laternenpaar halten und auf dem Kapitell eine Kugelleuchte. Dreiarmige gusseiserne Leuchten aus der Zeit des Second Empire erhellen und zieren noch heute Place Vendôme. Auf der Place de Furstemberg und der Place du Théâtre-Français, heute Place André Malraux, wurden sogar fünfarmige Kandelaber eingesetzt. Für die Place de l'Opéra schuf ihr Architekt, Charles Garnier, eine Phantasmagorie unterschiedlicher Beleuchtungskörper, die mit jener des prunkvollen Interieurs korrespondierten und in den *colonnes imperiales* mit ihren von Laternen und Kugelleuchten bestückten bronzenen

Duilischen Säulen einen Höhepunkt erreichten. Solcherlei Opulenz war kein Vorrecht des autokratischen Second Empire: Noch 1879, als die umstrittene Konkurrenz für die Neugestaltung der Place du Château-d'Eau durchgeführt wurde, die in Place de la République umbenannt werden sollte, wetteiferten die Teilnehmer um die großartigsten Beleuchtungsskulpturen.

Das Streben nach immer prächtigeren Lampen griff auch auf die anderen europäischen Städte über. Im Zusammenhang mit der Anlage des Victoria Embankment schuf George John Vulliamy 1870 eigenwillige *dolphin lamps*, für welche ihm die Fontana del Nettuno auf der römischen Piazza del Popolo die Inspiration geliefert haben soll: Damit setzte er sich sogar gegen den Entwurf von Joseph Bazalgette durch, dem Kopf hinter dem gigantischen Projekt der Themse-Regulierung. Die Lampen gehörten zu den ersten, die elektrisch beleuchtet wurden. Kurioserweise bilden die Fischmotive allerdings keine Delphine ab, sondern Störe. Richard Lucae machte es Garnier nach und entwarf für den Platz vor seinem Opernhaus in Frankfurt am Main wuchtige Stein-Kandelaber mit vier üppig verzierten Bronzelaternen. Auf dem Hamburger Holstenplatz wurde auf einem schweren Steinsockel ein extravaganter schmiedeeiserner Kandelaber mit dreizehn Flammen aufgestellt.

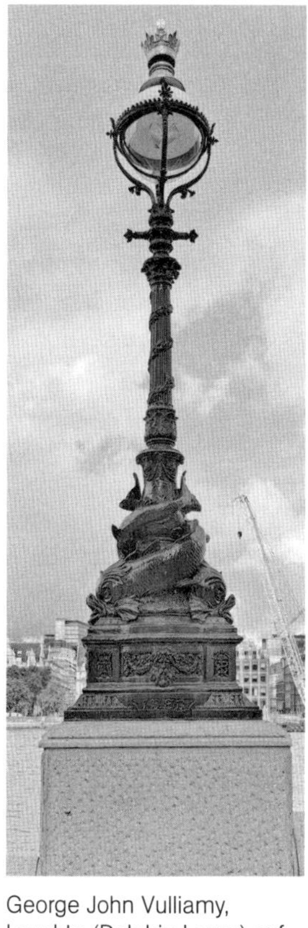

George John Vulliamy, Leuchte (Dolphin Lamp) auf dem Victoria Embankment, London, 1870

In Berlin ordnete der Große Kurfürst, vermutlich mit einem neidischen Blick auf das Paris von Ludwig XIV., 1676 die Installation einer Laterne vor jedem dritten Berliner Haus an. Die Stadtbevölkerung, die dies auf eigene Kosten hätte umsetzen sollen, ignorierte die Vorschrift. Jahre später wurden an den wichtigsten Boulevards und Plätzen Kandelaber mit abnehmbaren Öllampen aufgestellt, deren Finanzierung die öffentliche Hand übernahm und deren Gestaltung über Wettbewerbe entschieden wurde: Der Stadtraum sollte repräsentativ aufgewertet werden. Den Auftakt des Siegeszugs der Gasbeleuchtung in Berlin bildeten die Lampen, die 1826 in der Prachtstraße Unter den Linden leuchteten; dafür wurden allerdings keine neuen Leuchtkörper entwickelt, sondern mit preußischer Sparsamkeit die bereits vorhandenen Öllaternen umgebaut und an die Gasleitung angeschlossen. Drei Jahre später waren 1800 Gaslaternen in Betrieb.

1847 führten die Berliner Stadtwerke ein separates Gasnetz ein und vereinheitlichte Leuchten: Es wurden Kandelaber und Mastlaternen aufgestellt, und nur dort, wo es die Enge der Straßen erzwang, rekurrierte man auf Wandlaternen. Der anfangs dreibündige Kandelaber wurde durch den vierbündigen ersetzt, der stabiler war; die viereckigen Laternen durch sechseckige. Von 1892 an wurde die Modellleuchte eingeführt, deren schlanker, grün gestrichener, drei Meter hoher Bündelpfeilermast einen sechseckigen eisengefassten Glasbehälter stützt, der sich nach oben hin weitet, um eine optimale Luftzufuhr zu gewährleisten: Sie geht angeblich auf einen Entwurf Karl Friedrich Schinkels zurück. Geschäftsleute durften, freilich gegen Entgelt, private Gasleuchten mit Hinweisen auf ihre Läden aufstellen. 1893 kam der Glühstrumpf zum Einsatz, der deutlich mehr Helligkeit erzeugte, aber die Laternen wurden kaum verändert. Erst Ende der zwanziger Jahre des 20. Jahrhunderts erfüllte die Aufsatzleuchte mit ihrem runden, glockenförmigen Glaskolben und ihrem ebenfalls runden Aufsatz aus Aluminium die Anforderung des Glühstrumpfs nach einem konzentrierten Luftstrom. Bald prägte die wohlproportionierte, ungemein elegante Laterne das Bild zahlreicher Berliner Quartiere. Noch heute sind davon rund 30 000 in Betrieb und werden von den Berlinern tapfer gegen die elektrischen Leuchten verteidigt, die sie zu verdrängen drohen.

Zum ersten Mal waren Letztere 1877 beim Louvre eingesetzt worden. Ein Jahr darauf erhellten die Bogenlampen, die Pawel Nikolajewitsch Jablotschkow erfunden hatte, die Place de l'Étoile sowie die Avenue de l'Opéra und feierten die Pariser Weltausstellung von 1878, etwa zehn Jahre später strahlten auf der Place du Carrousel starke Bogenlampen über den schwach leuchtenden Lichtpunkten der alten Gaslaternen und demonstrierten eingängig einen Generationenwechsel, der bald weltweit stattfinden sollte. Stimmen wie jene Robert Louis Stevensons, der dem sanften Gaslicht nachtrauerte und die neue ununterbrochene elektrische Helligkeit auf den Straßen als »Beleuchtung eines Alptraums« empfand,[4] blieben isoliert: Das blendend weiße Licht wurde überwiegend euphorisch angenommen. In Berlin ging es 1882 am Potsdamer Platz an, und nur zwei Jahre später hielt der Maler Carl Saltzmann das Lichtwunder im Ölbild *Erste elektrische Straßenbeleuchtung in Berlin* fest. Als 1888 der Boulevard Unter den Linden elektrisch beleuchtet wurde, versammelten sich dort Tausende von Menschen, um die moderne Helligkeit zu bestaunen. Auch die neuen Lichtträger wurden künstlerisch gestaltet: Zwei 20 Meter hohe Bogenlichtkandelaber, die vom Architekten und Stadtbaurat Ludwig Hoffmann sowie dem Bildhauer August Vogel entworfen waren, bestrahlten 1905 den Platz vor dem Brandenburger Tor; ein Jahr später erhellten zwei monumentale Leuchtskulpturen von Bruno Schmitz und Franz Metzner die beiden Freiflächen des Oranienplatzes. In den zwanziger Jahren war Berlin so verschwenderisch beleuchtet, dass es der Tänzerin Josephine Baker wie ein funkelndes Kleinod erschien, prächtiger noch als Paris.

Die italienischen Städte blieben lange dunkel: Montesquieu, der 1728 das Land bereiste, entrüstete sich darüber, dass man eine eigene Laterne brauchte, um nachts den Weg zu finden. Venedig erhielt immerhin in den dreißiger Jahren des 18. Jahrhunderts eine partielle öffentliche Stadtbeleuchtung, die durch eine eigens eingerichtete Lottosteuer finanziert wurde; etwa gleichzeitig Turin. In Neapel ordnete die Regierung 1770 die Beleuchtung der Straßen- und Platzräume bei den öffentlichen Gebäuden und Adelspalästen an, aber die Laternen wurden bald von Schurken zerstört, die für ihr Treiben Dunkelheit benötigten. Daraufhin soll ein Geistlicher, Gregorio Maria Rocco, mit Erlaubnis des Königs 300 Marien- und 100 Gekreuzigtenbilder an den verkehrsreichsten Stellen der Stadt aufgestellt haben: Die Gläubigen wetteiferten miteinander, die Lampen angezündet zu halten, damit waren die Straßen leidlich hell. In Rom wurde 1798 jedem Hausbesitzer, der mehr als drei Fenster zur Straße hatte, vom französischen regierenden General vorgeschrieben, nachts eine Lampe im ersten Geschoss angezündet zu halten; zudem wurden tausend Öllaternen an Eisendrähten aufgehängt, die von Haus zu Haus über etliche Straßen der Stadt gespannt waren. Unter dem napoleonischen Regime ging mit der Modernisierung Roms die systematische Ausleuchtung der Stadt einher. Zu Beginn des 20. Jahrhunderts beschworen die Futuristen das »Reich des göttlichen Elektrischen Lichts, das Venedig von seinem käuflichen Mondschein eines möblierten Zimmers befreien«[5] sollte. Giacomo Balla, einer ihrer Hauptprotagonisten, malte 1909 eine elektrische Straßenlampe als triumphale Farbenphantasmagorie.

In Zürich wurde 1778 die erste öffentliche Öllaterne an der Rathausbrücke aufgehängt, die zweite beleuchtete die Marktgasse, damals die frequentierteste der Stadt; ansonsten waren die Bürgerinnen und Bürger angehalten, ein Handlicht zu tragen, um sich nicht krimineller Absichten verdächtig zu machen und dafür vorsorglich gleich bestraft zu werden. 1806 folgten 100 weitere Laternen, finanziert durch eine Lampensteuer. 1856, als letzte größere Schweizer Stadt nach Bern, Genf, Lausanne und Basel, erhielt Zürich ein Gaswerk und dazu bis 1913 über 7000 Straßenlampen, die von 250 mit Fahrrädern ausgestatteten Stadtbediensteten angezündet und wieder gelöscht wurden. Die Bahnhofstraße wurde nach ihrer Fertigstellung um 1895 mit nobel gestalteten Mastleuchten bestückt; sie wurden kurze Zeit darauf durch Elektrolaternen ersetzt, ergänzt durch über der Straße gespannte Pendelleuchten.

Allerdings strahlten auch nach dem Einzug der Elektrizität keineswegs alle Straßen, Plätze und Stadtteile gleich hell. Die vornehmen Geschäfts- und Wohnquartiere wurden bevorzugt: Eine erleuchtete Nacht war das Privileg des Zentrums gegenüber der Peripherie und der Reichen gegenüber den Armen. Gut beleuchtete Straßen bedeuteten Sicherheit, Luxus und Modernität. Sie ließen Grundstückspreise und Mieten steigen. Der Wettbewerb um mehr Helligkeit wurde durch die Kriege unterbrochen, vor allem durch die im Zweiten Weltkrieg als Schutz- und Verteidigungsmaßnahme verordnete Verdunkelung; definitiv Einhalt wurde ihm in den siebziger und achtziger Jahren geboten, als die Energiekrise und das Bewusstsein der drohenden Lichtverschmutzung die Rückbesinnung auf eine maßvollere Ausleuchtung der Stadträume einläuteten.

Die Straßen- und Platzlampen, die in der zweiten Hälfte des 19. Jahrhunderts noch einander an Dekorationsreichtum zu übertrumpfen suchten, wurden, ganz im Einklang mit dem Übergang vom Historismus zur klassischen Moderne in der Architektur, zunehmend schlicht und zurückhaltend. Eine Sonderstellung nehmen jene ein, die Jože Plečnik für seine Heimatstadt Ljubljana schuf und die in ihrer Vielfalt und Einprägsamkeit entscheidend zur Identität der slowenischen Hauptstadt beitragen. Beispielhaft sind die essentiell gestalteten, eleganten Leuchten, die Adolf Abel als Baudirektor 1928 für Köln entwickelte.

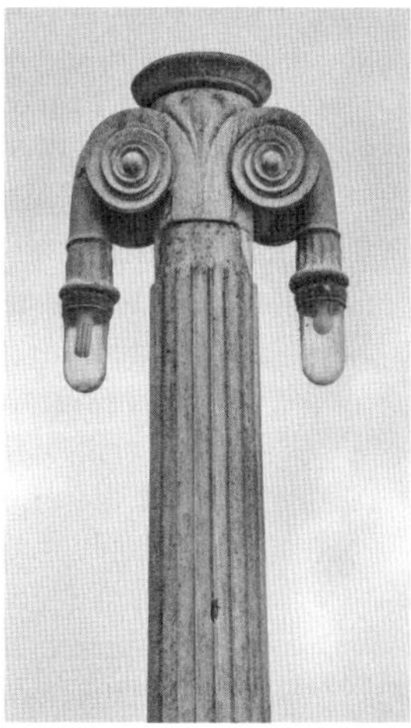

Jože Plečnik, Straßenleuchte, Ljubljana, um 1930

In den dreißiger Jahren gerieten die Straßenleuchten erneut massiv und erhaben, so

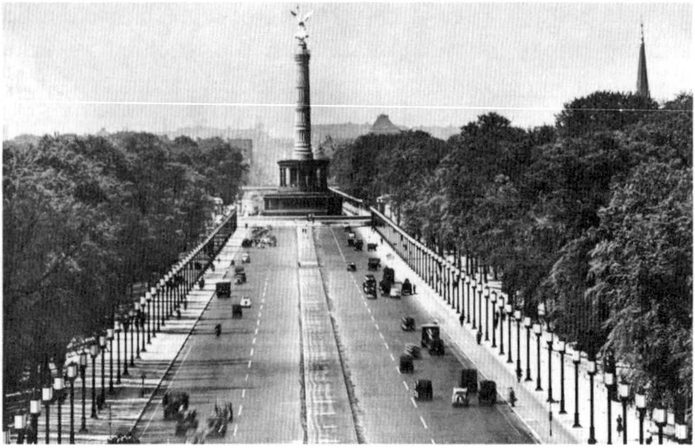

Albert Speer, Doppelkandelaber an der Charlottenburger Chaussee (heute Straße des 17.Juni), 1939. Postkarte

etwa die riesigen Doppelkandelaber, die Albert Speer für die Ost-West-Achse der zukünftigen Welthauptstadt Germania zeichnete, die noch Berlin hieß. Sie wurden zur Eröffnungsfeier der Prachtstraße nacheinander eingeschaltet, um die langsame Fahrt Adolf Hitlers in einem offenen Wagen wirkungs- und bedeutungsvoll zu begleiten. Noch heute säumen die 800 schweren Leuchten die Straße des 17. Juni, die alte Charlottenburger Chaussee.

In den fünfziger Jahren gaben sich die Stadtlampen zierlich und filigran, zuweilen gar verspielt. In Westdeutschland setzten sich die eleganten Pilzleuchten durch, die leicht abgewandelt die öffentlichen Räume der Nachkriegszeit prägten; daneben aber auch die Peitschenleuchten, die den Umbau der tradierten, aber weitgehend zerstörten zu vermeintlich modernen autogerechten Städten begleiteten. In der DDR waren die Straßenlaternen grundsätzlich höher, um in größeren Abständen angeordnet werden zu können; um Metall zu sparen, wurden die Masten vom Beginn der sechziger Jahren an aus Beton gegossen, wobei sie einen achteckigen Querschnitt erhielten, später wurden sie mit rundem Querschnitt und leicht konisch aus Schleuderbeton gefertigt. Zu den verbreitetsten Typen gehörte die Rostocker Straßenleuchte Typ 1, kurz RTS 1, die seit 1968 hergestellt wurde. Von Abels Kölner Straßenlaterne inspiriert, weist sie einen runden Kopf mit einer ebenso runden Streuscheibe auf, weswegen sie Rundscheibenleuchte genannt wird. Daneben gab es eine erstaunliche Vielfalt von Alternativmodellen. Die Vorzeigestraße Ost-Berlins, die zunächst in Stalinallee und dann in Karl-Marx-Allee umbenannte Frankfurter Allee, stattete Richard Paulick, der für die Organisation der Baustelle des »sozialistischen Boulevards« verantwortlich war und auch selber einen Bauabschnitt entwarf, mit 215 würdevollen zwei- und vierarmigen Metallkandelabern auf Stahlbetonmasten aus. Die Postmoderne schuf überwiegend expressive Straßen- und Platzleuchten mit aufgeregt segelartigen Blechreflektoren und zudringlich gewundenen Masten.

Auf der Suche nach immer effizienteren Lichtquellen wurden in den dreißiger Jahren die Natriumdampflampe, die Quecksilberdampflampe und die Leuchtstofflampe entwickelt. Heute sind mit den Natriumdampfhochdruckleuchten, den Halogen-Metalldampflampen und vor allem mit den LEDs neue, leistungsfähigere und potentiell schönere Lichtquellen verfügbar geworden, die bereits an vielen Orten die Bogenlampen ersetzt haben. Die erzielten Lichtwirkungen sind oft faszinierend, die dafür eingesetzten Trägerobjekte selten überzeugend. In übertriebener Bescheidenheit oder unsicherer Verlegenheit rekurrieren sie auf nüchtern technische Formen. Doch unsere Städte brauchen mehr als eine möglichst regelmäßige, blendfreie, moderate Beleuchtung mit angenehm warmem Licht. Sie verlangen nach zusätzlicher Definition ihrer Räume, nach ihrer leichten oder stärkeren Fassung, ihrer Rhythmisierung und Gliederung. Nach ihrer zarten Charakterisierung. Nach Zierde.

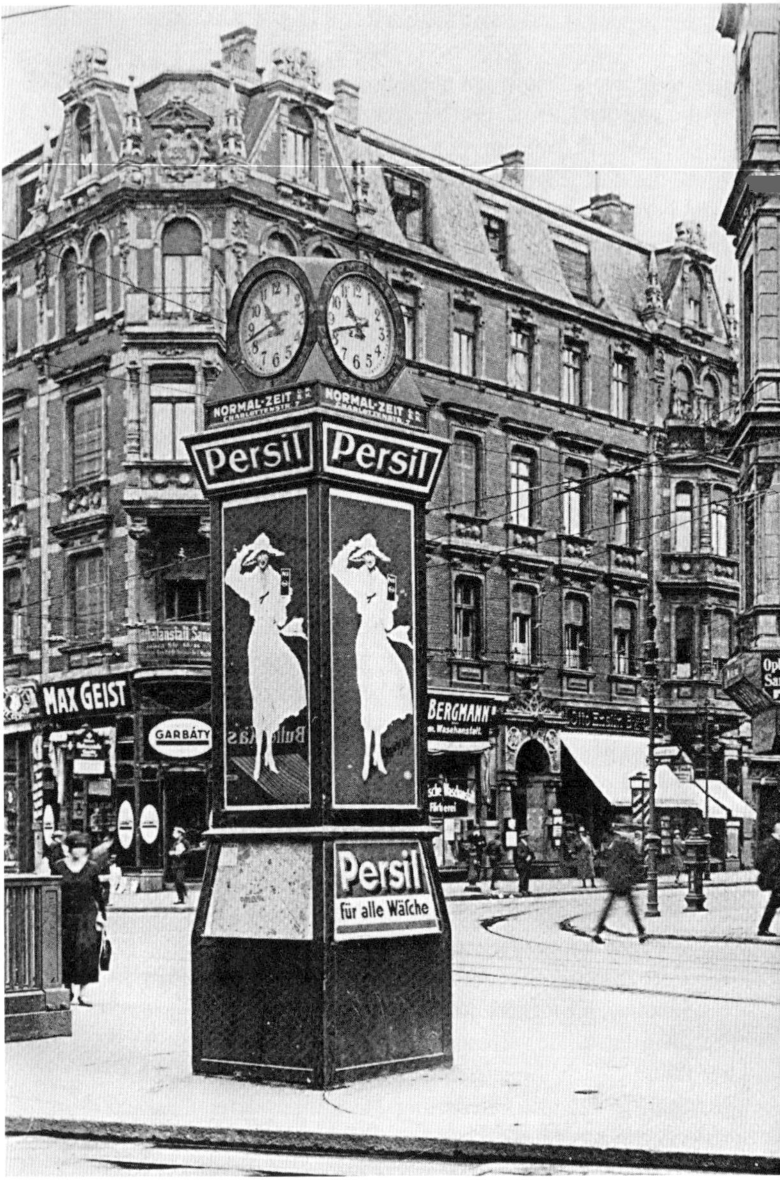

Normalzeit-Uhr mit Werbung, Berlin, um 1920

Die Stadtuhr

Die älteste Methode, die Zeit festzustellen, war die Beobachtung des Schattens, den ein aufrecht stehender Mensch auf den Boden warf. Bei der Sonnenuhr, die im 3. Jahrtausend vor Christus entstand, trat anstelle des Menschen ein Gnomon, eine Nadel, die ihren Schatten auf eine Messskala mit Stundenanzeige warf. Eine monumentale Ausführung wurde im 3. Jahrhundert vor Christus vor dem Quirinus-Tempel in Rom realisiert; die ebenfalls prachtvolle Anlage, die Konsul Manius Valerius Maximus Messalla wenig später als Kriegsbeute aus Catania mitnahm und auf dem Forum aufstellen ließ, zeigte nie die richtige Zeit an, weil sie auf den sizilianischen Breitengrad tariert war. Im 2. Jahrhundert vor Christus wurde in der Basilica Aemilia eine öffentliche Wasseruhr installiert, ein Zeitmesser, der vor allem in Ägypten perfektioniert worden war. Im Turm der Winde in Athen, den der makedonische Architekt und Astronom Andronikos von Kyrrhos im 1. Jahrhundert vor Christus schuf, erreichte die antike städtische Zeitansage ihre Apotheose: Den marmornen Bau auf achteckigem Grundriss, der an der römischen Agora errichtet wurde, zierten acht Sonnenuhren, eine an jeder Seite, und eine neunte befand sich wohl am südlichen runden Annex. Innen zeigte eine Wasseruhr die Zeit an. Auf dem römischen Campus Martius, in unmittelbarer Nähe der Ara Pacis, ließ Augustus ein nach ihm benanntes Solarium anlegen. Mit seiner riesigen Skalentafel von 4 mal 75 Metern und dem etwa 30 Meter emporragenden Obelisken, der als Gnomon diente und heute auf der Piazza di Montecitorio steht, war es nicht bloß eine raffinierte Sonnenuhr, sondern vermutlich auch ein Mittagsweiser und Kalender. Gut koordiniert dürften indes die römischen öffentlichen Zeitmesser nicht gewesen sein: Laut Seneca war es wahrscheinlicher, dass sich die Philosophen untereinander einigen würden als die Uhren.

Sonnenuhren und in geringerem Maße auch Sand- und Wasseruhren blieben bis zum 19. Jahrhundert unentbehrliche Zeitansagen in Städten und Parkanlagen, bis sie von den mechanischen Uhren abgelöst wurden. Diese gab es bereits seit dem 9. Jahrhundert als Mechanismen, seit dem 12. Jahrhundert als vergleichsweise primitive Stundenmesser in den Klöstern und seit dem frühen 14. Jahrhundert in der Stadt, genauer: an den Kirch- und Rathaustürmen der norditalienischen Stadtstaaten. Sie gaben die Stunden an in einer Zeit, als kaum jemand eine tragbare Uhr besaß, und verkündeten weithin sichtbar den Reichtum und das Prestige ihrer Kommune. Letztere Aufgabe war zweifelsohne die wichtigere: Obschon sie eine Geldinvestition voraussetzten, die sich nur die wohlhabendsten Städte zu leisten vermochten, waren die mechanischen Uhren derart ungenau, dass sie unentwegt von einem eigens damit beschäftigten Uhrwärter nachgestellt werden mussten; und zwar anhand der ungleich präziseren Sonnen- oder Sanduhren. In Mailand wurde 1336 ein *admirabile meccanismo* im Turm der Kirche San Gottardo in Corte aufgestellt, 1343 folgte die Uhr in Modena, 1344 jene am Palazzo Carrara in Padua, die der Astrologe und Arzt Jacopo de' Dondi schuf. Die erste mechanische Uhr außerhalb Italiens lässt sich 1352 am Straßburger Münster nachweisen. In Zürich wurde 1366 eine Uhr an der Kirche St. Peter eingebaut; in Paris wurde 1371 eine am Palais de la Cité installiert. Und schließlich kamen öffentliche Uhren auch nach London und Prag, wo die prächtige astronomische Uhr, das Orloj, 1410 am Turm des gotischen Rathauses angebracht wurde. Die frühen Uhren schlugen lediglich die Zeit. Erst später erhielten sie ein Zifferblatt und einen Stundenzeiger, blieben

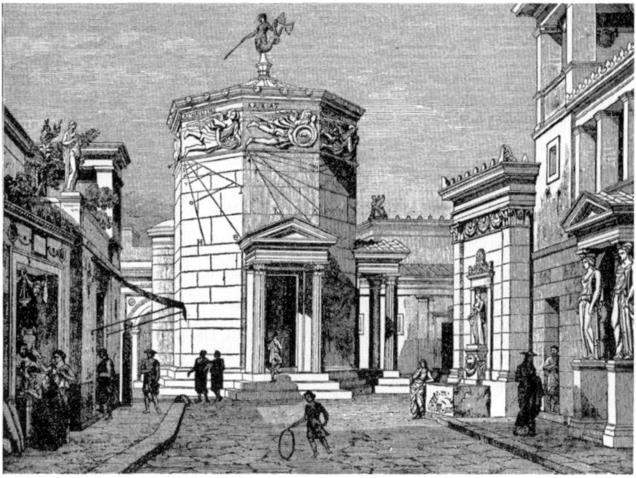

Andronikos von Kyrrhos, Turm der Winde, Athen, 1. Jh. v. Chr., Kupferstich, um 1910

aber ein Vorwand für die Erfindung ingeniöser Mechanismen und den Bau luxuriöser Kunstgegenstände.

Hatten bis dahin die Glocken die Momente der kirchlichen Abläufe skandiert, zeigten nun die Uhren die gleich langen 24 Stunden an, in die der Tag seit dem späten 14. Jahrhundert eingeteilt worden war. Seit dem Ende des 17. Jahrhunderts waren die Mechanismen ausreichend genau, um auch Minutenzeiger zu rechtfertigen. Nicht mehr die Liturgie gab nun die Zeit an, sondern die Ökonomie; die städtische Gesellschaft der Kaufleute und der Handwerker emanzipierte sich von der religiösen Macht, und die öffentliche Uhr geriet zum Instrument und zum Symbol jener zunehmend exakten Zeitschemata, die zur Voraussetzung des kapitalistischen Produktions- und Marktsystems werden sollten.

Es war mithin kein Zufall, dass die große Zeit der Stadtuhren mit dem 19. Jahrhundert anbrach. Die europäischen Städte wurden großflächig erweitert und für die neue bürgerliche Gesellschaft ausgestattet. Ihr Lebensrhythmus beschleunigte sich, und die Uhren, inzwischen genau und erschwinglich geworden, gaben den Takt an. Waren sie zunächst nahezu ausnahmslos an Kirchtürmen angebracht gewesen, tauchten sie nun an sämtlichen kulturell und vor allem ökonomisch bedeutsamen Gebäuden auf: an Rathäusern, Bahnhöfen, Markthallen, Hotels, Kaufhäusern, Geschäftshäusern und Fabriken. Ihre Lesbarkeit wurde mit einfacheren Zifferblättern verbessert; manche waren durchscheinend und in der Nacht beleuchtet. Die Zeitkontrolle war allgegenwärtig, vollständig und ohne jeglichen Unterbruch.

In Berlin wurde die erste öffentliche Präzisionsuhr, deren Zeitanzeige auf astronomischer Grundlage erfolgte, 1787 am alten Akademiegebäude Unter den Linden aufgestellt. Erst ein knappes Jahrhundert später folgten weitere, an neuralgischen Orten der Stadt wie dem Hackeschen Markt, dem Moritzplatz, dem Potsdamer Platz, dem Spittelmarkt und vor dem Oranienburger Tor. Auf der Londoner Weltausstellung von 1851 präsentierte der Ingenieur Charles Shepherd eine elektrische Uhr, die mehrere Nebenuhren über eine Kabelverbindung mit der exakten Zeit versehen konnte. Sie wurde mit großem Interesse aufgenommen, zumal die neuen britischen Eisenbahnlinien eine genaue Zeitkoordination im ganzen Land benötigten. Ein Jahr später wurde Shepherds Uhr im Royal Observatory in Greenwich aufgestellt: Sie übermittelte das Zeitsignal auch an die Tochteruhr am Eingangsportal mit ihrem 24-Stunden-Zifferblatt mit römischen Zahlen, an eine weitere Uhr an der London Bridge und von dort in sämtliche größeren Städte des Landes, seit 1866 über ein transatlantisches Unterwasserkabel sogar zur Harvard University in Cambridge, Massachusetts. 1880 wurde die Greenwich-Zeit in ganz England verbindlich.

Seit der zweiten Hälfte des 19. Jahrhunderts wurden Uhren zunehmend freistehend in Platz- und Straßenräumen sowie in Parks installiert, vornehmlich an stark frequentierten Orten. Sie waren in der Regel mit anderen Funktionen kombiniert.

Bereits 1838 war am Grand Quai in Genf ein zierliches Straßenbauwerk errichtet worden, das anhand mehrerer meteorologischer Instrumente Auskunft über das Wetter gab und dazu eine Uhr besaß. Derlei Wetterhäuschen mit Uhr verbreiteten sich und gerieten bald zu allgemeinen Orientierungsmarken, zu beliebten Treffpunkten für Liebespaare, sogar zu Anziehungsorten für Selbstmörder. Für eine Wettersäule, die auf dem Schlossplatz errichtet werden sollte, wurde in Berlin 1886 eine Konkurrenz veranstaltet: Das ausgewählte Projekt von Bruno Schmitz wurde vier Jahre später realisiert. Die 13 Meter hohe, monumental inszenierte Uhr, die der Frankfurter Weinhändler Gustav Manskopf seiner Stadt stiftete und 1889 an der Kreuzung zwischen Kaiserstraße und Taunusanlage aufstellen ließ, war überschwänglich verziert und mit Straßenlampen bestückt; sie wurde in den zwanziger Jahren als Verkehrshindernis abgebrochen. Die Uhr auf dem Jungfernstieg in Hamburg zeichnete sich laut Josef Stübben, der sie in seinem Städtebau-Handbuch aufnahm, »nicht bloß durch Schönheit, sondern auch durch die Einrichtung aus, daß der untere Theil des Aufbaues auf seinen vier Seitenflächen eine große Zahl nützlicher Mittheilungen über Größe des Stadtgebietes, Einwohnerzahl, Eisenbahn-, Dampfboot-, Straßenbahnverbindungen u.s.w. enthält, daß ferner auf der Oberfläche des niedrigen Steinsockels, überfaßt von den vier Uhrfüßen, unter starkem Glase ein die Oertlichkeit enthaltender Ausschnitt des Stadtplanes in zweckentsprechender Zeichnung und Darstellung angebracht ist, umgeben von einer geographischen Strahlenrose, deren Linien die Richtungen nach den Hauptstädten Europas bezeichnen. Der Uhrbau ist deshalb zugleich eine dem Fremden sehr dienliche ›Orientierungs-Säule‹.«[1]

An noch kurioseren Kombinationen mangelte es nicht: In Wien wurde am Schottenring eine Uhr auf einen Unterstand für Wachposten gestellt und mit drei Gaskandelabern ausgestattet. Die Verbindung mit Informationstafeln setzte sich jedoch durch und führte in Deutschland zu den Annoncen-Uhren. Für die Urania-Säule der gleichnamigen Berliner Wissenschaftsgesellschaft wurde 1891 in Berlin ein Wettbewerb ausgelobt und der Entwurf von Ludwig Schupmann ausgeführt. Die 4,5 Meter hohe, reich verzierte, schwere gusseiserne Säule trug vier von innen erleuchtete Zifferblätter, darunter waren moderne meteorologische Instrumente, Stadtpläne und vor allem Reklameschilder angebracht. Letztere sollten die gesamte Unternehmung finanzieren. Die Rechnung ging nicht auf, und von den geplanten 100 Exemplaren wurden nur 30 realisiert. Auch dem Folgemodell, der Kandelaberuhr der Firma Normalzeit, deren Zifferblätter in eine gedrungene kannelierte Säule eingelassen waren, war kein Glück beschieden: Sämtliche öffentliche Uhren Berlins fielen der Inflation zum Opfer, sie mussten in der Nacht vor dem Ostersonntag 1923 abgestellt werden. Bei den späteren öffentlichen Uhren aus dem Ende der zwanziger Jahre warben die Zifferscheiben für Apotheken, und die Säulen nahmen fahrbare Krankentragen sowie Verbandmittel oder Münzfernsprecher auf. In den dreißiger Jahren griff der kubisch sachliche Stil auch auf die Uhren über, deren Zifferblätter in quadratische oder dreieckige Glasgehäuse eingefasst und auf ebenso prismatische gläserne Sockel aufgestellt wurden.

Die erste Ständeruhr ohne andere Funktion als jene, die Uhrzeit anzuzeigen, wurde in Wien 1865 aufgestellt, zunächst probeweise im Hof des Unterkammeramtes und dann in der Praterstraße. Sie verfügte über drei Zifferblätter, die nachts durch eine Gasflamme beleuchtet wurden und an einem knapp vier Meter hohen gusseisernen Pfosten befestigt waren. Ein weitaus eleganteres, sieben Meter hohes Exemplar mit vier Zifferblättern wurde 1907 an der Ecke Opernring und Kärntner Straße installiert. Daraus entwickelten sich die Würfeluhren, deren quaderförmiges Gehäuse mit abgeschrägt gebrochenen Ecken in den zwanziger Jahren zum festen Bestandteil des modernen Wiener Stadtbildes werden sollte. Ihre sachliche, bescheidene Zurückhaltung bildete einen eigentümlichen Kontrast zum Pathos der riesigen Zeitmesser, die gleichzeitig

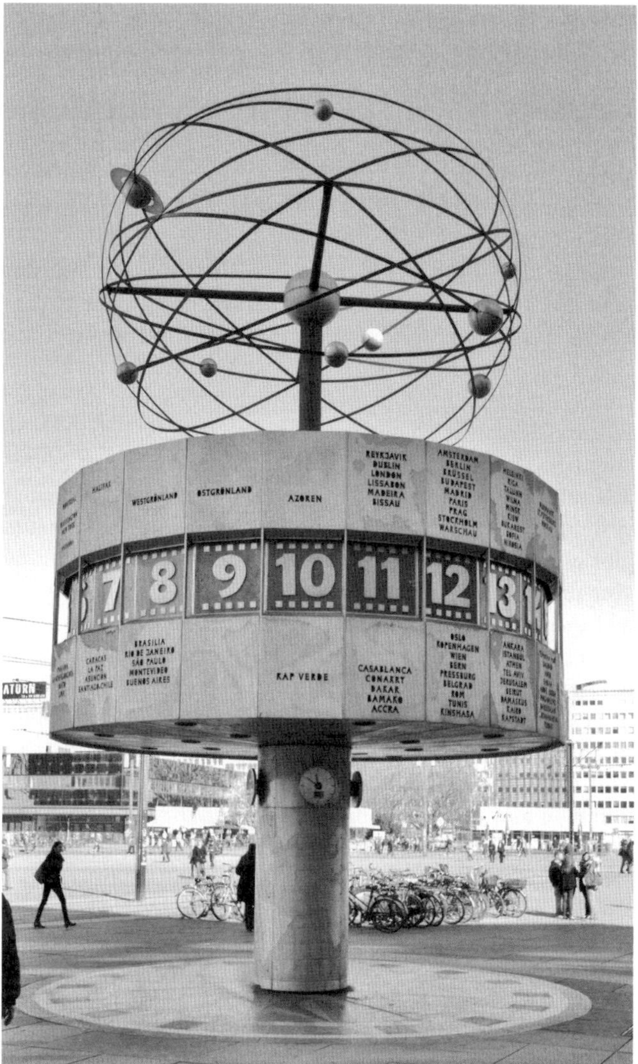

Erich John, Weltzeituhr auf dem Alexanderplatz, Ost-Berlin, 1969

auf den Gemeindebauten des Roten Wien in Szene gesetzt wurden. Die Exedra der Hauptfront des Volkswohnungspalastes, den Hubert Gessner 1926–1932 als Gartenstadt Jedlesee (heute: Karl-Seitz-Hof) baute, beherrscht ein Turm mit einer überdimensionierten Uhr. Und Rudolf Percos gigantische Wohnanlage am Friedrich-Engels-Platz (1930–1933) findet ihren Höhepunkt in der kubischen Komposition des monumentalen Uhrenturms.

Unter dem Eindruck der Greenwich-Uhr wurde in Mailand 1873 die Einführung eines Netzes synchroner elektrischer Uhren beschlossen und zwei Jahre darauf mit den grünen, später auch grauen runden Tic Tacs implementiert: schlichte runde, doppelseitige Zifferblätter mit Stadtwappen auf einem Pfosten, der zuweilen auch eine vergleichsweise bescheidene, ebenfalls doppelseitige Werbetafel trug. 1929 waren es 100, alle mit einem Kabel an die Zentraluhr in Palazzo Marino verbunden. Seit 1976 erfolgt die Steuerung via Radio, heute gibt es davon über 1300. In Paris förderte eine Verordnung von 1881 die Verbreitung und teilte penibel deren Kosten zwischen Gemeinde und Betreiber auf; außerdem wurde die maximale Abweichung zwischen der offiziellen und der angezeigten Zeit auf eine halbe Minute beschränkt. Zunehmend gerieten Ständer- oder Säulenuhren zum Standardmobiliar der modernen europäischen Großstadt. Sie wurden zunächst rein mechanisch, dann pneumatisch (von 1877 an in Wien, von 1879 an in Paris), dann autodynamisch, also unter Ausnutzung der Schwankungen von Luftdruck und Lufttemperatur, und schließlich elektrisch angetrieben. Die Zifferblätter wurden vereinfacht, die Ziffern um der besseren Lesbarkeit willen durch abstrakte Striche zur Markierung der Fünf-Minuten-Einheiten ersetzt. Es sollte allerdings noch etliche Jahrzehnte dauern, bis der Sekundenanzeiger, den der Schweizer Uhrmacher Jost Bürgi bereits im 16. Jahrhundert gebaut hatte, auch in den öffentlichen Uhren Eingang fand und damit ein neuer, noch rascherer Zeittakt in die Stadt eingeführt wurde.

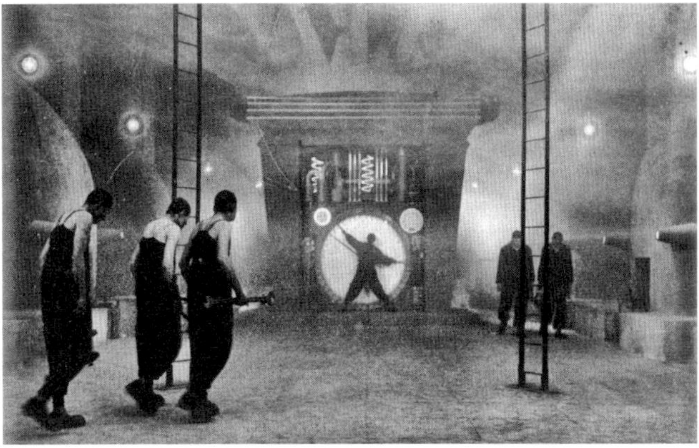

Filmstill aus Fritz Langs *Metropolis*, 1927

Zuvor musste die Zeit präzisiert und vereinheitlicht werden: Die 24 Stundenzonen, die auf der Washingtoner Konferenz von 1884 bestimmt wurden und den Abweichungen von bis zu dreißig Minuten zwischen Nachbarstädten ein Ende setzen sollten, wurden erst Jahrzehnte später implementiert, aber dann verlieh die Normalzeit den Bürgern ein neues Gefühl der Gleichzeitigkeit. Sogenannte öffentliche Mittagszeichen gaben täglich die exakte Zeit an, an der die Taschenuhren penibel synchronisiert wurden. Fritz Lang versinnbildlicht die Bedrohlichkeit dieser neuen Herrschaft der Zeit in seinem Film *Metropolis* von 1927: Das verzweifelte Ringen der Heldenfigur Freder Fredersen mit den übermächtigen und gleichgültigen Zeigern einer gigantischen Zehn-Stunden-Fabrikuhr endet mit seiner Kapitulation als Gekreuzigter.

Auch in der Literatur geriet die Zeit zur Obsession. Die zwei Turmuhren des jüdischen Rathauses in Prag, von welchen die eine die Zeit auf konventionelle Weise anzeigt, die andere, ein hebräischer Mechanismus aus dem 17. Jahrhundert, gegen den Uhrzeigersinn rückwärts läuft, haben Franz Kafkas Werk, in

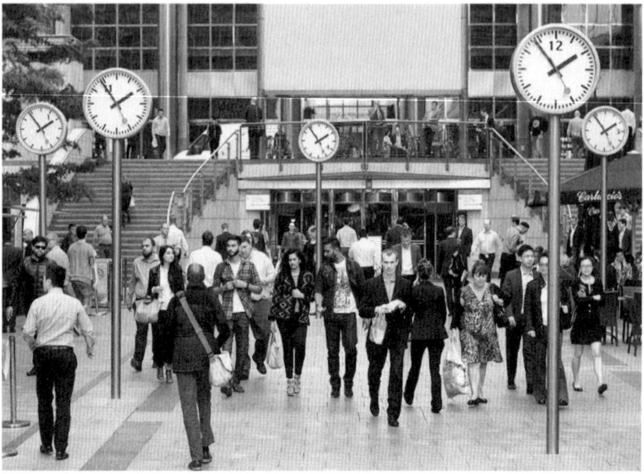

Konstantin Grcic, Six Public Clocks, London, 1999

dem es von Taschen- und Turmuhren nur so wimmelt, nachhaltig beeinflusst. Virginia Woolfs Mrs. Dalloways Tag ist durch das Läuten von Big Ben zerrüttet, und durch Orlandos Heldin schwirrt das Schlagen der Uhr, auf deren Zeiger sie gebannt starrt, »wie ein Meteor so heiß, dass keine Finger halten können«.[2] Im letzten Kapitel von James Joyces *Ein Porträt des Künstlers als junger Mann*, in dem Stephen Dedalus verspätet zu einer Vorlesung eilt, zeigen sämtliche Uhren der Stadt eine andere Zeit an. Die mühsam eroberte Gleichzeitigkeit wird in der urbanen Welt der Künstler und Intellektuellen brüchig.

In der Nachkriegszeit wurden die Taschenuhren durch die Armbanduhren ersetzt, die weite Verbreitung fanden; die öffentlichen Stadtuhren verdrängten sie nicht. Diese wurden schlichter, und neben den analogen Uhren kamen die digitalen auf, zunächst als mechanische Springziffernuhren, dann als elektronische Dispositive. Daneben entstanden weiterhin anspruchsvolle Zeitanzeigen. Für den im Sinn sozialistischer

Moderne neugestalteten Alexanderplatz in Ost-Berlin schuf der Designer Erich John eine Weltzeituhr als zehn Meter hohe Skulptur: Die 24 Seiten des Aluminiumzylinders, der auf einer kräftigen runden Stütze ruht, entsprechen den Hauptzeitzonen der Erde, darüber schwebt eine vereinfachte, futuristische Darstellung des Sonnensystems. Das raumbestimmende Objekt wurde 1969 kurz vor dem 20. Jahrestag der DDR eingeweiht. Für West-Berlin entwickelte der Erfinder Dieter Binninger die Mengenlehreuhr, schlicht auch Berlin-Uhr genannt, als elegante, aber undurchsichtige Zeitplastik mit farbig leuchtenden Feldern. 1975 wurde sie auf dem Kurfürstendamm aufgestellt und keine zwanzig Jahre später auf Grund ihrer Unbrauchbarkeit als Zeitanzeige sowie der exorbitanten Wartungskosten außer Betrieb genommen. Heute steht sie im Tourist-Informationszentrum im Europa-Center. Die 1999 in Canary Wharf aufgestellte Installation *Six Public Clocks* aus sechs Schweizer Bahnhofsuhren auf zierlichen Pfosten, auf deren Zifferblätter Konstantin Grcic jeweils eine andere arabische Zahl hinzufügte, lässt sich als spielerischer Appell für die analoge Uhr deuten.

Heute scheinen die öffentlichen Uhren sich als Objekte aufzulösen und in die Welt der allgegenwärtigen Reklame aufzugehen. In den Bahnhöfen und Flughäfen sind sie durch die kommerziellen Botschaften zunehmend in den Hintergrund gedrängt, im Stadtraum zerfließen sie in die Bildschirme der Werbung. Ist auch die Zeit ein Produkt, eine Ware geworden, die wie alles, was uns umgibt, standardisiert, vermarktet und unlauter den Bürgern aufoktroyiert wird?

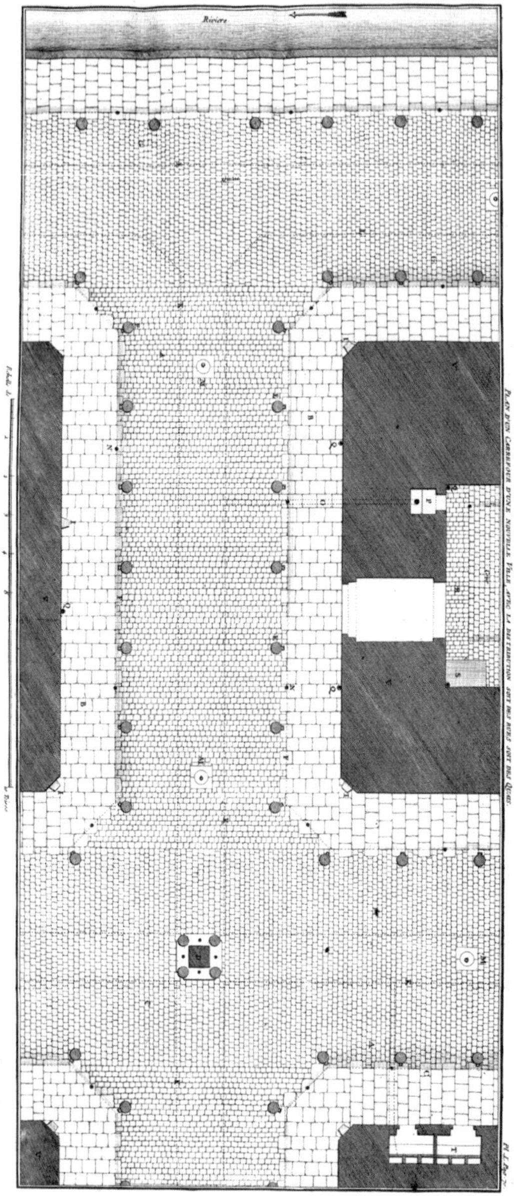

Pierre Patte, Straßenkreuzung einer Idealstadt, Planzeichnung, 1789

Der Poller

Das deutsche Wort Poller leitet sich aus dem englischen *bollard* ab, seinerseits eine Transformation von *bode*, Baumstamm. Der Begriff Post wird ebenfalls verwendet; auch Prell- oder Schutzpfosten, oder Prellstein. Amtlich gilt die Bezeichnung Straßenbegrenzungspfahl. Im Französischen wird das englische *bollard* direkt übernommen, aber auch *boulard* oder *baulard* geschrieben. *Bornes* oder *bitte* ist ebenfalls gebräuchlich. Im Italienischen finden sich die Wörter *bitta*, häufiger *cippo* oder *paracarro*. Die kurzen Pfähle aus Metall oder Holz wurden und werden weiterhin zum Festmachen von Booten und Schiffen verwendet; es gibt sie, seitdem es Boote und Schiffe gibt.

Auf den städtischen Straßen und Plätzen tauchten die Poller bereits in der Antike als Schutz gegen Fahrzeuge auf: vor allem im kaiserzeitlichen Rom, wo der Verkehr zu einer solchen Plage geriet, dass er tagsüber gänzlich aus der Innenstadt verbannt werden musste. Rund um das Kolosseum bezeichneten 160 steinerne Poller, die genau in der Achse der Arkadenpfeiler beziehungsweise der Arkadenmittte standen und mit Ketten oder Gittern miteinander verbunden waren, eine mit Travertinplatten belegte Vorzone, wo sich die Zuschauer versammelten, bevor sie durch das Gebäude hindurch über Treppen und Gänge zu den Tribünen strömten. Fünf dieser *cippi*, die vermutlich auch der Verankerung der Seile des Velariums dienten, stehen heute noch auf der Ostseite des Platzes.

Verbreiteter als freistehende waren halb in die Hauswände eingemauerte Poller, ebenfalls aus Stein, die Tore und Hausecken sicherten. Sie trugen nicht selten Inschriften und dienten auch der Grenzbestimmung und Wegleitung. Ivor de Wolfe, Redakteur von *The Architectural Review* und mit bürgerlichem Namen Hubert de Cronin Hastings, sollte sie *bollaster* taufen, eine Kontraktion von *bollard* und *pilaster*, und ihnen 1952 einen Artikel widmen.

Im Barock entstanden vor allem als Bezeichnung und Schutz von Toreinfahrten gewaltige Steinpoller mit kunstvoll gedrechselten Schäften, wehrhaft geschwollenen Bäuchen und kokett geschwungenen Köpfen; im 17. Jahrhundert wurden sie schlanker und aufstrebender. Seitdem eroberten die Poller die Großstädte, zumal deren Verkehr bedrohlich zunahm. Der Platz von Covent Garden in London, 1631–1633 von Inigo Jones angelegt, wurde sofort durch Steinpfosten geschützt. Der Architekt Pierre Patte, dessen theoretische Arbeiten die Modernisierung der Stadt des ausgehenden 18. Jahrhunderts einleiteten, sprach sich in seinem einflussreichen Buch *Mémoires sur les objets les plus importants de l'architecture* 1769 entschieden gegen Bürgersteige und für Poller aus, um die Fußgängerwege von den Fahrbahnen abzutrennen. Tatsächlich wurden in Paris auf Grund einer Verordnung von 1782 ganze Straßen mit Pollern ausgestattet.

Zunächst schützten die Poller weniger Menschen als Bauten und vor allem Denkmäler vor den Fahrzeugen. 1721 wurden zwei Eichenpfähle aufgestellt, um das mittelalterliche Eleanor-Kreuz in Waltham Cross, Hertfordshire, zu bewahren. Auf einem Gemälde Canalettos von 1742 sind vor dem römischen Septimius-Severus-Bogen fünf steinerne Poller zu erkennen. Noch heute sichern Steinpoller, zuweilen durch Eisenketten miteinander verbunden, bedeutende Monumente im Stadtraum und ihre Vorplätze.

Als Schutz vor dem gewaltigen Fahrverkehr, aber auch vor dem nicht minder gewaltigen Straßenschmutz, setzten sich, Pattes Empfehlungen zuwider, im 19. Jahrhundert die erhöhten Gehwege durch: Poller wurden nur mehr punktuell eingesetzt.

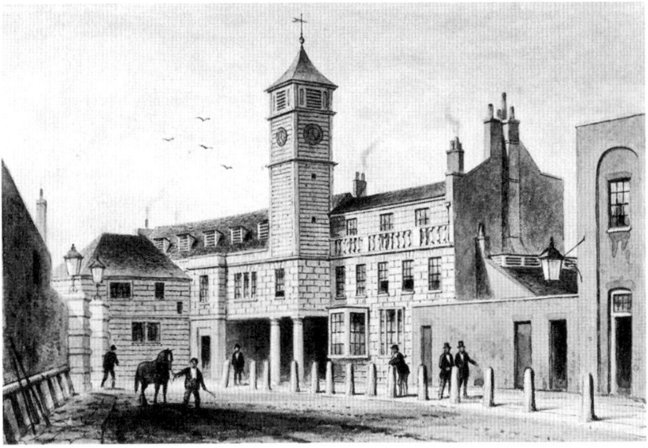

Poller an der Tooley Streeet, London, Aquarell, 1846

Zu den Ausnahmen gehörte Triest, wo anstelle der Bürgersteige runde Steinpfosten die Fahrbahn vom Gehbereich trennten und zusätzlich als Sockel für Laternen und Markisen dienten. Prellsteine, die aus den Hausfassaden herausragten, wurden vielerorts sogar verboten, weil sie die Bürgersteige verstellten.

Bereits im 17. und 18. Jahrhundert benutzte man ausgediente Schiffskanonen, mit gerundeten Stöpseln versehen und in die Kais eingerammt, um Schiffe daran zu befestigen; einige wurden auf städtischen Straßen und Plätzen aufgestellt. Diese Praxis nahm im 19. Jahrhundert zu. Es entstanden Mythen wie jener der Londoner Poller, die angeblich in der Schlacht von Trafalgar erbeutete französische Kanonen seien. Jedenfalls wurde die Kanonenform mit ihrem Schaft und ihrer wulstartig betonten Mündung übernommen, als man um 1820 in England Poller eigens in Eisen zu gießen begann. Daneben kam ein pyramidenförmiger, obeliskartiger *bollard* mit elegant geriffelter Oberfläche auf. Er wurde sowohl aus Gusseisen als auch aus Stein gefertigt und mit den Wappen von Georg IV.

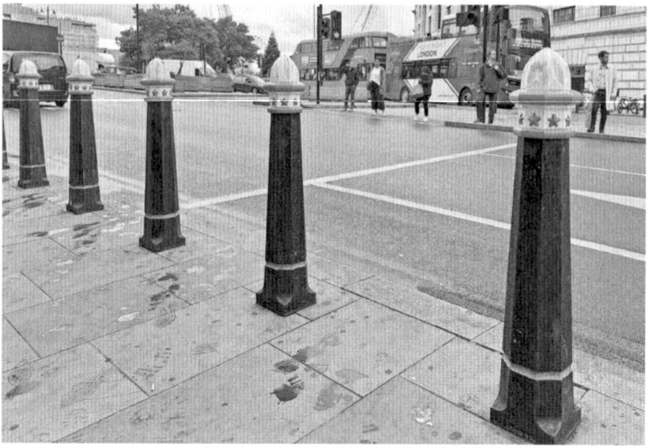

Poller, London, um 1830

respektive Wilhelm IV. versehen. Die übrigen Londoner Poller erhielten vielfach die Kürzel oder Symbole der jeweils zuständigen Straßenbehörde, vordergründig um Diebstahl vorzubeugen, vor allem aber aus Lokalpatriotismus. Tatsächlich trugen sie zur Identität der verschiedenen Bezirke bei. Da jedoch manchmal die Poller dort, wo sie nicht mehr notwendig waren, abmontiert und woanders aufgestellt wurden, kam es bald zu einer lebhaften Durchmischung dieser Identitäten. Im Stadtzentrum wurden sie, wenn sie aus Gusseisen waren, in den Stadtfarben Schwarz, Weiß und Rot oder ganz schwarz glänzend gestrichen. An Sonderformen fehlte es nicht: Zu den kuriosesten gehört der hohle Poller mit perforiertem Kopf, den William Haywood, mit Joseph Bazalgette für das neue Londoner Abwassersystem nach dem Great Stink verantwortlich, 1886 als Schutz und Entlüftung der unterirdischen Toilettenanlage in der Gracechurch Street schuf.

Eine ähnliche Entwicklung gab es in Amsterdam: Der sogenannte Amsterdammertje war rotbraun lackiert und trug das dreifache Andreaskreuz des Stadtwappens. Seit den siebziger Jahren des 20. Jahrhunderts werden die mit ihren 100 000 Exemplaren im Stadtbild sehr präsenten »kleinen Amsterdamer Dinge« nicht mehr aus Gusseisen, sondern aus Stahlblech gefertigt, seit den achtziger Jahren zugunsten erhöhter Bürgersteige stetig reduziert.

Im Zusammenhang mit seinem Gesamtkunstwerk der architektonischen Gestaltung der Wiener Stadtbahn entwarf Otto Wagner einen Gusssteher, einen exquisit verzierten Poller. Doch blieb dies eine Episode: Die Architekten entdeckten die Poller erst im Zusammenhang mit der Townscape-Bewegung, die in der Nachkriegszeit in England aufkam. Ihr genauer Blick auf die traditionellen Stadträume bezog auch die Nebenelemente ein, deren Ästhetik neu gewürdigt wurde. In *The Architectural Review* erschien eine kleine Geschichte der Poller, in seinem Artikel zu den *bollasters* zeigte de Wolfe neben anonymen historischen Beispielen aus verschiedenen Städten das Exemplar, das Henry Hobson Richardson am Glessner House in Chicago schuf. Eine zweite, folgenreichere Welle der Aufmerksamkeit für die Poller setzte in den siebziger Jahren ein, als die Städte gegen die Invasion der fahrenden und parkenden Autos aufrüsteten und in ihnen kongeniale Instrumente fanden. Sie wurden millionenfach überall in Europa verbaut, um geschützte Bereiche für die Fußgänger zu schaffen. Ganze Reihen, ja Wälder von dünnen und weniger dünnen Stäben und Wülsten wuchsen an allen möglichen und unmöglichen Stellen aus dem Boden, verbündeten sich zuweilen mit den berüchtigten Blumenkübeln, die ebenso als Barrieren gegen Fahrzeuge eingesetzt wurden, und versinnbildlichten den

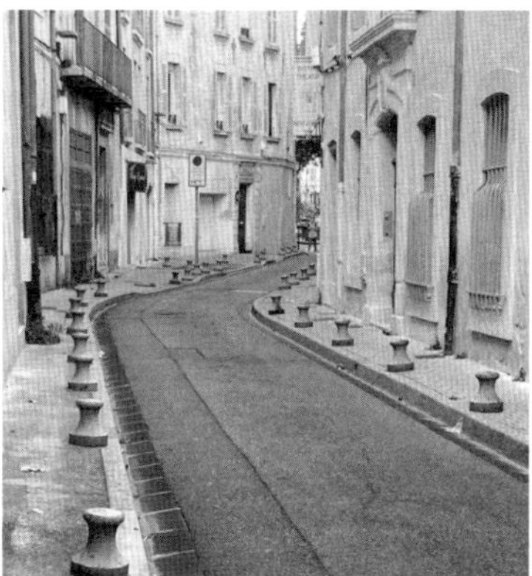

Poller, Avignon

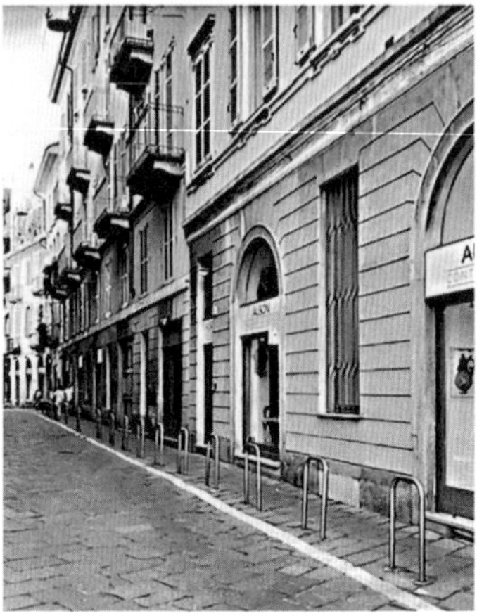

Stahlbügel als Fußgängerschutz, Mailand

Paradigmenwechsel von der autogerechten zur fußgängerfreundlichen Stadt.

Ihre Materialien und Formen wurden in ihrer Vielfalt geradezu unüberschaubar. Neben den klassischen zylinderförmigen Steinpollern mit kuppelförmig ausgebildeten Köpfen, die vielfach durch Ketten miteinander verbunden werden, gibt es die gusseisernen in unzähligen Varianten. Anfang des 20. Jahrhunderts drängten die Betonpoller in die Stadt: Für Mailand entwarf der Designer Enzo Mari einen schlichten, nahezu halbkugelförmigen Typ, der dank seines Eigengewichts ohne Verankerung auskam, überallhin verschoben werden konnte und dessen elegante Zurückhaltung die Aufdringlichkeit seiner übertriebenen Verbreitung milderte. Etwa gleichzeitig wurde die Mailänder historische Altstadt mit fest installierten, schlanken und unaufgeregt modernen Edelstahlstäben und -bügeln ausgestattet. Daneben existieren weiterhin Holzpoller verschiedenster Beschaffenheit. Auch Aluminium, Bronze und sogar Kunststoff kommen zum Einsatz.

Schon die frühen ausrangierten Kanonen mussten fest im Boden verankert werden, um dem Aufprall von Fuhrwerken standzuhalten. Mit dem Aufkommen des motorisierten Verkehrs stiegen die Anforderungen, und die Verwendung ausgerissener Poller als Waffen in den Studentenunruhen von 1968 boten Anlass zu widerstandsfähigeren Fundamentierungen, aber auch zu klobigeren Ausführungen. Überdies wurden Klapppoller und Steckpoller sowie versenkbare Poller entwickelt, um temporär das Durchfahren zu ermöglichen. Sie wurden mit Katzenaugen ausgestattet und von innen beleuchtet. Die Antiterrorismus-Maßnahmen führten zum Einsatz der

Betonschweine, nicht im Boden verankerte, überaus schwere und ganz besonders grobschlächtige Betonzylinder oder -blöcke. Schließlich wurden den Pollern neue Funktionen zugewiesen: Sie wurden zum Sitzplatz, zum Fahrradständer, zum Abfallkorbhalter, zum Piktogrammhalter, zur Schildstange.

Trotz der Entpollerungskampagnen, die als Reaktion auf ihren Wildwuchs in etlichen europäischen Städten initiiert wurden, sind die Poller inzwischen aus unseren Straßen und Plätzen nicht mehr wegzudenken. Als vielseitig einsetzbare physische Barrieren gegen die Motorfahrzeuge bieten sie Fußgängern und Fahrradfahrern wirksamen Schutz. In den historischen Zentren, dort, wo Automobile und Fußgänger miteinander koexistieren müssen, ersetzen sie die Bürgersteige, wenn es dafür keine historische Legitimation und keinen Platz gibt. Nur als ubiquitäre, austauschbare Elemente dürfen sie nicht verstanden werden: Sie müssen im Einklang mit dem jeweiligen stadträumlichen und architektonischen Umfeld sorgfältig gestaltet sein, ohne Gestaltung und Sorgfalt zu stark in den Vordergrund zu rücken. Von den Pollern, die von Künstlern geschaffen sind, heben sich jene hervor, die der Bildhauer Antony Gormley 2002 für die Bellenden Road in London in elementaren, weitgehend abstrakten Formen goss.

Auf die Bedeutsamkeit der Poller im Stadtraum machte 1999 die englische Künstlerin Judith Dean aufmerksam. Sie platzierte verschiedene Exemplare, die meisten aus schwarzem Gusseisen, sechs davon aus Onyx, an subtil gewählten, absurden Stellen des Londoner Stadtteils King's Cross: mitten in einer Parklichtung, angelehnt an einen Baum, als Zwillinge an einer Hausecke. Die poetische Installation, die kaum als solche auszumachen ist, öffnet die Augen dafür, wie die kleinen, unscheinbaren, scheinbar belanglosen Elemente die Stadt, ihre Geschichte, ihren Charakter und ihre Kultur prägen und reicher machen.

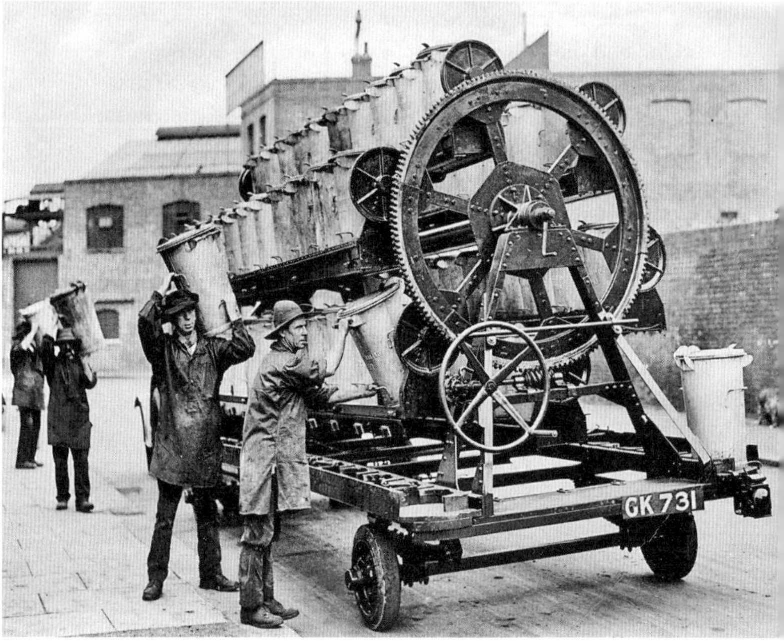

Müllwagen, London, um 1930

Der Abfallkorb

Der Abfallkorb im öffentlichen Raum ist eine vergleichsweise moderne Einrichtung. Seit der Antike und bis ins 19. Jahrhundert hinein wurde jegliche Art von Abfall, Tierreste, Kot und Urin eingeschlossen, recht unbekümmert auf die städtischen Straßen und Plätze fallen gelassen oder aus dem Fenster geworfen. Die Ausnahmen waren vereinzelt: Im Minoischen Knossos wurde der Stadtmüll gesammelt, mit Erde überdeckt und zur Landgewinnung verwendet, in Athen bestand eine Vorschrift, ihn mindestens anderthalb Kilometer außerhalb des urbanisierten Gebiets zu entsorgen. In Rom untersagte erst die Lex Julia Municipalis, die Cäsar 45 nach Christus verabschiedete, alles auf die Straße zu werfen, was man nicht mehr gebrauchen konnte, aber ihr Erfolg dürfte bescheiden gewesen sein, wenn wenige Jahrzehnte später Juvenal in seinen Satiren davor warnte, ohne Vorsichtsmaßnahmen aus dem Haus zu gehen, weil man wegen der wild aus den Fenstern herausfallenden Gegenstände sein Leben riskierte. Selbst die *magistri viarum*, die den Ädilen zur Seite gestellt wurden, um die öffentlichen Räume zu pflegen und zu unterhalten, vermochten offensichtlich wenig auszurichten.

Ähnlich unhygienisch ging es in den mittelalterlichen Städten zu. Altwalker und Flickschuster sorgten für die Wiederverwertung einiger Abfälle, manches wurde als Dünger verwendet, und der alte Bauschutt kam auf neue Baustellen. Gleichwohl waren die Straßen unsäglich dreckig und wurden lediglich vom Regen, von den Haustieren, die sie zahlreich bevölkerten, und von mehr oder minder willigen Anwohnern an Festtagen gereinigt. In Siena, einer der größten und selbstbewusstesten Kommunen Italiens, wurde 1296 die *nettezza pubblica* eingerichtet: Die Betriebsräume lagen an der Piazza del Campo, derjenige, der das Amt ersteigerte, durfte ein Jahr lang die Abfälle der Stadt verwerten, musste dafür aber die Straßen und Plätze sauber halten. Unterstützt wurde er dabei von einer Sau und vier Ferkeln. Jede Wohnung musste die eigenen, vornehmlich menschlichen Abfälle in einem eigens angelegten Schacht entsorgen, den *butto*, der periodisch mit Kalk desinfiziert und, einmal voll, kurzerhand zugemauert wurde. In den Städten Mittel- und Nordeuropas schuf man zwischen den Häusern Ehgräben, in die der Müll abgeladen wurde. Der Erfolg war mäßig. Selbst die Freiburger Bächle, die Wasserrinnen, die von 1220 an zur Lösch- und Brauchwasserversorgung sowie Regen- und Schmutzwasserentsorgung der Zähringer Gründungsstadt angelegt worden waren, wurden bald derart zweckentfremdet, dass sich Erasmus von Rotterdam, der im Exil dort lebte, 1543 bitter beschwerte:

»Hier herrscht große Unreinlichkeit. Durch alle Straßen läuft ein künstlich geführter Bach. Dieser nimmt die blutigen Säfte von Fleischern und Metzgern auf, den Gestank aller Küchen, den Schmutz aller Häuser, das Erbrochene und den Harn aller, ja sogar die Fäkalien von denen, die zuhause keine Latrine haben. Mit diesem Wasser werden die Leintücher gewaschen, die Weingläser gereinigt, ja sogar die Kochtöpfe.«[1]

Nach der Pestepidemie von 1348 versuchten die Stadtregierungen verstärkt, die wilde Müllentsorgung zu unterbinden. Doch bereits ein Jahrhundert später war es in den meisten italienischen Städten wieder erlaubt, sich der Fäkalien durch einen Wurf aus dem Fenster zu entledigen: allerdings nur nachts und nach der dreifachen, laut ausgerufenen Warnung *»guarda, guarda, guarda!«* Zusammen mit den menschlichen Ausscheidungen flog dabei, wie in der Zeit der Antike, manch anderer Abfall auf die Straße, die freizügige Praxis bestand bis ins 18. Jahrhundert hinein. Goethe zeigt sich in seiner *Italienischen Reise* von der mangelnden Hygiene in Venedig entsetzt, und die Dreckschicht auf den Straßen von Palermo beschäftigt ihn derart, dass er einen Ladenbesitzer darüber in ein längeres Gespräch verwickelt. Neapel dünkt ihn reinlicher. Tatsächlich hielt man im 1816 gegründeten Königreich beider Sizilien Straßenfeger für einen überflüssigen Luxus und sparte sie ein.

In einigen kleineren und mittleren europäischen Städten wurden vom 15. Jahrhundert an die Anwohner angehalten, den Kehricht bis zur Mitte der Straße zusammenzufegen und auf Quartiersammelstellen zu bringen, wo ihn städtische Angestellte entsorgten. Doch in den Großstädten blieb das Abfallproblem ungelöst. Nicolas-Edme Restif de la Bretonne empörte sich über den Zustand von Paris mit der Müllentsorgung in der Seine und forderte die Sauberhaltung der Straßen und Plätze sowie die Bestellung von kommunalen Straßenfegern. Stendhal gar schalt die Pariser Barbaren, die aus ihren Straßen Kloaken gemacht hätten.

Mit der Einrichtung der Stadtkanalisation im frühen 19. Jahrhundert fielen zwar die menschlichen Ausscheidungen weitgehend weg, aber alles andere wurde weiterhin im öffentlichen Raum abgeladen. Zum stinkenden Haushalts- und Küchenmüll und zu den verwesenden Tierkadavern kamen die Fabrikabfälle hinzu. Die frühen englischen Industriestädte, allen voran Manchester, wurden entsprechend anschaulich von kritischen Besuchern wie Alexis de Tocqueville geschildert, aber auch von ortsansässigen wie Friedrich Engels und Charles Dickens, der im Roman *Hard Times* mit dem fiktiven Coketown ihre literarische Apotheose schuf.

Die Cholera-Epidemien von 1831 und 1849 verliehen den Bestrebungen um mehr Stadthygiene neue Impulse. In London zog der Sozialreformer Edwin Chadwick um 1830 aus der falschen Miasmenlehre, die Krankheitserreger in übelriechender Luft vermutete, den richtigen Schluss: die Notwendigkeit einer rationellen Müllentsorgung. 1848 wurde der Public Health Act verabschiedet, der allerdings erst mit einem Folgegesetz von 1875 konkrete Maßnahmen zeitigte: Jeder Haushalt wurde angehalten, einen beweglichen Abfallbehälter aus innen mit Blech ausgeschlagenem Holz anzuschaffen und zu verwenden. In Paris endete die wilde Straßenverschmutzung 1883: Am 24. November erließ der Pariser Präfekt Eugène-René Poubelle den Erlass, der den Mülleimer zur Pflicht jedes städtischen Wohnhauses machte. In seiner Urform ähnelte er seinem britischen Vorbild, in der französischen Sprache sollte er den Namen des Präfekten annehmen und trägt ihn noch heute. Das Gesetz löste einen Sturm der Entrüstung bei den Lumpensammlern aus, die davon lebten, aus den Müllhalden der Straßen und Plätze der französischen Hauptstadt all das aufzulesen, was irgendwie weiterverwertet werden konnte. Man einigte sich darauf, dass die *chiffoniers* wie zuvor ihrem Gewerbe nachgehen und aus den Hausmüll-Behältnissen, die nachts auf die Straße gestellt wurden, ihre Ware herausklauben durften, bis die Müllabfuhr morgens alles einsammelte. Die von Poubelle ebenfalls vorgesehene Abfalltrennung in Lebensmittelreste, Glas und Keramik sowie Austern- und andere Muschelschalen wurde ignoriert.

Die Müllabfuhr setzte sich in ganz Europa durch, allerdings langsam. In Berlin verordnete der Polizeipräsident den Müllbehälter 1895. In der Schweiz wurden 1902 die Ochsner-Abfalleimer eingeführt, feuerverzinkte Blecheimer mit Klappdeckel. In Wien wurde die Mülleinsammlung durch Pferdefuhrwerke erst 1918 mit der Aufstellung der Colonia-Kübel abgelöst, deren Name auf den Colonia-Raum im Hauseingangsbereich zurückgeht, der auf Köln weist, wo das System entwickelt wurde.

Von der Vorstellung einer im modernen Sinn sauberen Straße war man weit entfernt. In Paris etwa beklagte man erst in den zwanziger Jahren die unreinen Trottoirs und forderte öffentliche Abfallkörbe ein. Bald waren sie in jeder europäischen Stadt in einer verwirrenden Vielzahl von Formen zu sehen: von den Pariser dunkelbraunen Blecheimern mit Deckel zu den strengen, schweren, schwarzen Gusseisenbehältern Londons mit der Aufschrift *litter* und dem Stadtwappen oder der allgegenwärtigen königlichen Krone. Hinzu kamen Exemplare aus Holz und sogar aus Stein. Bald trat neben dem auf dem Bürgersteig aufgesetzten Korb ein zweiter, kleinerer Typ auf, der an einem eigenen Pfosten oder einer Straßenlaterne auf etwa einem Meter Höhe befestigt wurde. In den fünfziger Jahren des 20. Jahrhunderts stieg durch die Invasion der Plastikverpackungen der Bedarf an Abfallbehältern im städtischen Raum exponentiell. In den sechziger Jahren begann man, sie aus Kunststoff herzustellen, rundliche Modelle wie Otto Orange kamen auf. In einigen Städten, etwa in Berlin, wurden sie mit witzigen Texten versehen. Seit 2004 sprechen dort sogar einige Abfallkörbe und bedanken sich artig für den Einwurf.

Nicht nur die Zahl der Abfallbehälter, auch die Anforderungen, die an sie gestellt wurden, nahmen immer mehr zu. Sie mussten sichtbar sein, durften aber nicht übermäßig auffallen und sollten auch nicht mit anderen städtischen Einrichtungsgegenständen, etwa mit Verkehrszeichen, verwechselt werden können. Sie mussten robust sein, um Vandalismus wenig Angriffsfläche zu bieten. Ihre serielle Herstellung durfte nur wenig kosten, und sie sollten leicht zu reinigen sein. Ihr Inhalt musste vor streunenden Hunden und Katzen, aber auch vor Ratten, Eichhörnchen, Füchsen und in Städten am Meer vor Möwen sicher sein. Sie sollten die illegale Haushaltsmüllentsorgung entmutigen und erschweren. Seit den achtziger Jahren kam eine neue Bedingung hinzu: Sie durften nicht

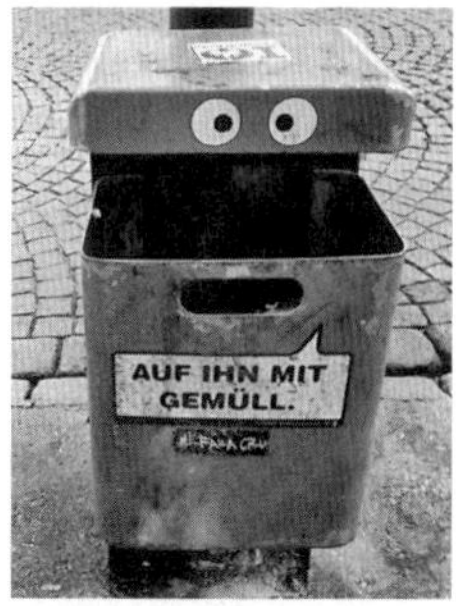

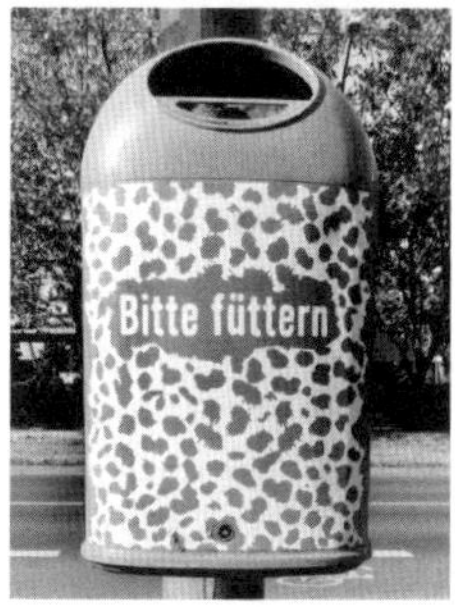

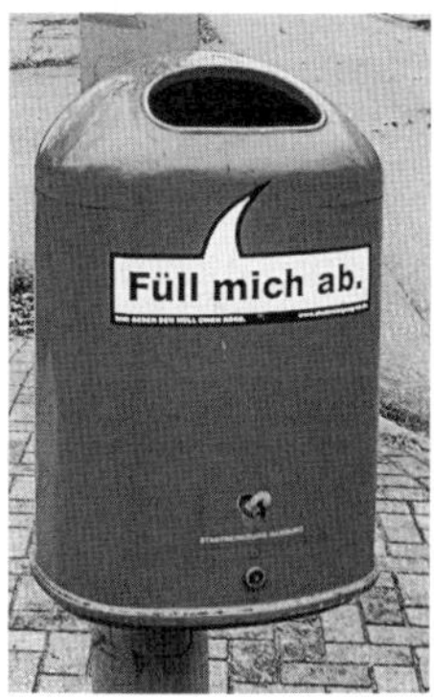

Abfallbehälter, Berlin und Hamburg, um 1970 (Spruch-Aufschriften ab etwa 2000)

als Versteck von Sprengsätzen für terroristische Anschläge dienen können.

Auf die Terrorgefahr reagierte man in manchen Städten, etwa in der Londoner City, mit einer drastischen Reduktion der öffentlichen Abfallbehälter – sehr zum Missfallen der Bürger, aber auch zu Lasten der Sauberhaltung des Straßen- und Platzraums. Mehr und mehr wurden die Behälter mit Plastiksäcken ausgekleidet, einige reduzierten sich auf aufgeständerte Ringe mit Deckel, in die der Sack sichtbar eingeklemmt wurde, wurden also zu Nicht-Objekten. In Paris verwandelten sich die Abfallkörbe in asymmetrisch aus Eisenstäben geflochtene und ansprechend filigrane Gebilde. In Rom wurden die Metallringe mit Plastiksack, die als der Ewigen Stadt unwürdig deklariert wurden, 2020 mit aufwendigen Gebilden aus blaugrau gespritzten Metallriemen auf einem mit Beton gefüllten Metallsockel ersetzt, denen der Architekt Marco Tamino eine pompöse Amphorenform verlieh. Die Römer sahen darin eher die Nachbildung einer Totenurne und protestierten derart heftig, dass die bereits im gesamten historischen Stadtzentrum aufgestellten Objekte nur ein Jahr später wieder entfernt wurden.

Auch in Zürich setzte man nicht auf Transparenz, sondern auf Präsenz. 2002 fand eine öffentliche Ausschreibung statt, an der achtzig Designer und Firmen teilnahmen: Ausgewählt wurde der Entwurf des Produktgestalters Werner Zemp, ein einigermaßen sperriges Objekt aus gebürstetem Chromstahl, das auf Grund der abgeschrägten Zylinderform mit dem beunruhigenden Schlitz *Abfallhai* genannt wurde. Diese durchgestylten Einrichtungsgegenstände sind inzwischen Bestandteil des Stadtbildes von Zürich, vereinzelt auch in Wien und Berlin anzutreffen. Eleganter sind indessen die ebenfalls aus Chromstahl bestehenden kleineren und schlichteren Körbe, die an eigenen oder fremden Pfosten auf Benutzerhöhe befestigt sind.

Um 2016 wurden in verschiedenen Städten, darunter London, Köln und Zürich, Experimente mit solarangetriebenen Hightech-Mülleimern lanciert, deren eingebaute Müllpresse

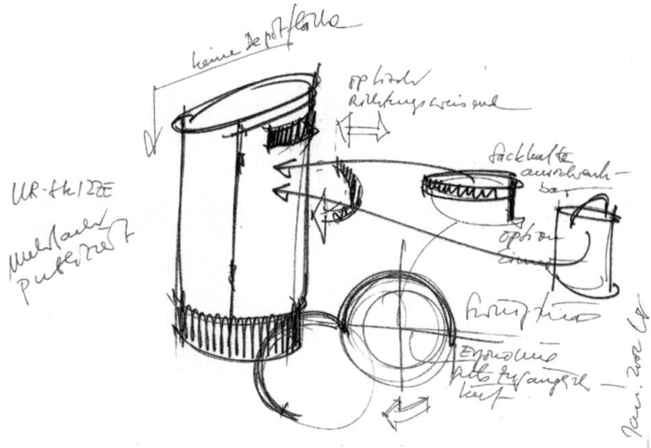

Werner Zemp, Abfallhai, Zürich, 2002, Studienskizze

sie zum sechsfachen Schluckvolumen eines gängigen Behälters befähigt. Technische Probleme und Vandalismus führten zum vorläufigen Abbruch der Versuche. Als praktikabler erwiesen sich hingegen jene Abfallkörbe, wie sie etwa seit 2016 in Mailand aufgestellt werden, die über Sensoren und Funk der Zentrale melden, wenn sie voll sind, und damit stets rechtzeitig geleert werden können. Sie sind ausgesprochen unambitioniert gestaltet, weitaus weniger elegant als ihre korbartigen Vorgänger aus Eisenleisten und wie jene dunkelgrün eingefärbt; allein in Mailand sind es 15 000 von insgesamt 300 000.

Intelligent oder nicht, technisch anspruchsvoll aufgerüstet oder simpel und robust, die Abfallkörbe sollten in keinem modernen Stadtraum fehlen: Sie verbessern dessen Reinlichkeit, weil sie umso mehr benutzt werden, je zahlreicher sie vorhanden sind. Ihre Verbannung ist keine angemessene Antwort auf ihren möglichen Missbrauch. Sie sollten unauffällig auftreten, aber in funktionellem, sorgfältig gestaltetem Kleid: Sie prägen das Bild der Stadt entscheidend mit.

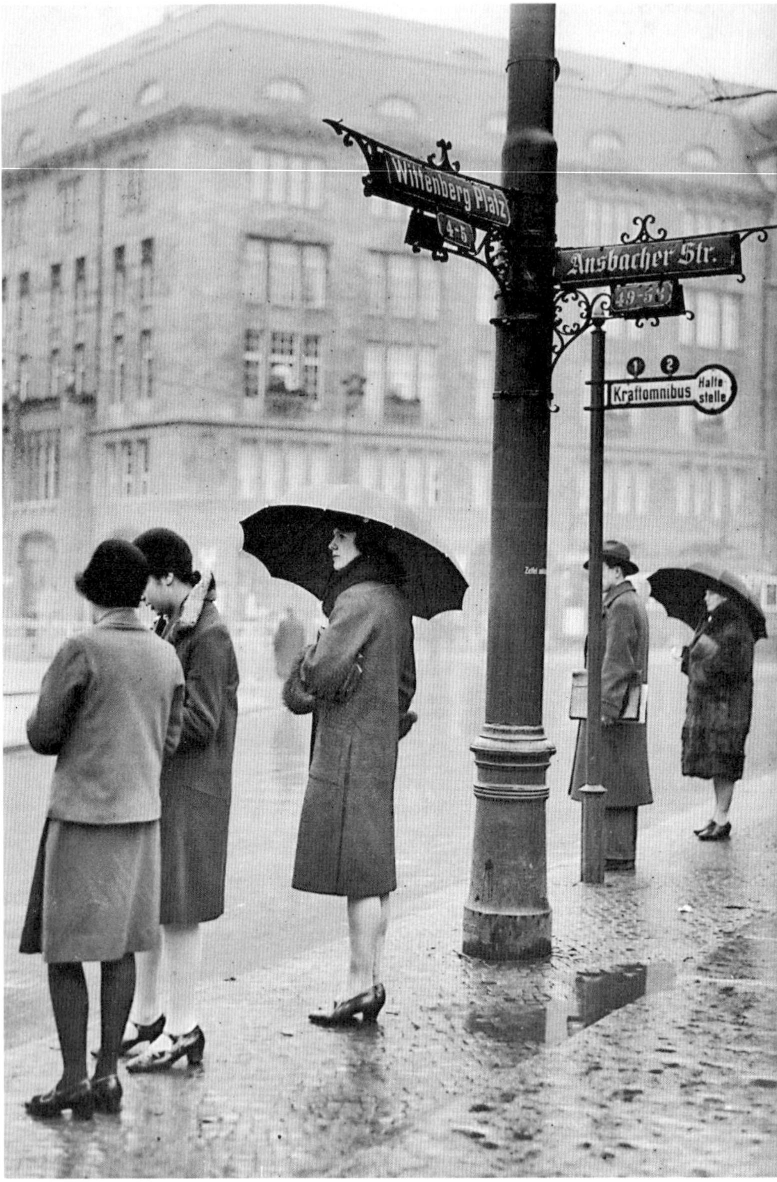

Straßenschilder, um 1890, Berlin, Fotografie um 1930

Das Straßenschild

In der Stadt der Antike hatten die Straßen und Plätze, von vereinzelten Ausnahmen wie in Rom die Via Sacra abgesehen, keine Namen. Auch als diese im Mittelalter aufkamen, wurden sie nur selten als Buchstaben oder in Form von Symbolen auf die Hauswände gemalt. Die Städte waren so übersichtlich, dass die Bewohner die Namen kannten und Fremde sich an den Monumenten, an den herausragenden öffentlichen und privaten Bauten, an den Wirtshäusern zurechtzufinden vermochten oder einfach die Ortsansässigen fragen konnten.

Straßenschilder traten in Europa im 18. Jahrhundert auf. Ihr Anlass war nicht eine bessere Orientierung im Stadtgewirr, sondern eine effizientere Steuerkontrolle. In Paris ordnete 1728 ein Polizeierlass das Anschlagen eines Blechschildes mit dem Namen der Straße an ihrem Anfang und ihrem Ende an, schwarz auf ockergelbem Hintergrund geschrieben. Bei Sackgassen genügte eine einzige *plaque de rue*. Manche Anwohner fanden den ihrer Straße zugedachten Namen nicht nach ihrem Geschmack und zerstörten die Schilder. So wurde ein Jahr darauf verfügt, die Blechschilder durch Kalksteintafeln zu ersetzen, in die der Name der Straße und die Nummer des Bezirks in etwa sechs Zentimeter hohen Buchstaben und Ziffern eingraviert zu werden hatten: Die Kosten mussten die Bürger tragen. In der Rue des Petits Champs oder in jener des Grands Augustins sind diese Schriftzüge noch heute erhalten. Die Straßennamen, die royalistische, feudalistische oder religiöse Bezüge aufwiesen, wurden während der Revolutionszeit geändert, die Art der Beschriftung nicht. Erst unter Napoleon sollten neue Metalltafeln mit weißer Schrift auf

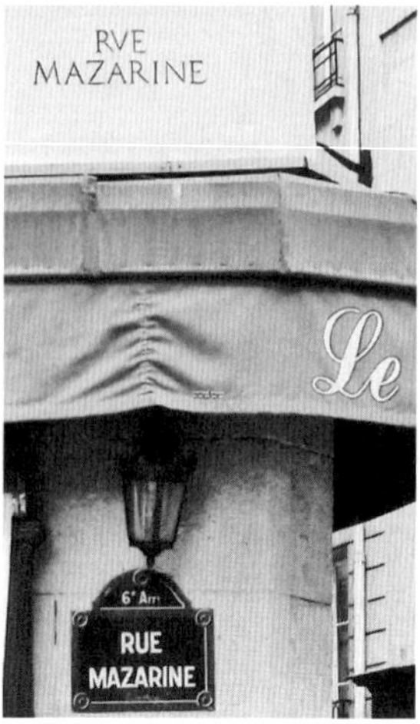

Doppelte Straßenschilder, Paris, um 1900 und 1950

schwarzem Hintergrund verbindlich werden, die nun die Kommune lieferte und finanzierte. Doch die verwendete Ölfarbe verblasste bald, und so wurden 1844 grün eingerahmte emaillierte Lava-Platten mit weißer Schrift auf dunkelblauem Grund eingeführt. Sie bestimmen bis heute das Pariser Straßenbild, allerdings in der Imitation aus emailliertem Blech, die 1938 festgeschrieben wurde. Daneben gab und gibt es Ausnahmen: Einige Bezeichnungen von besonders noblen Straßen wie der Boulevard du Montparnasse oder der Boulevard de Beauséjour sind aus Glasmosaik mit goldenem Hintergrund gefertigt, und für die Rue Agar, in der er elf Wohnbauten plante, von welchen nur zwei errichtet wurden, schuf Hector Guimard ein auffälliges Straßenschild im Art-Nouveau-Stil.

Der Wert der älteren Tafeln und ihres Nebeneinanders als stadthistorische Spuren wurde früh erkannt. Bereits vor den weiträumigen Abbrucharbeiten, die der städtebaulichen Neuordnung von Paris unter Napoleon III. und seinem Präfekten Georges-Eugène Haussmann vorausgingen, wurden die alten Schilder in die Bauaufnahme der dem Untergang geweihten Stadtbereiche einbezogen, die unter der Leitung von Gabriel Davioud durchgeführt wurde. Heute ist die Koexistenz von alten und neuen Straßenschildern nicht nur in Paris gang und gäbe.

Das älteste bis heute erhaltene Straßenschild Londons trägt das Datum 1636 und bezeichnet Yorke Street, die heutige Tavistock Street WC2. Kaum viel jünger, von 1678, ist die Bezeichnung von Chigwell Streat in eine Steintafel eingeritzt. Crowley Street von 1722, Smith's Square von 1726 und Meards Street von 1732 sind ebenfalls in Steinplatten eingemeißelt und eingemauert. Später kamen Schilder aus Keramik und emailliertem Blech hinzu; die Letzteren etablierten sich im Viktorianischen Zeitalter. Der Name der Straße wurde in robuster Reliefschrift groß und schwarz auf weißem Hintergrund geschrieben, die Bezeichnung und die Kennzahl des Bezirks klein und rot. Auch hier finden sich Ausnahmen, in anderen Materialien und Farben sowie mit anderen Schrifttypen. 1967, zwei Jahre nach der Einrichtung von Greater London, entwarf der Architekt und Grafiker Misha Black die ebenso schlichten wie effektiven Straßenschilder für Westminster, die sich unmittelbar von jenen aus dem 19. Jahrhundert ableiten und bis heute das Bild der Londoner Straßen und Plätze mitbestimmen.

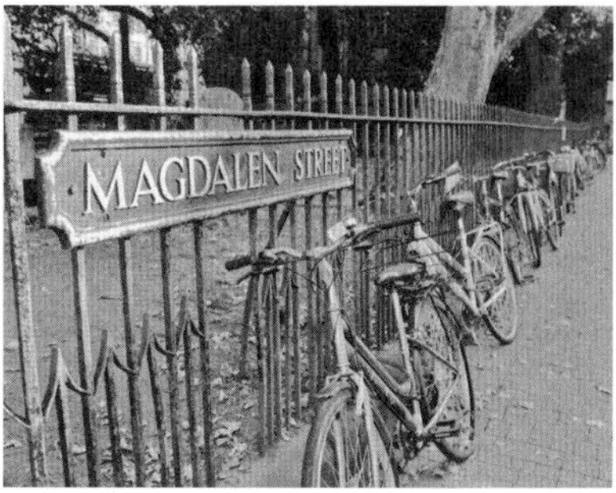

Straßenschild, Oxford

In Berlin wurden Straßenschilder 1771 eingeführt: hellblau emaillierte Blechtafeln mit weißer deutscher Schrift, die an allen Eckhäusern auf vier Metern Höhe angebracht wurden. Da aber Ausländer die Frakturschrift nicht lesen konnten, wurde sie 1865 durch eine Antiqua in Großbuchstaben auf dunkelblauem Hintergrund ersetzt. Nur zwanzig Jahre später kam ein neuer Schildertyp mit Klein- und Großbuchstaben auf. Von 1891 an wurden nach dem Vorbild Charlottenburgs, damals noch eine eigenständige Gemeinde, die Tafeln nicht an den Häusern, sondern mit aufwendig gearbeiteten Halterungen an bestehenden Lampenmasten oder an eigens entwickelten Pfosten befestigt, die an den Straßenkreuzungen aufgestellt wurden. In der Regel wurden darunter oder, seltener, darüber auf einem kleineren Schild die im Straßenabschnitt vorkommenden Hausnummern angegeben, ein Zugeständnis an die teilweise riesigen Berliner Hausblöcke und ein Akt der Fürsorge für den Ortsunkundigen.

Im Zusammenhang mit der Eingemeindung von 1920, aus der Groß-Berlin hervorging, führte der Magistrat ein einheitliches Straßenschild mit schwarzer Antiquaschrift auf weißem Hintergrund ein; daneben bestanden noch lange Zeit die älteren und heterogenen Tafeln. Die Schilder mit Groteskschrift an vereinfachten Haltern, die 1925 der Ingenieur und Kunstgewerbler Rudolf Wille entwarf, blieben eine Episode.

Nach dem Machtantritt der Nationalsozialisten wurden nicht nur etliche politisch nicht mehr genehme Straßennamen, sondern in der Innenstadt auch die »undeutschen« Antiqua-Schilder gegen Fraktur-Schilder ausgetauscht. Nach 1945 verschwanden diese Schilder wieder, um erneut den Antiqua-Schriftzügen Platz zu machen. Allerdings ging mit der Teilung der Stadt auch jene ihrer Straßenschilder einher. Im Westen wurden die Schilder aus den zwanziger Jahren mit ihren eleganten Ligaturen des ß und des tz wiederaufgelegt, teilweise in Emaille, teilweise als Siebdruck, der allerdings der Witterung schlecht standhielt. Im Osten verwendete man aus Kostengründen einen dreifach geschichteten Kunststoff, dessen äußere weiße Schichten gefräst wurden, um die mittlere schwarze Schicht freizulegen. Dem Verfahren wurde die Schrift angepasst, eine einfache, schmal laufende serifenlose – Letzteres vor allem, um lange Straßennamen wie Allee der Kosmonauten aufnehmen zu können. Ebenfalls aus Sparsamkeit gab es im Osten an den Straßenkreuzungen zwei und nicht vier Schilder wie im Westen.

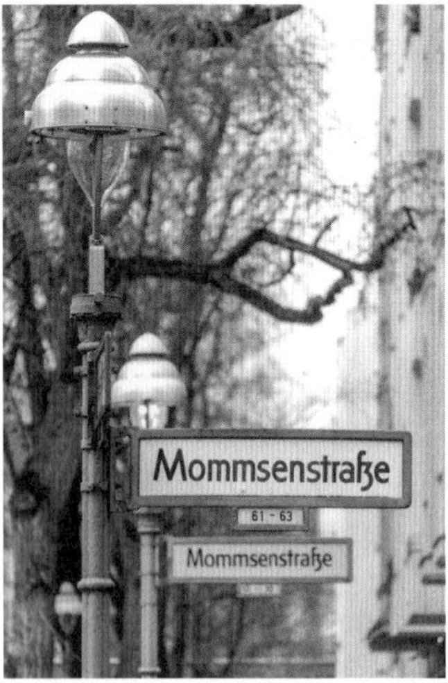

Straßenschilder, Berlin, um 1920

Kaiserslautern wurde zu Beginn des 19. Jahrhunderts von der französischen Besatzungsverwaltung in Fünftel aufgeteilt, die jeweils mit einer anderen Farbe gekennzeichnet waren:

Blau, Weiß, Gelb, Rot und Grün. Entsprechend wurden die Straßenschilder und sogar die Hausnummernschilder farbig ausgeführt. Ähnlich wurde in Bern verfahren, nachdem 1798 die napoleonischen Truppen einmarschiert waren; nur wählte man anstelle von Blau die Farbe Schwarz.

Eigentümlich charakteristisch sind die Münchner Straßenschilder mit ihren emaillierten Blechtafeln und ihrer weißen Schrift auf blauem Grund. Sie hielten um die Wende vom 19. zum 20. Jahrhundert Einzug in die Stadt und zeichnen sich durch subtile Vielfalt aus: die ältesten sind in Versalien, Antiqua und Grotesk, dann in einer Vielzahl von Varianten mit Groß- und Kleinbuchstaben, Antiqua mit ausgeprägten oder punktbetonten Serifen, oft eng gesetzt, später Grotesk, zwischendrin Fraktur, dann wieder Grotesk, die im Zusammenhang mit den Olympischen Spielen von 1972 vom Designer Otl Aicher umgezeichnet und kurzzeitig auch als blaue Schrift auf weißem Grund verwendet wurde, schließlich wieder Antiqua, alles in leicht unterschiedlichen Blaus, mit oder ohne umlaufende weiße Zierleiste, einmal flach und einmal leicht bombiert.

Die Benennung der Straßen ist in Wien seit dem 13. Jahrhundert urkundlich und seit dem 16. Jahrhundert auch auf Plänen nachweisbar. In den Vorstädten gab man den Straßen ebenfalls Namen, allerdings ohne sich mit der Kernstadt abzusprechen. 1782 ordnete Kaiser Joseph II. die Beschriftung sämtlicher Straßen, Gassen und Plätze an, und zwar am Anfang und am Ende der jeweiligen Verkehrsfläche mit schwarzer Farbe an der Hauswand. Fünf Jahre später musste der Name der Vorstadt hinzugefügt werden, weil es Doppel- und sogar Mehrfachbenennungen gab. Sie wurden im Zusammenhang mit der Eingemeindung der Vorstädte im Jahr 1850 eliminiert. 1860 beschloss der Wiener Magistrat, neben dem Straßennamen auch den Bezirk anzugeben; zwei Jahre darauf wurden die Tafeln selbst normiert. Sie hatten aus weiß lackiertem Zinkguss zu bestehen und mussten für die Längsstraßen rechteckig, für die Querstraßen oval geformt sein. Die Beschriftung erfolgte in steiler Fraktur, für die Straßen schwarz, für die Plätze rot; die Wörter Gasse, Straße oder Platz wurden getrennt, aber ohne Bindestrich angefügt. Die Umrandung war bei den Plätzen rot, bei den Straßen je nach Bezirk rot, violett, grün, rosa, schwarz, gelb, blau, grau oder braun. Eine neue Regelung von 1907 weichte die Materialmaßgabe leicht auf und tolerierte in »mehr oder weniger entrückten Bezirkteilen« Zinkblech. 1923 wurden die Straßentafeln erneuert und vereinheitlicht: alle länglich viereckig, blau emailliert mit weißer Schrift in lateinischen Schriftzeichen und ebenfalls weißem Rand. Schon drei Jahre darauf kam es zu einer Rückbesinnung auf das ursprüngliche Prinzip, allerdings nahezu unmerklich differenziert: Die Tafeln der Querstraßen wurden an den Ecken abgerundet. Die Frakturschrift, die nach der Eingliederung Österreichs in das nationalsozialistische Deutschland erneut im Raum stand, wurde nicht wieder eingeführt. Seit den achtziger Jahren werden nach dem Muster der Tafeln von 1862 Kunststofftafeln hergestellt und eingesetzt. Seit den Neunzigern werden zusätzlich Erläuterungstafeln angebracht, welche die Hintergründe der Namensgebung der Straße erklären.

Im übrigen Österreich entwickelten sich die Straßenschilder unterschiedlich. In Graz waren es emaillierte Blechtafeln, dunkelgrün mit weißer Schrift, mit dem Bezirksnamen und der Bezirksnummer klein über dem Straßennamen und einem feinen, an den Ecken abgerundeten Rand. In Innsbruck waren die Schilder hellgelb mit schwarzer Frakturschrift und roter Umrandung, in Linz auf Holz montierte emaillierte Blechtafeln mit schwarzer Schrift auf weißem Grund.

In Mailand ordnete die österreichische Besatzung 1786 an, die Straßen auszuschildern: mit großformatigen Versalien auf weißen Holztafeln an jeder Straßenecke. 1865, vier Jahre nach der Bildung des Nationalstaates, wurde die Straßenbenennung und -beschilderung in ganz Italien vereinheitlicht. An den Hauswänden wurden jene weißen Marmortafeln mit eingravierter und schwarz eingefärbter römischer Majuskelschrift

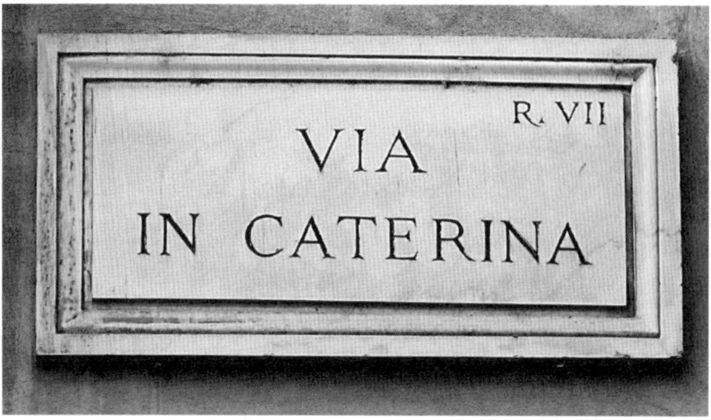

Straßenschild, Rom, um 1870

angebracht, die bis heute die Straßen der italienischen Innenstädte bezeichnen. Oft geben sie auch knappe Hinweise auf den Namensgeber der Straße, Beruf und Lebensdaten, in Rom nennen sie meistens noch den Bezirk, den *rione*. In den sechziger Jahren kamen dazu einfallslose weiße Blechschilder mit schwarzer serifenloser Schrift und schmalem blauem Rand auf.

In Theodor Fontanes letztem Roman, *Der Stechlin* von 1898, erklärt der Parvenu und Hausbesitzer Schickedanz seiner Frau auf dem Totenbett: »Hausname, Straßenname, das ist überhaupt das Beste. Straßenname dauert noch länger als Denkmal.«[1] Was so viel Bedeutung hat, verdient es, angemessen angezeigt zu werden. Welche sind nun die schönsten Straßenschilder? Das ist weitgehend eine Frage des Geschmacks und einigermaßen belanglos. Welche sind die besseren Schilder? Wohl jene, die gut lesbar sind, mit Diskretion die allernötigste Information liefern und dazu ein ganz klein wenig mehr, vor allem aber jene, die nicht immer wieder modisch aufpoliert oder gar neu erfunden werden, sondern mit ihrer soliden, unaufgeregten, langlebigen Gestaltung zur Identität der Stadt in der Zeit beitragen.

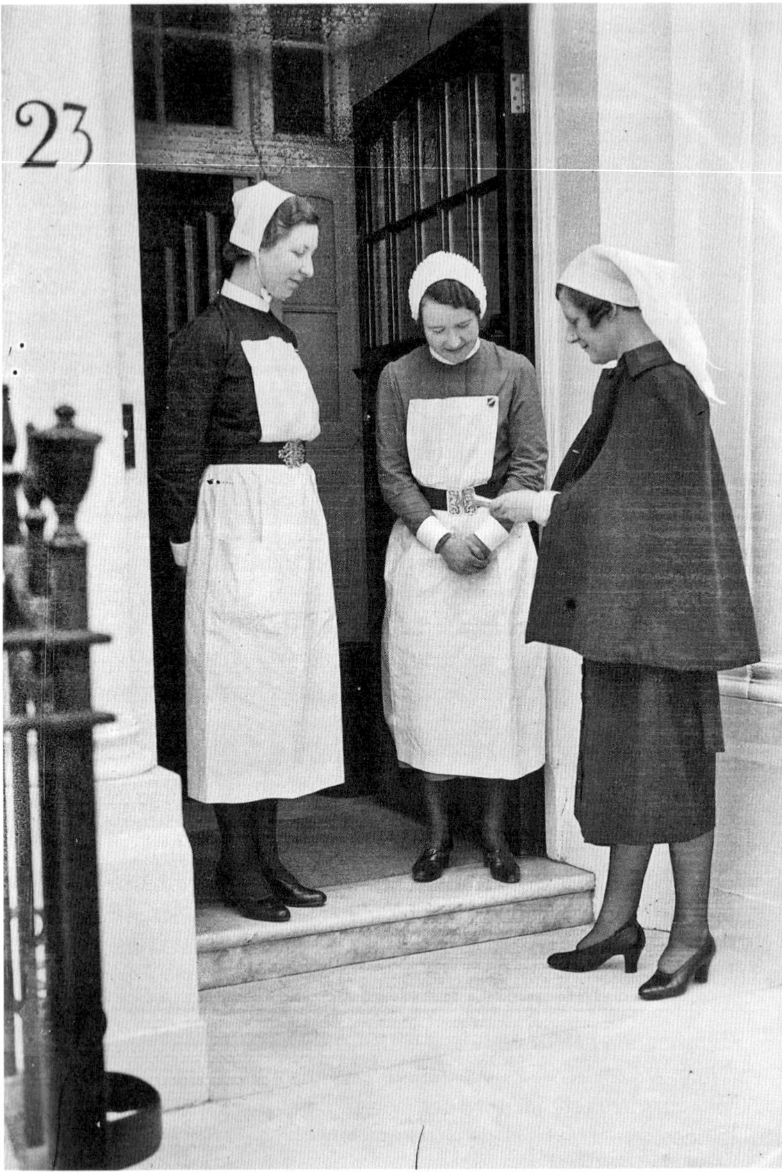

Hausnummer, London

Das Hausnummernschild

In der Antike und im Mittelalter waren die Häuser der Stadt nicht mit Nummern versehen, dafür größtenteils mit Namen: Die Eigentümer gaben ihnen einen, oder aber die zuweilen boshaften Nachbarn. Bezeichnet wurden sie mit bemalten Schildern, die auch Zunftsymbole oder Familienwappen zeigten. Zu den seltenen Ausnahmen gehören die im 15. Jahrhundert nummerierten Häuser auf dem Pariser Pont Notre-Dame, ebenso jene der Fuggerei in Augsburg, der musterhaften Wohnanlage, die der Bankier Jakob Fugger 1516–1523 für bedürftige Bürger seiner Stadt baute. 1708 wurden die Häuser in der Londoner Prescot Street mit Nummern versehen.

Hausnummern traten, wie auch Straßenschilder, erst im 18. Jahrhundert systematisch in Europa auf, zunächst zur effizienteren Kontrolle der Bürger durch die Obrigkeit. Eine Ausnahme und zugleich einen Einzelfall stellten die 61 sechsgeschossigen Häuser dar, die auf dem 1512 wiederaufgebauten Pont Notre-Dame (die alte Brücke war 1499 zusammengestürzt) errichtet und vermietet wurden; sie waren mit Ziffern versehen, um die Einnahmen besser kontrollieren zu können. Eine erste systematische Bezeichnung der Hauseingänge mit Nummern wurde von 1724 an in den Pariser Vororten durchgeführt. 1728 wurde die Nummerierung der Häuser veranlasst, welche die Pariser Gerber am Fluss Bièvre bauen durften, 1768 jener aller Provinzstädte: Die Maßnahme diente der rationellen Einquartierung der königlichen Truppen, in Paris gab es dafür Kasernen. Zwar waren an einigen Häusern der Innenstadt bereits 1726 Ziffern in die Steinmauern eingeritzt worden, so in der Rue de Charonne und in der Rue de Picpus, doch sie blieben Episoden. 1779 schlug Marin Kreenfelt de Storcks, Redakteur des Pariser Almanach, das Anbringen von Nummern an den Lampenpfosten und über den Türen der Häuser vor und nahm die Sache selber in die Hand, indem er vorzugsweise nachts unter dem misstrauischen Blick der noch wachen Eigentümer Tafeln an ihren Häusern befestigte; die Bewohner kratzten die Nummer ab oder bewarfen sie mit Schmutz. Die Stadtregierung griff die Anregung auf, weil die Nummerierung eine zusätzliche Hilfe bei der Steuerveranlagung bot. Das Ordnungsprinzip, das Pierre-Ambroise-François Choderlos de Laclos, Autor des Romans *Gefährliche Liebschaften*, 1787 empfahl, wurde nicht weiterverfolgt, aber 1790 ratifizierte die Assemblée Constituante der Revolutionsregierung die Hausnummerierung in ganz Paris, die allerdings nicht dem Straßensystem folgte und mithin verwirrend ausfiel. Die Ziffern wurden direkt auf die Hauswände gemalt.

1805 wurde unter Napoleon die Nummerierung der Häuser an den Pariser Straßen mit der Einführung des sogenannten Französischen Systems neu geregelt: gerade und ungerade Zahlen an den beiden Straßenseiten, gezählt von der Seine aus, wenn die Straßen rechtwinklig zu ihr verlaufen, oder bei parallelen Straßen der Flussströmung folgend. Die Ersteren erhielten schwarze Ziffern auf ockerfarbenem Grund, die Zweiten rote; sie waren mit Ölfarbe auf Steintafeln gemalt, die mit Eisenkrampen an den Wänden befestigt und von der Stadtverwaltung bezahlt wurden. 1847 lösten sie emaillierte Porzellanschilder mit weißen Ziffern auf blauem Grund ab. Kurz danach kamen erste beleuchtete Hausnummernschilder auf. Das Französische System sollte bald in nahezu allen europäischen Städten übernommen werden; die Differenzierung der Straßen nach ihrer Position zum Fluss nur vereinzelt. So waren in Mainz parallel zum Rhein verlaufende Straßen blau, quer zum

Rhein verlaufende rot bezeichnet; die Hausnummerierung beginnt am Wasser respektive im Süden.

In Madrid war die Hausnummerierung 1750 eingeführt worden, in Triest 1754, in London 1765. Dort schritt sie so rasch und unkoordiniert voran, dass zwar schon drei Jahre später drei Viertel der Häuser über Nummern verfügten, aber zum Beispiel in Craven Street drei unterschiedliche Systeme nebeneinander bestanden. Erst der Metropolitan Management Act von 1855 brachte Ordnung. Die Ziffern wurden teilweise direkt auf die Hauseingangstüren gemalt, so auch bei 10 Downing Street, der Residenz des Premierministers, manche waren aus Bronze gefertigt und an der Fassade befestigt.

In Wien wurden die Häuser 1770 nummeriert, um die Konskription zum Kriegsdienst zu rationalisieren. Die Häuser wurden, nach Innenstadt und Vorstädten getrennt, einfach nacheinander durchgezählt, unbebaute Parzellen wurden ausgelassen. Wolfgang Amadeus Mozart, der zehn Jahre in Wien in zwölf unterschiedlichen Wohnungen lebte, gab in seinen Briefen stets die Nummer des Hauses an, in dem er gerade residierte, damit man ihm zurückschreiben konnte. Eine weitere Nummerierung folgte 1795, diesmal im Einvernehmen mit dem Steueramt. Die Hausnummern in der Stadt wurden rot, jene in den Vorstädten schwarz angeschrieben. Nach einigen weiteren unstrukturierten Nummerierungen entschied man sich 1862 für eine Hausnummerierung nach Straßen, Gassen und Plätzen. Sie fing nun in jeder Straße bei 1 an, bei den Radialstraßen vom Zentrum nach außen, bei den übrigen Straßen vom niedrigeren zum höheren Bezirk, immer rechts die geraden und links die ungeraden Nummern, bei den Plätzen im Uhrzeigersinn, wobei der Stephansplatz die einzige bewusste Ausnahme bildete. Eine zweite Ausnahme war die Fred-Liewehr-Gasse, bei der versehentlich die geraden Nummern an der linken und die ungeraden an der rechten Seite festgelegt wurden. Die Schilder waren aus Gusszink, einheitlich rechteckig mit weißer Grundfläche und roten oder

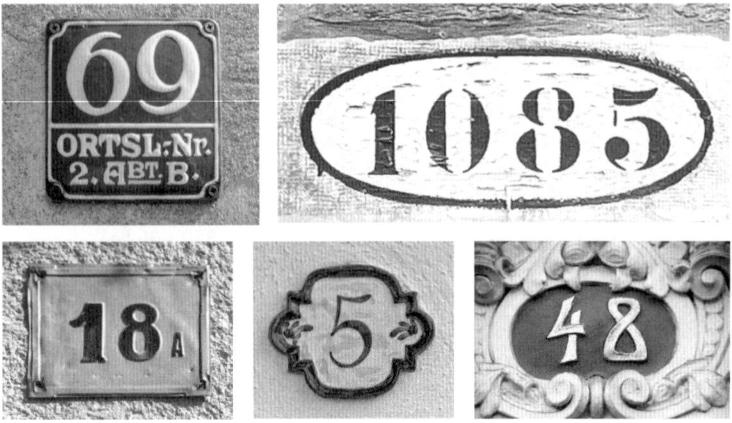

Hausnummern: aus Emaille, direkt aufgemalt, aus Blech, aus Keramik und aus Stuck

schwarzen Ziffern, die Einfassungsränder genauso vielfarbig wie die damaligen Straßenschilder; vereinzelt trugen sie neben den neuen noch die alten Konskriptionsnummern. Sie wurden später zu ovalen und achteckigen Emailleschildern abgewandelt. 1923 wurden stahlblau emaillierte Stahlblechplatten mit weißen lateinischen Ziffern und einem ebenso weißen feinen Rahmen eingeführt, in der Regel mit kleingedruckt daruntergesetzten Straßennamen zur besseren Orientierung. 1958 wurde ihre Form präzisiert, 2004 überarbeitete der Grafiker Rudolf Horaczek ihre Type zur Sonderschrift Wiener Norm.

Obwohl in den Städten Preußens die Hausnummerierung 1752 mit kleinen Blechtafeln begonnen hatte, wurde sie in Berlin erst 1799 eingeführt, und zwar in Anlehnung an das damalige Pariser Verfahren. Man fing am innerstädtischen Ende einer Straße an, nummerierte die Häuser auf der einen Seite fortlaufend, kehrte am Ende der Straße um und arbeitete sich an der anderen Straßenseite wieder zurück, bis am Straßenanfang die höchste Hausnummer der niedrigsten gegenüberstand. 1805 waren endlich alle Berliner Straßen auf diese Weise durchnummeriert: genau in dem Jahr, als das Vorbild Paris auf das Französische System umstellte. Berlin ließ sich nicht beirren und machte mit dem Hufeisenverfahren weiter, aber etliche Vororte entschieden sich für das neue, weit übersichtlichere Zickzack-System. Beide Systeme bestanden nun nebeneinander; das Ergebnis veranlasste Mark Twain, der 1892 die preußische Hauptstadt besuchte und ihr attestierte, sie sei die bestregierte Stadt der Welt, zu einem bissig-verzweifelten Ausruf: »Zunächst denkt man, dies sei das Werk eines Idioten, aber dafür ist die Sache zu abwechslungsreich. Ein Idiot könnte sich nicht so viele Methoden ausdenken, Konfusion zu schaffen …«.[1] 1927, immerhin sieben Jahre nach der Bildung Groß-Berlins mit seinen knapp vier Millionen Einwohnern, wurde das Zickzack-System für die ganze Stadt verbindlich, aber die meisten bereits existierenden Hufeisennummern beließ man. Auch die Bemühungen der Nationalsozialisten um eine übersichtliche Nummerierung der Straßen der zukünftigen Welthauptstadt Germania gingen kaum über Unter den Linden hinaus: Die unmittelbar anschließende Friedrichstraße blieb fortlaufend nummeriert. Selbst der Kurfürstendamm ist noch heute als Hufeisen organisiert – über drei Kilometer lang.

Gegen diese strukturelle Verwirrung kamen selbst die zunächst einheitlichen und klar lesbaren Emailleschilder mit den schwarzen Ziffern auf weißem Grund und mit feinem Strichrahmen nicht an. Die daruntergesetzten Pfeile, die in Richtung der nächsthöheren Zahl zeigten, halfen ebenfalls nur bedingt. Hilfreicher waren die Ziffern, die in kleiner Schrift unter den Straßenschildern befestigt wurden und die Hausnummern des jeweiligen Straßenabschnitts von Kreuzung zu Kreuzung angaben. Bald wurde es den privaten Hauseigentümern überlassen, die Schilder zu beschaffen und anzubringen, was zusätzliche Unordnung verursachte.

Andere Städte standen indessen Berlin mit verwirrenden Hausnummerierungssystemen nicht nach. In Florenz und Genua koexistieren zwei Nummerierungen, eine mit schwarzen

Ziffern für die Wohnhäuser, eine mit roten für die Geschäftshäuser. In Venedig wurden 1841 die Häuser innerhalb der sechs Stadtviertel durchgezählt. Doch selbst das bleibt übersichtlich im Vergleich zu Tokio, wo die Häuser in der Reihenfolge ihrer Entstehung mit Nummern versehen werden.

In der Regel beschränken sich die Hausnummernschilder auf die entsprechenden Ziffern; manchmal geben sie auch den Straßennamen an, die Richtung der ansteigenden Zahlen mit einem Pfeil, in Paris die Verfügbarkeit von Wasser und Gas im Haus: *eau et gaz à tous les étages*, im späten 19. Jahrhundert Prädikat einer modernen Wohnungsausstattung. In einigen Städten, etwa in Bozen, tragen die Nummernschilder auch das Stadtwappen.

Im Gegensatz zu der Beschilderung der Straßen, die Sache der Stadtgemeinden blieb, wurde jene der Eingänge bald den Hauseigentümern übertragen. Die Architekten begannen, die Hausnummern in die Fassaden zu integrieren, etwa an der Pariser Rue de Rivoli, und bereits in der zweiten Hälfte des 19. Jahrhunderts entstanden individuelle Nummernschilder. Um die Jahrhundertwende gerieten die Ziffern zu organischen Bestandteilen der Architektur, die spätestens im Jugendstil das Haus als Gesamtkunstwerk begriff. Victor Horta und Henry van de Velde entwarfen ihre Hausnummern noch recht zurückhaltend, Charles Rennie Mackintosh fügte sie elegant in die einheitliche Gestaltung des Schildes der Glasgow School of Art 1897–1909 ein, das er an den Türrahmen applizierte. Hector Guimard schuf für sein Mehrfamilienhaus Castel Béranger in Paris 1895–1898 eine eigene, in fließenden Pflanzenformen gehaltene Schrift samt Ziffern. Otto Wagner deutete 1898 im Mietshaus an der Linken Wienzeile die Hausnummer als Teil der Adresse: Über der fein gearbeiteten Eingangstür ließ er die Inschrift Köstlergasse 1 Linke Wienzeile No 38 als Relief in Jugendstilschrift anbringen, wobei dann kurioserweise die Gemeinde Wien darunter eines ihrer ovalen Schilder mit der Eins der Köstlergasse hinzufügte. Josef

Hoffmann komponierte 1906 die 40 des Geschäftshauses Kohn in der Berliner Leipziger Straße als Dekoration des ebenfalls dekorativen metallenen Schlusssteins des mittleren Fassadenbogens, der das größte Schaufenster des Möbelhauses seitlich des eigentlichen Eingangs überspannt. Auguste Perret machte bei der Garage in der Rue de Ponthieu in Paris die 51 zum Bestandteil des Schriftzugs Ponthieu Automobiles, indem er sie verdoppelte und vor und nach dem Schriftzug setzte. In der Nachkriegszeit nahm die Individualisierung zu und trieb eigentümliche Blüten, mit überdimensional bunten und sogar skulptural ausgebildeten Ziffern.

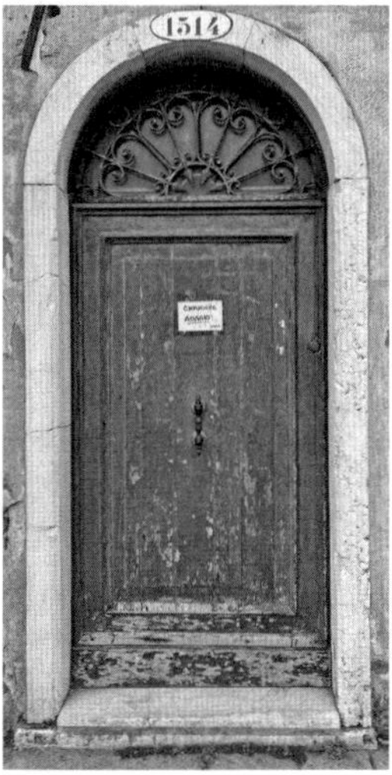

Hausnummer, Venedig

Seitdem scheinen dem Eigenwillen, der Selbstverliebtheit, der Eitelkeit und dem schlechten Geschmack von Hausbesitzern und Architekten auch bei der Gestaltung der Hausnummern keine Grenzen gesetzt zu sein. Sie werden entweder bei einschlägigen Herstellern gekauft, die vom nostalgisch historisierenden bis zum futuristischen Schild alles anbieten, was die schlimmsten Albträume jedes Stadtliebhabers übertrifft. Oder aber der jeweilige Architekt entwirft sie, wie Horta oder Hoffmann es taten, aber meist ohne ihr Können und ihr Gefühl für das Angemessene, zusammen mit dem Haus. Zum Wohl des Straßen- und Platzbildes wünscht man sich zuweilen, die Gemeinden würden nicht nur die Hausnummerierung, sondern auch die Gestaltung der entsprechenden Schilder wieder für sich beanspruchen und mit sorgfältig entworfenen Ziffernschildern erneut jene souveräne Ruhe in den öffentlichen Raum einziehen lassen, die seit jeher eine seiner eminenten Qualitäten war.

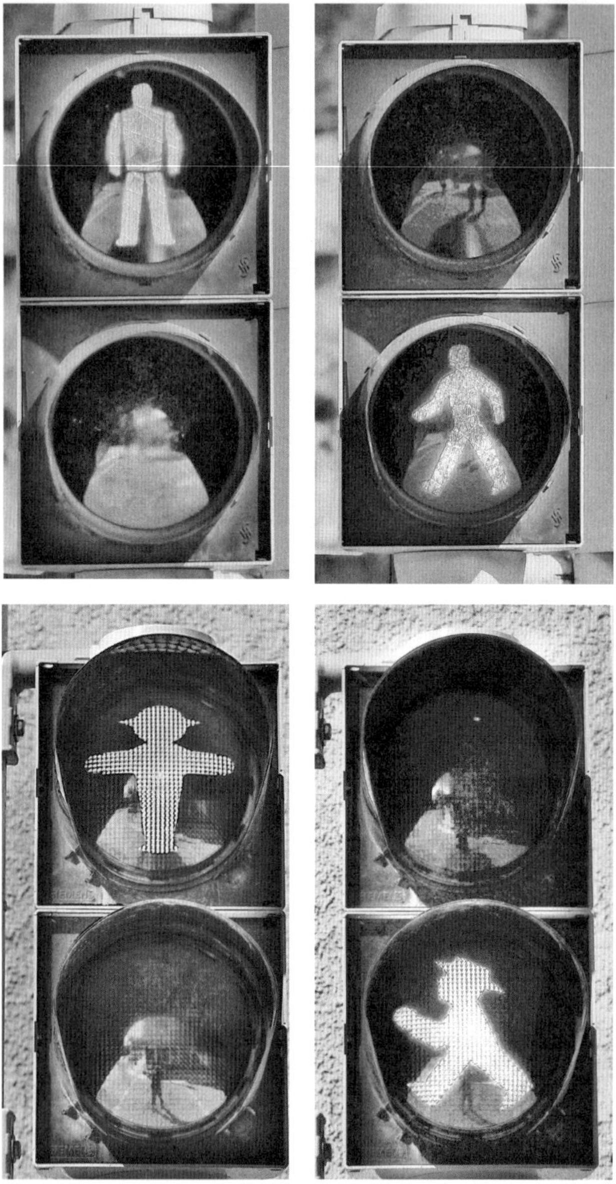

Ampelmännchen im (ehemaligen) West- und Ost-Berlin

Die Ampel

Das Wort Ampel leitet sich aus dem lateinischen *ampulla* ab, ein kleines Gefäß, und bezeichnet vom 14. Jahrhundert an das Licht im Haus, seit dem 16. Jahrhundert allgemein eine Lampe. Heute ist es die umgangssprachliche Bezeichnung des Signalgebers einer Lichtsignalanlage oder der Anlage selbst. Englisch heißt sie *traffic light*, *traffic signal* oder *traffic lamp* sowie *semaphore*; französisch *feu tricolore*, italienisch *semaforo*. Letzteres stammt aus dem Griechischen und bedeutet Signalträger.

Systematische manuelle Verkehrsregulierungen gab es bereits zu Beginn des 18. Jahrhunderts. Ein Vorläufer der Ampel wurde 1868 in London, damals bereits eine Stadt mit dreieinhalb Millionen Einwohnern und entsprechend von Verkehrschaos geplagt, an der Kreuzung von Bridge Street mit Great George Street unmittelbar an den Houses of Parliament installiert. Die kuriose dreiarmige Gaslaterne auf einem knapp sieben Meter hohen Mast wurde von einem Polizisten bedient. Tagsüber standen ihre Arme waagerecht aus, um Fußgänger und Fuhrwerke zum Halten zu bewegen, und senkten sich um 45 Grad, um den Weg wieder freizugeben; nachts brannte ein rotes Licht, das Halt gebot, und ein grünes, das dieses Verbot aufhob. Die Vorrichtung, die aus dem Eisenbahnwesen adaptiert worden war, geriet zu einer solchen Attraktion, dass Menschenmengen herbeiströmten, um sie zu bewundern, und damit das Gedränge noch vergrößerten. Um vom Trubel zu profitieren, ließen sich sogar Straßenverkäufer beim *semaphore* nieder. Er währte nicht lange: Nach weniger als einem

Monat wurden zwei Polizisten verletzt, dann verunglückte ein dritter Beamter bei einer Gasexplosion. 1872 wurde das Gerät, dessen Unterhalt zur Hälfte von seinen Erfindern bezahlt wurde, endgültig ausgemustert.

In Paris wurde 1912 an der Kreuzung zwischen dem Boulevard Montmartre und der Rue du Faubourg Montmartre ein kleiner, reich verzierter Unterstand aus Bronze und Glas aufgestellt, in dem eine Polizistin einen aus dem Dach herausragenden Blechquader drehte, dessen rot gestrichene Seiten Halt bedeuteten und die weißen freie Fahrt. Die Taxifahrer waren ebenso amüsiert wie die Passanten, alles starrte und niemand hielt sich an die Weisungen; es war kein Wunder, dass die Installation nach weniger als einem Monat wieder abmontiert wurde. Erst zehn Jahre später sollte eine rudimentäre Ampel mit Rotlicht an der Kreuzung zwischen der Rue de Rivoli und dem Boulevard de Sébastopol den Pariser Verkehr regeln.

Inzwischen war 1914 die erste elektrische, noch zweifarbige Verkehrsampel in Cleveland in Betrieb genommen worden; wenige Jahre später stellte man in Detroit und in New York Verkehrstürme mit dreifarbigen Lichtsignalen auf. In deren Fahrwasser debütierte 1924 die Ampel auf dem Berliner Potsdamer Platz, die auf Kosten der Straßenbahn-Betriebs-Gesellschaft installiert wurde. An jeder der fünf Seiten des über acht Meter hohen Turms, der nach einem Entwurf des Architekten Jean Krämer auf die fünf in den Platz einmündenden Straßen Bezug nahm, waren drei verschiedenfarbige, horizontal angeordnete Leuchten und eine Uhr angebracht; außerdem gab es je eine Glasscheibe. Der aufsehenerregende

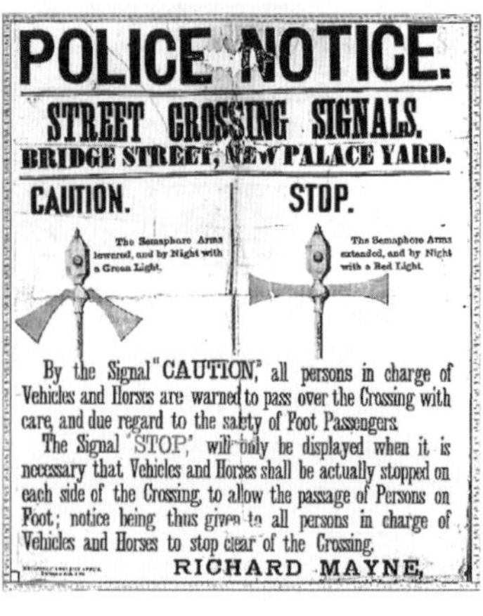

Warnschild des Semaphore an der Bridge Street, London, 1868

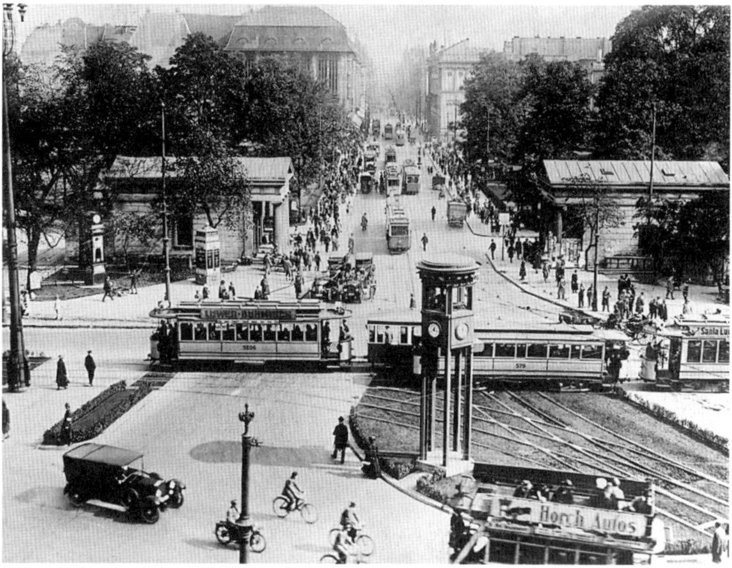

Jean Krämer, Verkehrsturm am Potsdamer Platz, Berlin, 1925

Mechanismus löste den »Posaunenengel« ab, den Schutzmann, der bis dahin mit wechselndem Erfolg versucht hatte, sich mit einer Trompete Gehör im Getümmel des verkehrsreichsten Platzes Europas zu verschaffen. Die Lampen wurden allerdings immer noch von einem Polizisten geschaltet. Der Verkehrsturm war bis 1936 in Betrieb. 1925 wurde in Mailand eine Ampel aufgestellt, zwischen Piazza del Duomo, Via Orefici und Via Torino, deren fünfeckiger Kopf rot (Halt für die Automobile), weiß und rot (frei nur für Fußgänger), gelb (frei für die Straßenbahn), grün (frei für Automobile und Motorräder) und gelb und grün (frei für alle Fahrzeuge) leuchtete und damit hauptsächlich Verwirrung stiftete: Gleich am ersten Tag bildete sich ein riesiger Verkehrsstau. Nicht viel anders war es zunächst bei der kurz darauf in Hamburg aufgestellten Ampel,

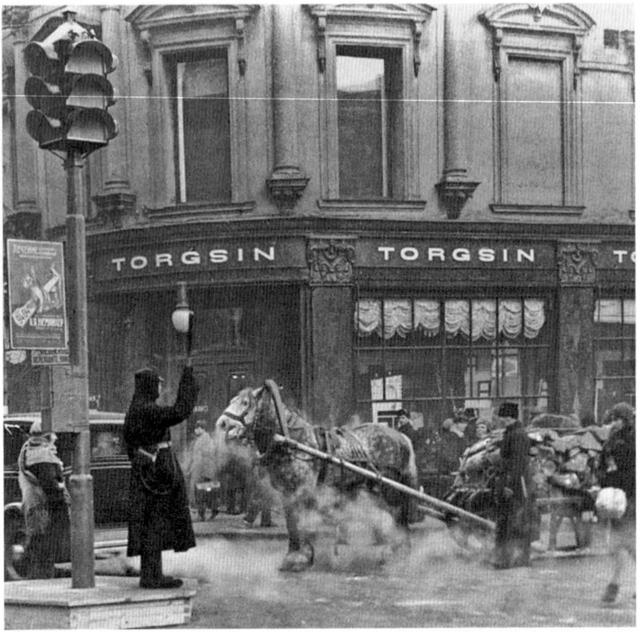

Verkehrsampel, Leningrad, heute St. Petersburg, um 1930

obwohl sie nur rot, gelb und grün leuchtete. Ebenfalls 1925 wurden manuell gesteuerte Lichtsignale am Piccadilly Circus in London montiert, 1929 in Rom.

Schließlich eroberten die Ampelanlagen die Straßenkreuzungen der europäischen Städte – im Gefolge der verschiedenen Wirtschaftswunder und der Verbreitung des Automobils, dessen möglichst ungestörten Verkehrsfluss sie regelten. In Zürich wurde die erste Ampel 1949 in Betrieb genommen, an der Kreuzung der Bahnhofstraße mit der Urania: Mit grünen, orangenen und roten Lichtern und ebensolchen Pfeilen, die miteinander kombiniert und sogar zum Blinken gebracht wurden, machte sie die Autofahrer perplex; die Zeichen Gehe und Stehe wandten sich an die Fußgänger. Trotz vielfältiger Signalanlagen etablierten sich schnell die drei Leuchten Rot, Gelb und Grün, mit kleineren landestypischen Variationen in der Signalsequenz und ihrer Bedeutung. Die Gehäuse, überwiegend dunkelgrün lackiert, wurden an Pfosten befestigt oder von über der Straße gespannten Kabeln abgehängt. Zu den Ampeln für den Automobilverkehr kamen bald auch solche für den Busverkehr, die Straßenbahnen, die Fahrräder und die Fußgänger.

Die erste Fußgängerampel wurde als Reaktion auf die häufigen Unfälle zwischen Fahrzeugen und Passanten 1933 in Kopenhagen aufgestellt. Es handelte sich um eine verkleinerte und vereinfachte Version der Normalampel, die nur rot oder grün leuchtete. In Anlehnung an die New Yorker Fußgängerampeln mit ihrem »Walk – Don't Walk«-Signal wurden in Deutschland Leuchtfelder mit »Warten« und »Gehen« eingeführt, in Italien »Alt« und »Avanti«, stets mit dem Piktogramm eines laufenden Mannes verbunden. In Frankreich legt der stehende Mann gelegentlich resolut die Hände an die Hüften, um der Aufforderung zum Anhalten mehr Nachdruck zu verleihen.

In der DDR, wo es seit den fünfziger Jahren zu zahlreichen tödlichen Fußgängerunfällen gekommen war, entwickelte der Gestalter Karl Peglau eine Ampel mit einem roten stehenden und einem grünen laufenden Mann. Inspirieren ließ er sich angeblich von einer Fotografie Erich Honeckers, des späteren Generalsekretärs des Zentralkomitees der SED, und zeichnete 1961 mit Hilfe seiner talentierten Sekretärin Anneliese Wegner einen etwas untersetzten Mann mit Hut, der mit gebietend ausgebreiteten Armen stand respektive energisch und offensichtlich eilig auf etwas korpulenten Beinen nach rechts lief. Die Laufrichtung wurde aus ideologischen Gründen umgedreht, und 1969 trat an der Ecke der Berliner Friedrichstraße mit Unter den Linden das erste Ampelmännchen auf. Es war derart erfolgreich, dass es bald in allen DDR-Städten

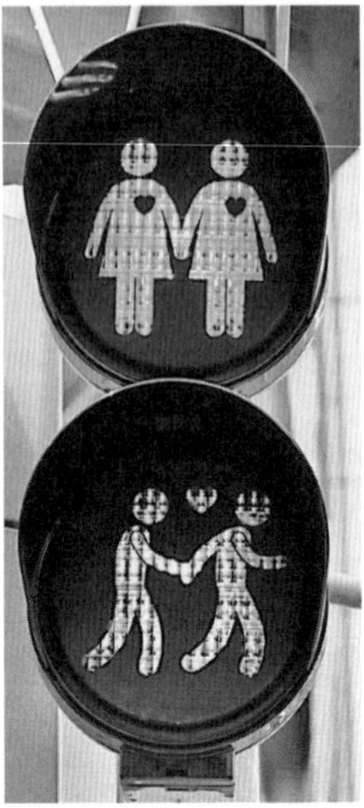

Ampelpärchen in München

zum Einsatz kam. Nach der Wiedervereinigung Deutschlands 1990 sollte die pummelige ostdeutsche Figur durch jene sachlichere ersetzt werden, die sich in der Zwischenzeit im Westen etabliert hatte, aber die Bürger protestierten. Eine gesamtdeutsche Version, die 1992 lanciert wurde, setzte sich ebenfalls nicht durch. Peglaus Ampelmännchen eroberte selbst die Herzen der Nicht-DDR-Nostalgiker und von 2005 an auch die Straßenkreuzungen im ehemaligen West-Berlin. Andere Städte wie Saarbrücken oder Heidelberg adoptierten es ebenfalls.

Eine Ampelfrau mit Rock und Zöpfen, auch Ampelmädchen oder Ampelweibchen genannt, entwarf der Grafiker Hans-Jürgen Ellenberger bereits 1996; Anfang des 21. Jahrhunderts leuchtete sie in etlichen deutschen Städten. Auf einigen niederländischen Ampeln tauchte eine junge Dame sogar früher auf. In Wien entstanden anlässlich des Eurovision Song Contest von 2015 Ampelpärchen in den drei Varianten heterosexuell, schwul und lesbisch, die zunächst provisorisch sein sollten, dann aber wegen des breiten Zuspruchs belassen wurden. Bald gab es auch in Salzburg, Linz, München und Frankfurt Ampelpärchen.

Das Ampelmännchen verdrängte nicht nur in Deutschland das steife Piktogramm, das als Euromännchen die verschiedenen Variationen von Fußgängerampeln europaweit vereinheitlichen sollte: Es schlich sich in Österreich, wo das ursprüngliche Männchen in Weiß leuchtete und von einem roten respektive grünen Leuchtfeld umgeben war, in Dänemark und in die Niederlande ein. Gelegentlich trägt es nicht nur einen Hut, sondern auch einen Regenschirm oder einen Rucksack, so in Erfurt. In Trier, seiner Geburtsstadt, wird Karl Marx als Ampelmännchen gefeiert; so auch in Dresden. In

Mainz ist es zu einem Mainzelmännchen mutiert, in Duisburg zum Bergmann, in Augsburg zum Kasperle. Animierte Ampelmännchen, die in Taiwan bereits um die Jahrtausendwende als »kleine grüne Männer« Einzug hielten, gibt es mittlerweile in Spanien, der Türkei und in Russland: Sie bewegen ihre Beine und beschleunigen, wenn die Grünphase zu Ende geht. Manche Ampeln sprechen sogar, etwa in Marl: »danke schön, jetzt wird's grün«. 2007 beschloss der tschechische Künstler Roman Týc, mit bürgerlichem Namen David Brudňák, »das Ampelmännchen aus seiner Zwangsjacke zu befreien«,[1] und ersetzte es bei fünfzig Lichtsignalanlagen Prags durch lümmelnde, liegende, trinkende und pinkelnde Variationen, die dem Video, das er davon drehte, einen Preis und dem Künstler selbst eine Gefängnisstrafe einbrachten.

Die Erfolgsgeschichte von Peglaus Ampelmännchen zeigt jenseits der rabiaten Vermarktung, die es zu einem der begehrtesten Berliner Souvenirmotive gemacht hat, dass selbst ein durch und durch pragmatisches Objekt wie eine Ampel augenzwinkernd, liebevoll und unkonventionell gestaltet werden kann. Dass die Bürger ein solches Objekt einfordern und verteidigen können. Und dass es mit seiner Freundlichkeit und Wärme auch die zunehmend pragmatische, zunehmend kühle zeitgenössische Stadt zu bereichern vermag.

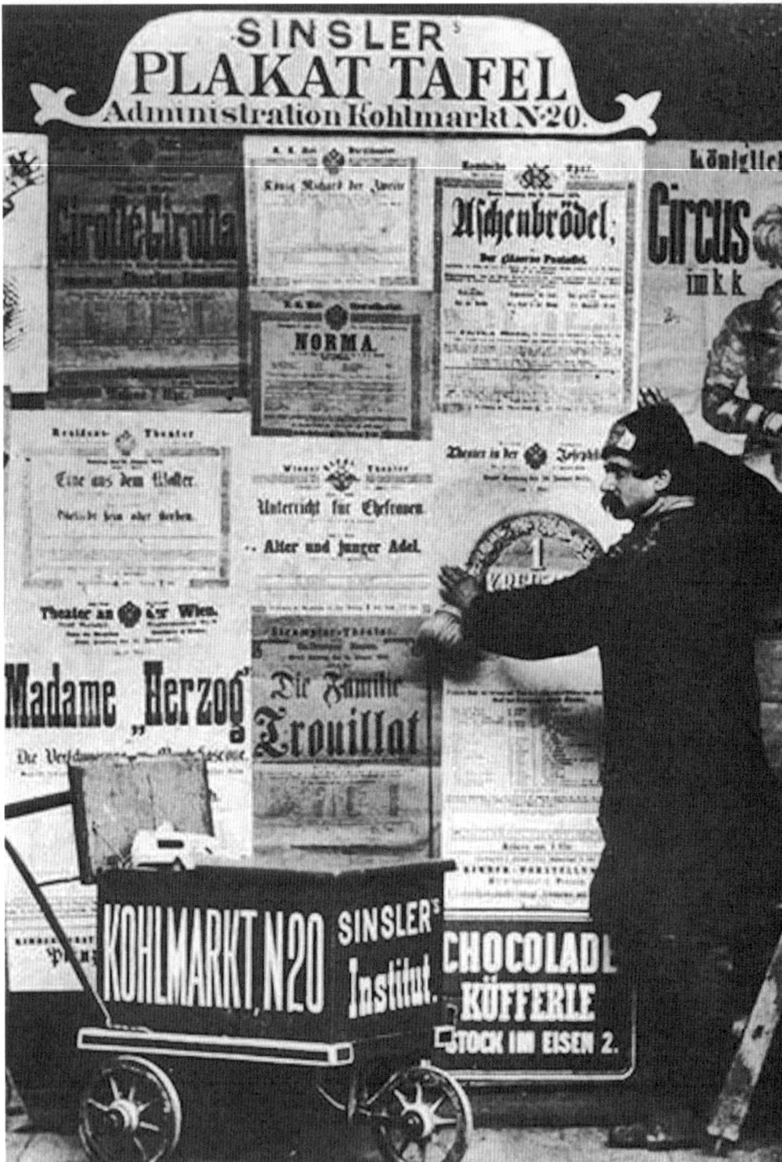

Plakattafel, Wien, um 1910

Die Reklame

Das Wort Reklame stammt aus dem lateinischen *reclamare*, widersprechen oder dagegenschreien. Das französische *réclame* ist gleichbedeutend mit ins Gedächtnis rufen und ursprünglich eine typografische Bezeichnung für eine Zeitungsnotiz, die auf etwas besonders aufmerksam machen sollte. Im Italienischen verwendet man *reclame* oder *pubblicità*, was auf ihren Öffentlichkeitscharakter verweist; im Englischen *advertising*, aus dem lateinischen *advertere*, sich etwas zuwenden. Bis in die dreißiger Jahre des 20. Jahrhunderts wurden die deutschen Begriffe Reklame und Werbung synonym benutzt, dann gab man Werbung, das im Zusammenhang mit wirbeln und sich umtun steht, den Vorzug, weil das Wort positivere Konnotationen zu haben schien. Heute ist der Begriff Reklame erneut akzeptiert und in Gebrauch.

Zu den frühesten Formen von Werbung gehören knapp 2500 Jahre alte Steintafeln, auf denen semitische Händler eine Liste ihrer Waren gemeißelt und die sie an einer Straße aufgestellt hatten, aber auch die kommerziellen Beschriftungen, die in Pompeji gefunden wurden. Unter anderem warb dort ein Wandgemälde für ein Bordell. Amphoren, Glasgefäße und Ziegel trugen Markenzeichen. Die Marktschreier, die ihre Waren ausriefen, belebten von der Antike über das Mittelalter bis in die Neuzeit die Straßen der Städte. Die Eingänge der Gaststätten kennzeichneten Sträuße aus Zweigen; doch wie die Schilder und Wappen, die in den Straßenraum hineinragten und auf Wirtshäuser und Betriebe hinwiesen, dienten sie eher der Orientierung als dem Anlocken von Kunden.

Plakate tauchten bereits Ende des 15. Jahrhunderts in den europäischen Städten auf, verbreiteten sich aber erst mit der Erfindung der Lithografie 1796 und wurden immer häufiger wild an die Hauswände geklebt. Um dem entgegenzuwirken, baute und patentierte George Samuel Harris 1824 eine achteckige Plakatsäule aus Metall und Holz, die auf einem Wagen durch London gefahren wurde, sich um die eigene Achse drehte und nachts von innen beleuchtet wurde. 1839 wurden in Paris die *colonnes moresques* eingeführt, hohle Gusseisensäulen, die innen öffentliche Toilette und außen Werbeträger waren; wenige Jahre später folgten sechseckige Plakatkioske und gemauerte Plakatsäulen. In Berlin lancierte der Schriftsteller, Drucker und Unternehmer Ernst Litfaß die nach ihm benannte Säule, deren erstes Exemplar 1855 an der Münzstraße mit einem wirksam inszenierten Festakt aufgestellt wurde. Ursprünglich auch als Pissoir und Brunnenumhüllung vorgesehen, die beide ebenfalls plakatiert werden sollten, setzte sich die aus Portland-Zement gegossene Annoncier-Säule als reiner Plakatträger mit Gerätelager im Inneren durch: zunächst 150 Stück, denen 1864 weitere 50 folgten. Sie hatten so viel Erfolg, dass Litfaß durch die Rechte, die er sich an den Säulen gesichert hatte, steinreich wurde. 1880 schuf der Ingenieur Gustav Hartmann eine Anschlagsäule aus gewalztem Eisenblech mit Gusseisenprofilen. Die Transformatorensäulen, die um 1900 aufgestellt wurden, ahmten die Anschlagsäulen nach und wurden ebenfalls zu Werbezwecken verwendet. Sie erhielten in den zwanziger Jahren einen Kopf in Segmentkuppelform, teilweise als überdimensionales und abstrahiertes Kapitell. In den dreißiger Jahren standen in Berlin über 3 000 Litfaßsäulen, heute sind es etwa 4 000 und 17 000 in ganz Deutschland.

Nach dem Vorbild der Litfaßsäulen entwickelten 1868 die Drucker Richard Placide James Morris und Richard-Gabriel Morris Anschlagsäulen, die sich in einem Wettbewerb gegen

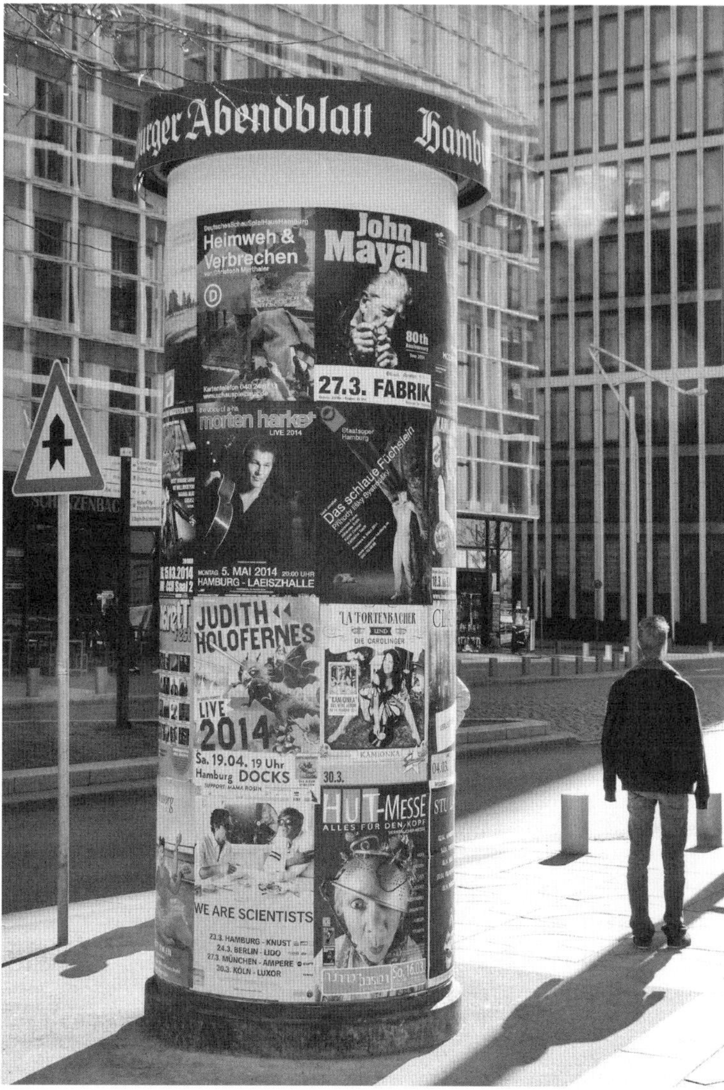

Litfaßsäule, Hamburg

zwei Konkurrenten durchsetzten: In den folgenden zwei Jahren wurden davon über 450 in Paris aufgestellt, später auch in weiteren französischen Städten. Sie waren verschieden dekoriert: Der zylindrische Schaft blieb neutral, zumal er ohnehin von den Affichen überdeckt wurde, der Kopf verwandelte sich je nach Stadt und Stilempfinden der Zeit und erhielt bald eine eigenwillige Kuppel, bald einen zierlichen Dachüberstand. Darunter setzte Gabriel Davioud ein Band mit der Beschriftung »Spectacles« und »Théâtre« sowie ein rundes Medaillon mit einem Segelschiff, einer Anspielung auf das Pariser Stadtwappen. Als Orte, an denen sämtliche Ankündigungen des Kultur- und Unterhaltungsangebots zu finden waren, und zwar auf Plakaten, die zuweilen von Künstlern wie Henri de Toulouse-Lautrec oder Pierre Bonnard gestaltet wurden, gerieten sie zu Leseschlüsseln für das Stadtleben und zu gesellschaftlichen Kondensatoren. Nicht zufällig wurden sie bevorzugte Motive der Fotografie und Malerei: Jean Béraud widmete ihnen mehrere seiner Bilder. Für Marcel Proust waren sie Orte der Flucht in eine Phantasiewelt von Schauspielhäusern, Cabarets und Nachtbars. 2006 ließ die Pariser Stadtverwaltung über 200 Säulen abtragen, um den Straßenraum aufzuräumen; die Bürger protestierten heftig. Im gleichen Jahr wurden die ersten Säulen einer von Jean-Michel Wilmotte entworfenen, behutsam modernisierten Version aufgestellt.

Litfaßsäulen tauchen in den Bildern von George Grosz, Georg Scholz und Werner Heldt auf. Joachim Ringelnatz widmete ihnen ein liebevoll-ironisches Gedicht. Das originale Umschlagbild von Erich Kästners *Emil und die Detektive* aus der Hand von Walter Trier (1929) zeigt die Jugendbande um Emil Tischbein, wie sie den Verdächtigen beschattet und sich hinter einer Berliner Litfaßsäule versteckt. In Walther Ruttmanns Film *Berlin – Die Sinfonie der Großstadt* von 1927 bildet eine Litfaßsäule nicht nur das kongeniale Versteck der Aufnahmekamera, sondern auch und vor allem die visuelle Metapher des fortwährenden Wandels der modernen Metropole.

Eine Säule mit dem Fahndungsplakat beherrscht die unheimliche Anfangsszene von Fritz Langs *M. Eine Stadt sucht einen Mörder* von 1931 und taucht dann rhythmisch immer wieder auf. Harry Lime, der von Orson Welles gespielte Bösewicht in Carol Reeds *Der dritte Mann*, benutzt eine der Säulen als Fluchtweg in das unterirdische Kanalisationssystem Wiens. Noch Moritz Zack, der neunjährige Protagonist des DDR-Kinderfilms *Moritz in der Litfaßsäule* von 1983, findet Unterschlupf in der Anschlagsäule auf dem Marktplatz des thüringischen Städtchens Pößneck.

Daneben gab es Anschlagtafeln, die an den Hausmauern befestigt oder an Pfosten aufgestellt wurden. Immer öfter wurden sie mit anderen städtischen Einrichtungselementen kombiniert: mit Straßenlaternen, Kiosken, Uhren und weiterhin mit öffentlichen Toiletten. Bei den sogenannten Annonceuhren diente das Räderwerk nicht nur der Fortbewegung der Zeiger, sondern auch der Drehung einer Walze in einem Glasgehäuse, auf die verschiedene Kundmachungen aufgewickelt waren: Mit jeder Drehung der Walze fiel ein Zettel nach dem anderen hinab und war so für einige Minuten für die Passanten lesbar.

Schon früh wurde darauf geachtet, dass die Werbeinschriften auch nachts erkennbar blieben, indem man sie in der Nähe von Lampen aufstellte oder besonders beleuchtete. Mit der Erfindung der Glühlampe trat das Licht selbst als Schreiber, Zeichner und Maler auf. Ein Lichtwerbung-Prototyp wurde erstmals 1882 auf der International Electrical Exhibition in London vorgeführt. 1896 stellte man in Berlin eine Lichtwerbung am Spittelmarkt auf, zwei Jahre später vermittelte die Reklame des Zigarettenherstellers Manoli, bei der in einem Kreis eine Glühlampe nach der anderen kurz ein- und ausgeschaltet wurde, die Illusion eines sich drehenden Rads. Weltweites Aufsehen erregte 1912 die Werbeanlage der Sektmarke Kupferberg Gold, die an der Berliner Friedrichstraße mit Tausenden von Glühbirnen vorführte, wie sich eine Flasche langsam neigte und ein Glas sich verführerisch mit prickelndem Sekt füllte.

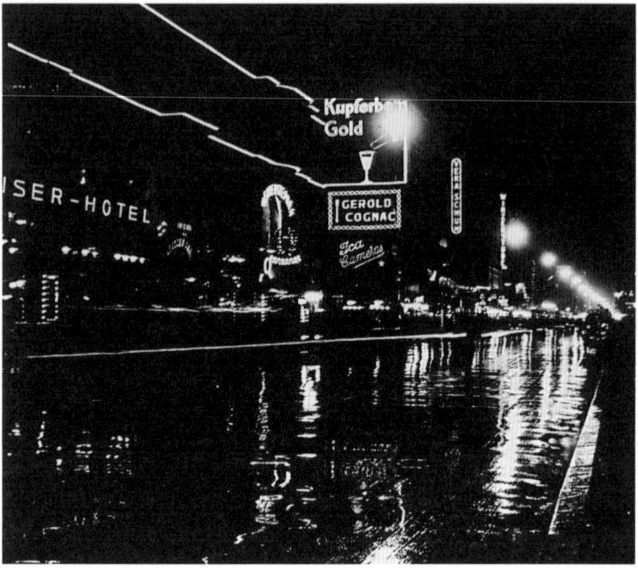

Lichtreklame auf der Friedrichstraße, Berlin, 1912

Die Neontechnik, die es ermöglichte, aus dünnen, flexiblen Glasröhren Buchstaben und Gegenstände in nahezu unbegrenztem Form- und Farbreichtum herzustellen, eröffnete eine neue Epoche der Lichtwerbung in der Stadt. Den Anfang machten Georges Claude und Jacques Fonseque 1912 mit einem Werbezeichen für einen Frisierladen in Paris. Von dort traten die Neonanlagen einen Siegeszug in die Vereinigten Staaten von Amerika und in Europa an, wo sie bald die nächtlichen Stadtbilder der fünfziger Jahre bestimmten, allen voran die Phantasmagorie von Piccadilly Circus in London. Mit der LED-Lichttechnik erhielt die Lichtwerbung neuen Auftrieb und wurde heller und geschmeidiger. Leuchtschilder, Reliefkörper, Leuchtkästen, Fassadenbänder, Ausleger, Werbewürfel, Poster, beleuchtete Litfaßsäulen, Pylone, Dachanlagen,

Laufschriften, Bildschirme und ganze Medienfassaden eroberten den Stadtraum, verkündeten allerdings nicht länger eine spezifische, örtliche Kultur, sondern die abstrakten Botschaften der ubiquitären internationalen Konsumwelt.

Die Lichtreklame als Element der Stadtgestaltung entdeckten die Architekten in den zwanziger Jahren. Bereits die sowjetische Monumentalpropaganda, die Lenin unmittelbar nach der Oktoberrevolution von 1917 lancierte, sah eine Verschmelzung von Grafik, Malerei und Architektur vor, um die sozialistische Ideologie in Bildformen umzusetzen. Mit weniger gesellschaftskritischem Impetus wurden ein Jahrzehnt später am Bauhaus ästhetisch ambitionierte Studien für Lichtreklame-Anlagen betrieben, etwa in der Plastischen Werkstatt von Joost Schmidt. Erich Mendelsohn integrierte die Reklame in viele seiner Bauten, besonders eindrücklich im Kaufhaus Schocken, das 1926–1928 in Stuttgart gebaut und 1960 abgerissen wurde. Bei ihrem Wettbewerbsprojekt für die Neubebauung des Berliner Alexanderplatzes von 1929 führten Hans und Wassili Luckhardt und ihr Partner Alfons Anker flache lineare Brüstungsbänder ein, die sich als Werbeträger eigneten. Die drei Hauptbauelemente des neuen »Weltstadtplatzes« sah der damalige Stadtbaurat von Berlin Martin Wagner in »Farbe, Form und Licht (Reklame)«.[1] In den *Nine Points on Monumentality*, dem erstaunlichen Manifest, das Fernand Léger, José Luis Sert und Sigfried Giedion 1943 verfassten, um die Dimension der Emotionalität für die moderne Architektur zu reklamieren, werden Formen und Farben beschworen, die nachts auf große Oberflächen projiziert den modernen Stadtzentren monumentale Qualitäten verleihen sollen. Noch auf dem 8. CIAM (Congrès Internationaux d'Architecture Moderne) von 1951, das dem Thema des Stadtkerns gewidmet war, wurde die Einführung von ständig wechselnden beweglichen Farblichtfiguren und sogar öffentlichen Fernsehprojektionen diskutiert; Voraussetzung dafür war die Einschränkung der kommerziellen Lichtwerbung.

Manche moderne Bauten versagten sich der Fremdreklame ganz und warben ausschließlich um sich selbst. Im Seagram Building, das Ludwig Mies van der Rohe zusammen mit Philip Johnson 1954–1958 in New York errichtete, gewährleistete ein in jedem Stockwerk hinter der Fensterfront montiertes Lichtband die absolut gleichmäßige Nachtbeleuchtung aller Fenster, ganz gleich, was sich in den dahinterliegenden Büroräumen abspielte. So erstrahlte das elegante Hochhaus auch in der Dunkelheit als perfekte architektonische Komposition, bis die erste Energiekrise die rein ästhetisch gerechtfertigten Lampen ausschaltete.

Überhaupt war die Begeisterung über die leuchtende Stadtreklame nie einhellig. Bereits um 1900 war es zu Beschwerden gegen die »infernalischen Lichtattentate« gekommen, die vermeintlich für »Nervenzerrüttungen« verantwortlich seien;[2] daraufhin hatte die Polizei ein Verbot erlassen, allerdings mit der Begründung, das grelle Licht würde die Pferde scheu machen. In den zwanziger und frühen dreißiger Jahren war es nicht nur der Heimatschutz, der Einschränkungen der Werbung und vor allem der Lichtwerbung forderte: Auch Ernst May, der Architekt des avantgardistischen Neuen Frankfurt, sah im Lichtgeflimmer von Times Square in New York einen Exzess von Schriften und Formen, die nur blenden und verwirren würden, und rief nach einer städtebaulichen Ordnung der Lichtmassen. Heute wird der Protest gegen Werbeplakate und Installationen, die das Stadtbild beeinträchtigen und verunstalten, wieder lauter. Die Stadtbehörden reagieren darauf mit Auflagen und Genehmigungspflicht. In Zürich etwa ist das Reklamewesen streng reglementiert und wird vom Amt für Städtebau überwacht; die von Gottschalk & Ash entwickelten zurückhaltenden Plakatträger Soleil tragen zur optischen Ruhe bei. Einige Städte, darunter Bergen, aber auch São Paulo, haben Außenwerbungen rundheraus verboten.

Das wundert nicht. Den ökonomischen Vermarktungsmechanismen nahezu schutzlos ausgeliefert, ist die Stadt unter

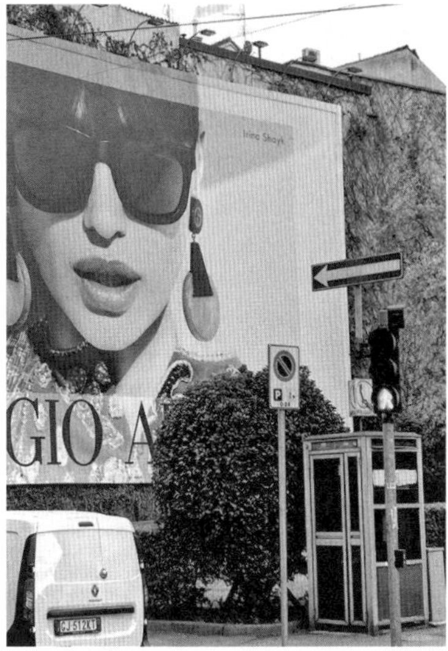

Werbung an der Brandmauer an der Via dell'Orso, Mailand

Attacke: vor allem im öffentlichen Raum, und insbesondere dort, wo er am stärksten frequentiert ist. Es sind nicht mehr nur die Ladenschilder, Schaufenster, Plakatwände, Fahnen, Lichtreklamen. Taxis, Autobusse und Straßenbahnen sind in mobile Werbeträger verwandelt, Riesenposter überdecken Zäune, Baugerüste und ganze Hausfassaden, Bildschirme und Videowände strahlen auf Straßen und Plätze. Den grellen Botschaften, die sie verkünden, kann man sich nicht entziehen – im Gegensatz zu fast allen anderen Werbungsformen.

Und doch ist Reklame, selbst die rüdeste, aus den Räumen der modernen Stadt kaum wegzudenken. Sie belebt ihre kommerziellen Straßen und Plätze. Sie überflutet sie mit den austauschbaren Zeichen der Globalisierung und verleiht ihnen dennoch Charakter: so wenn Plakate Kultstatus gewinnen und zu Orientierungs- und Identifikationsbildern werden wie die Giorgio-Armani-Werbung an der Via dell'Orso in Mailand. Sie bildet zuweilen sogar eine Brücke zu jener Street-Art, die sie maßgeblich beeinflusst hat und die mit ihr wetteifert.

Nach wie vor ist die Reklame in der Stadt beides, Verunstaltung und Zierde, Verunklarung und Orientierung, Übervorteilung und Ergänzung, Bedrohung und Bereicherung, Anonymisierung und Identität. Und genau diese Ambivalenz ist es, die ihren Reiz ausmacht.

ELEMENTE

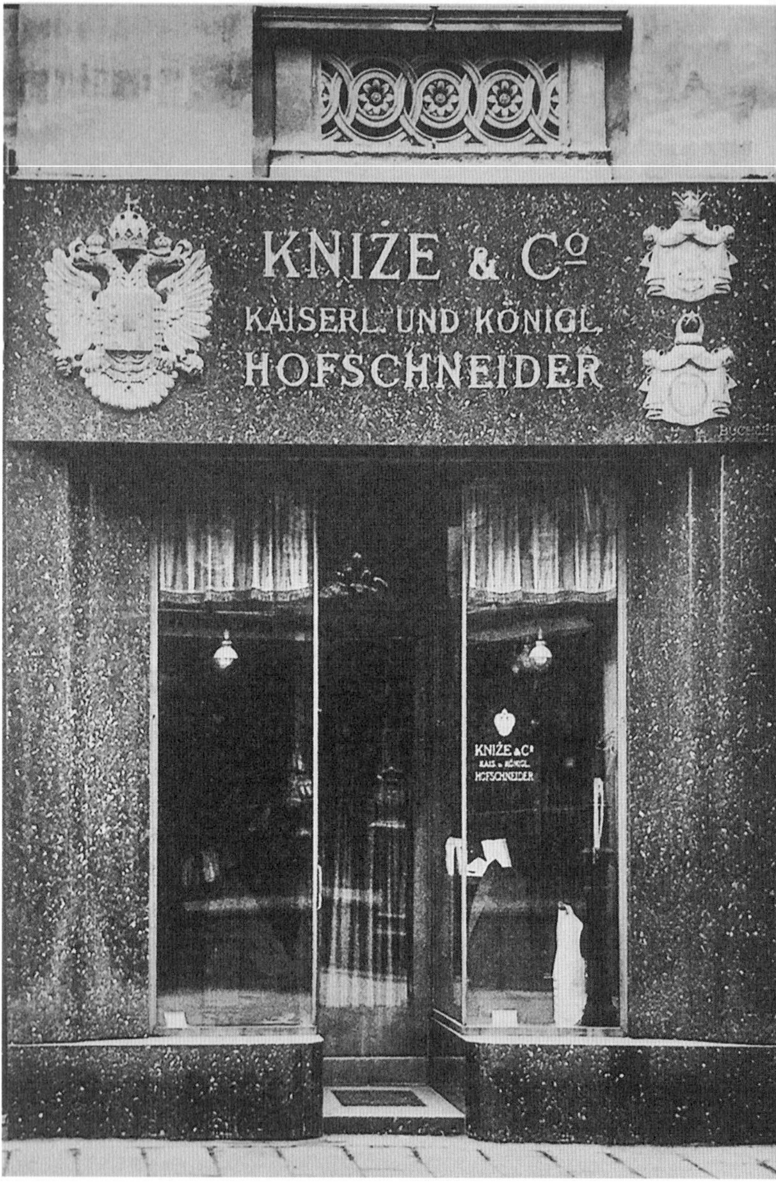

Adolf Loos, Eingang des Herrenschneidersalons Knize, Wien, 1905–1913

Das Schaufenster

Seit jeher wurden in den Straßen und Plätzen der Stadt zum Kauf angebotene Waren ausgestellt: vor den Geschäften auf den Gesimsen von Erdgeschossfenstern oder auf herunterklappbaren Holzläden, die als Auslagefläche und Verschluss zugleich dienten. Im 16. Jahrhundert kamen steinerne Ausstellungstische mit seitlichen Fensterläden und darüberliegendem Schutzdach auf. Feilgeboten wurden hauptsächlich Lebensmittel und Verbrauchsgüter, da die vorindustriellen Handwerksbetriebe nahezu ausschließlich auf Bestellung produzierten und ihre Erzeugnisse nicht zu präsentieren brauchten.

Das änderte sich durch die manufakturelle und dann vor allem durch die industrielle Produktion: Die in hoher Stückzahl erzeugten Waren mussten unter die Leute gebracht und dafür gezeigt werden. Große transparente Glasscheiben gleichmäßiger Stärke, eine technische Errungenschaft des späten 17. Jahrhunderts, boten gleichzeitig Schutz und Inszenierung. Gewalztes Glas wurde erstmals 1688 in der französischen Stadt Saint-Gobain hergestellt. Die Produktion blieb aber teuer, und das Erzeugnis war mit hohen Steuern belegt. So kamen Schaufenster nur langsam und vereinzelt auf, zunächst in England und Frankreich. In London wurden die neuen Auslagen nicht nur von den Reisenden bewundert, und die 1786 in den Galeries de Bois im Pariser Palais Royal eingebauten Verglasungen erregten ebenfalls großes Aufsehen.

Die große Zeit der Schaufenster brach im 19. Jahrhundert an. Die Produktion von Flachglas verbesserte und verbilligte sich, vor allem aber veränderte sich das Verhältnis von Angebot und Nachfrage: Beim Verbraucher sollte jetzt das Bedürfnis geweckt werden, etwas zu kaufen, was er nicht unbedingt brauchte. Diskretion oder Zimperlichkeit waren dabei fehl am Platz. Émile Zola lässt in seinem Roman *Das Paradies der Damen* von 1883 einen Kaufhausdirektor zum Dekorateur sagen: »Weshalb wollen Sie denn das Auge schonen? Seien Sie doch nicht so ängstlich, blenden Sie es … Da! Rot, Grün, Gelb!«[1] Der Soziologe Georg Simmel führte anlässlich seiner Besprechung der Berliner Gewerbeausstellung von 1896 die »Schaufenster-Qualität der Dinge« an: Wenn ein Produkt nicht besser sei als das andere, käme es darauf an, »durch den äußeren Reiz der Objecte, ja sogar durch die Art ihres Arrangements das Interesse der Käufer zu erregen«.[2]

Für die Straßen und Plätze der Stadt hatte diese Entwicklung tiefgreifende Folgen. Die großen Kaufhäuser verwandelten mit ihren verglasten Sockeln den öffentlichen Raum in eine Sequenz verführerischer Transparenzen. Beim Kaufhaus Ascher & Münchow in Berlin, 1886–1887 gebaut, reichten die Schaufenster bis in die oberen Stockwerke, das Warenhaus Hermann Tietz, 1898–1900, wiederum in Berlin, besaß zwei knapp 500 Quadratmeter große Riesenschaufenster, die lichte Fassade des Kaufhauses Kander in Mannheim von 1900 war geradezu eine Komposition aus Schaufenstern. Das Kaufhaus Wertheim, das Alfred Messel 1896–1906 in Berlin errichtete und das sofort als das schönste Deutschlands galt, beherrschte mit seinen durchgängigen Schauverglasungen die Leipziger Straße auf 200 Metern Länge. Die mittelgroßen Geschäfte hielten mit: Eines nach dem anderen riss sein Erdgeschoss auf, um Raum für Auslagen zu gewinnen. Schon 1844 hatte Adalbert Stifter notiert, dass an einigen Wiener Plätzen »buchstäblich streckenlang kein einziges Mauerstückchen des Erdgeschosses zu sehen ist, sondern lauter aneinandergereihte, prächtige, hohe Gläserkästen, in denen das Ausgesuchteste funkelt und lockt.«[3] Diese Veränderung wurde nahezu ausnahmslos positiv gesehen: Charles Baudelaire ging sogar so weit, Straßen wie jene von Brüssel, die nicht über Schaufenster verfügten, als schlichtweg unbenutzbar zu bezeichnen.[4]

Zu Beginn des 19. Jahrhunderts waren die großen teuren Glasscheiben ausschließlich Attribut und Emblem der Luxuswarengeschäfte; Ende des Jahrhunderts, als sich Schaufenster überall durchgesetzt hatten und der Konkurrenzkampf der Verkäufer härter wurde, gerieten sie zum Werbemittel, das besondere Aufmerksamkeit forderte und ästhetische Autonomie errang. Bereits Heinrich Heine, der 1827 nach London gereist war, hatte die dortigen Einkaufsstraßen bestaunt und von der Kunst der Ausstellung in den Schaufenstern gesprochen. Im Wien des frühen 19. Jahrhunderts wurde das Konzept der Kunstausstellung in den Straßen wörtlich genommen: In die Schaufensterfronten der Luxusgeschäfte wurden großformatige Gemälde integriert, die eigens bei namhaften Künstlern in Auftrag gegeben wurden, überwiegend junge, attraktive, modisch bekleidete Damen zeigten und mit den raffinierten Auslagen um die Wette warben. Alfred Lichtwark, Direktor der Hamburger Kunsthalle und engagierter Verfechter eines nichtelitären Umgangs mit Kunst, zählte die Ladenauslage zu den künstlerischen Erscheinungen der neuen Zeit und bezeichnete sie als »beständigen öffentlichen Lehrkursus über den Wechsel des Geschmacks«.[5] Analog argumentierten der Kunstkritiker Paul Westheim und der Schriftsteller und Architekturessayist Joseph August Lux, die dem Schaufenster eine erzieherische Funktion in Geschmacksfragen zubilligten. Für den liberalen Politiker und Mitbegründer des Deutschen Werkbunds Friedrich Naumann verwandelte sich bei der Vitrinengestaltung der Kaufmann in einen Künstler, und die Passanten lernten, was schön sei. Der italienische futuristische Maler Giacomo Balla setzte eins drauf und erklärte 1918 im Manifest »Universo futurista«, jedes Schaufenster in einer modernen Stadt würde mehr künstlerischen Genuss vermitteln als sämtliche vielgelobten vergangenheitsbezogenen Ausstellungen.[6] Für Fernand Léger übertraf die Schaufensterkunst manche Wirkung der Malerei und der Skulptur. In den zwanziger Jahren des 20. Jahrhunderts konnte der Architekturkritiker Adolf Behne behaupten, die schönste Kunstausstellung Berlins sei auch die erschwinglichste, denn sie sei »umsonst geöffnet – Tag und Nacht«.[7] Vom Schaufensterzauber hingegen eher entnervt rief sein Kollege Karl Scheffler, dem ein »neuer Mensch« vorschwebte, der sich nicht mehr vom Kauf des Überflüssigen verführen ließ, 1932 aus: »Jahrtausende sind ohne ihn ausgekommen. Sie hatten vielleicht nicht eine so umfassende und reich glitzernde Zivilisation; dafür hatten sie etwas anderes, was uns heute noch Feierstunden bereitet: Kultur.«[8] Unberührt von derlei Auseinandersetzungen begeisterte sich in Thomas Manns Roman der junge Felix Krull, gerade in Frankfurt am Main angekommen, an der »glücklichen Einrichtung« des Schaufensters, die ihm Einblick in jene Welt des Luxus gewährte, in die er später als erfolgreicher Hochstapler tatsächlich eintreten sollte.

1897 hatte der Amerikaner Lyman Frank Baum, Autor des Kinderbuchs *Der Zauberer von Oz*, die Zeitschrift *The Show Window* initiiert und drei Jahre darauf das Manual *The Art of Decorating Dry Goods Windows and Interiors* verfasst, das zum gewichtigen Standardwerk wurde. Vier Jahre später stellte das Warenhaus Wertheim Elisabeth Stephani-Hahn als Schaufensterkünstlerin ein. Nun weckten Schaufenster auch das Interesse der Architekten. 1909 fand der Erste Schaufenster-Wettbewerb für Groß-Berlin statt, ein Jahr später wurde in Berlin die Höhere Fachschule für Dekoration gegründet, an der unter anderem Peter Behrens lehrte. Pionierarbeit in der Schaufensterarchitektur hatte bereits Adolf Loos geleistet: Die beiden kühlen Vitrinen, die symmetrisch das Portal des Wiener Schneidersalons Kniže 1905–1913 rahmen, sind kantig um die Ecke geführt und laden den Besucher ein, den erstaunlich schmalen Raum zu betreten, der nahezu unmittelbar in das Geschäft führt. Bald gab es kaum einen bedeutenden Architekten, der nicht auch Schaufenster

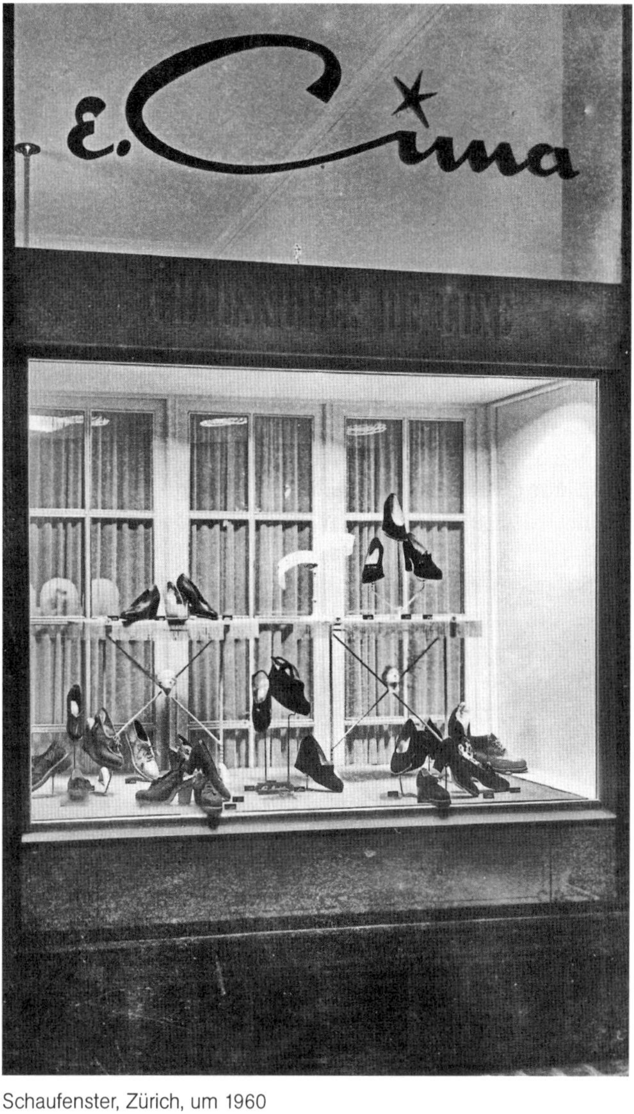

Schaufenster, Zürich, um 1960

entwarf: von Behrens selbst bis Walter Gropius, von Henry van de Velde bis Erich Mendelsohn, von Gerrit Rietveld bis Theo van Doesburg, von Robert Mallet-Stevens bis Eileen Gray, von August Endell bis Lilly Reich. Zwei Berliner Schaufenster aus der Hand der beiden Letztgenannten, jenes für das Schuhhaus Salamander und jenes für die Elefanten-Apotheke, wurden im Jahrbuch des Deutschen Werkbunds 1913 veröffentlicht. Für die junge Institution, die sich die Verbindung von Kunst und Wirtschaft auf die Fahne geschrieben hatte, war das Schaufenster eine ideale Entwurfsaufgabe. Zur Werkbund-Ausstellung in Köln von 1914 wurde sogar eine ganze Ladenstraße geplant, die laut Karl Ernst Osthaus, Kunstmäzen und Verantwortlicher dieses Ausstellungsteils, »die Phantasie in alle Weltteile führen und jenen Zauber verbreiten [sollte], den wir in unseren hauptstädtischen Geschäftsstraßen vielleicht nur als Kinder vor Weihnachten empfunden haben«.[9] Daraus wurde allerdings nichts, weil weder die Geschäftsleute noch die Entwerfer die Initiative vorantrieben und der Erste Weltkrieg das Projekt endgültig scheitern ließ. Erfolgreicher waren die Läden, die 1925 anlässlich der Art-déco-Ausstellung in Paris auf dem Pont Alexandre III errichtet wurden: Deren Schaufenster schufen das erlesen abstrakte Ambiente für die modernen Puppen der Firmen Siegel & Stockman und René Herbst und beschworen zugleich ein neues, exklusives Stadtbild.

Besonders ambitioniert präsentierten sich die Schaufenster, die Friedrich Kiesler 1927/28 für Saks Fifth Avenue in New York einrichtete. Der österreichische Architekt, Designer und Bühnenbildner, der ein Jahr zuvor in die Vereinigten Staaten ausgewandert war, inszenierte überaus elegante Auslagen, die einzelne Objekte, etwa ein Abendkleid an einer kopflosen Puppe, in großen uniformen Räumen zeigten. Sie sollten mit den modernen künstlerischen Mitteln der Reduktion und Abstraktion gezielt Sehnsüchte im Betrachter wecken, dabei die Grenzen zwischen Vitrine und Straßenraum in einer zugleich essentiellen und dramatischen Geste überwinden. Für die Kaufhäuser der Zukunft träumte Kiesler von kinetischen, interaktiven Schaufenstern, deren Waren von der Kundschaft per Druckknopf ausgewählt, maschinell aus dem Lager geholt und individuell ausgestellt werden konnten. Auch sensitive Paneele sollten eingesetzt werden und auf die Käufer reagieren. Die Auslage mutierte zu einer avantgardistischen Theatervorführung.

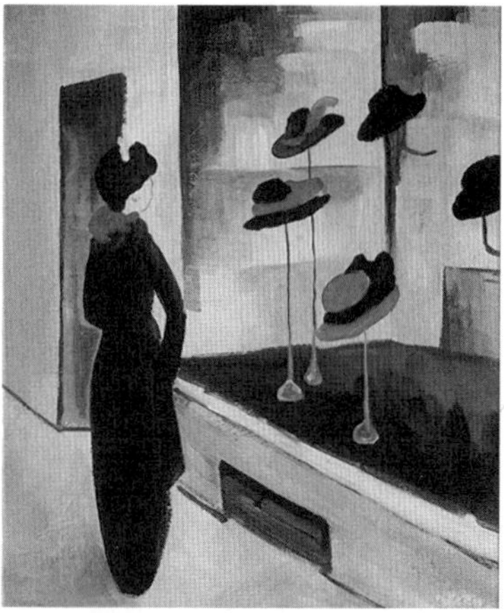

August Macke, Hutladen, Gemälde, 1913

Früh entdeckten auch die Maler die Schaufenster: Camille Pissarro deutete sie in ihrer bewegten Reihung als Grundelement der Architektur der neuen Pariser Boulevards und hob in den Nachtbildern ihre Lichtwirkung hervor; Carlo Carrá untersuchte deren Reflexion und Dynamik; August Macke verwendete sie in seinen Berliner Straßenbildern als Motiv und Chiffre für die moderne Großstadt; Ernst Ludwig Kirchner setzte sie als Hintergrund des ambivalenten metropolitanen Lebens ein, Otto Dix und Otto Griebel inszenierten durch sie Gesellschaftskritik, Paul Klee und Edward Hopper fingen ihre Spiegelfaszination ein. René Magritte gestaltete die Schaufenster eines Ladens in Brüssel, Max Ernst, Salvador Dalí und Marcel Duchamp schufen in New Yorker Vitrinen surrealistische Installationen, die ihre Kollegen entrüsteten und beim Publikum nicht ankamen. Immerhin begannen Robert Rauschenberg, Jasper Johns und sogar Andy Warhol ihre Karriere als Schaufensterdekorateure. Und in Köln wurde in den siebziger Jahren die Kunst Hohe Straße veranstaltet, bei der bedeutende Künstler, unter ihnen auch Joseph Beuys, ihre Werke in den Schaufenstern der städtischen Einkaufsmeile ausstellten.

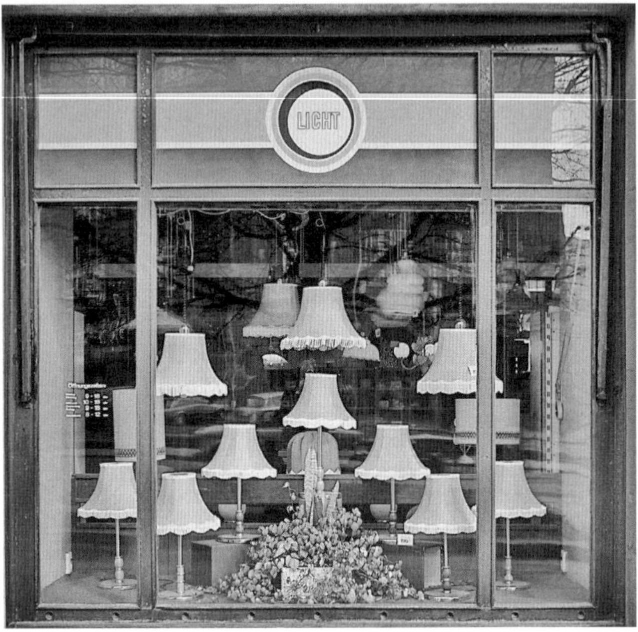

Schaufenster, Rostock, Fotografie: Siegfried Wittenburg, 1989

Gleichwohl war mit den zwanziger Jahren die große Zeit des Schaufensters als Ort der Wareninszenierung im Stadtraum vorbei. Die totalitären Regime misstrauten ihm, und in *Mein Kampf* verwahrte sich Adolf Hitler gegen die »sinnlich schwüle Atmosphäre«, die manche Auslage ausstrahle.[10] An die Macht gekommen, schickte er sich an, diese »Erscheinungen einer verfaulenden Welt« auszumerzen, und ließ Schaufenster jüdischer Geschäftsleute kurzerhand einschlagen.[11] Nach dem Zweiten Weltkrieg gab es in Europa zunächst wenig auszustellen; erst in den fünfziger Jahren wurden die wieder gefüllten Schaufenster zu Aushängeschildern der Wirtschaftswunder. Am Berliner Kurfürstendamm lösten sie sich sogar von den Läden und den Hausfassaden und reihten sich als freistehende Vitrinen entlang des breiten Bürgersteigs auf. Im Ostteil der Stadt wurden die Schaufenster der neuen Stalinallee karg, aber kunstvoll inszeniert.

Das »schwarze oder lichterfüllte Loch«, in dem, wie Baudelaire 1863 sinnierte, »das Leben lebt, träumt, leidet«,[12] sind die Schaufenster seit langem nicht mehr; heute haben sie ihr Monopol als Warenpräsentation und Kaufverführung zugunsten der Internetauslagen abgegeben. Doch weiterhin sind sie faszinierende und beunruhigende Dispositive, die Waren in Szene setzen, anbiedern und zugleich unberührbar machen. Wenn diese Ware Modeartikel sind, die von lebensgroßen Puppen getragen werden, ist der Widerspruch noch schärfer: Das Leben, das hinter den glitzernden Glasscheiben beschworen wird, entzieht sich jeglichem Kontakt, der nicht rein visuell ist. Insofern treiben die Vitrinen, hinter denen nicht leblose Mannequins posieren, sondern lebendige Prostituierte, die Inszenierung und Ware zugleich sind, das Paradoxon des Schaufensters auf die Spitze.

Nach wie vor sind Schaufenster, primitiv oder raffiniert, prägende Elemente des Stadtraums, die Straßen und Plätze beleben, beleuchten, bereichern, bestimmen. Sie verleihen ihnen einen Hauch jener Wärme, die sonst nur Innenräumen eignet, und gewähren intime Einblicke, ohne Indiskretionen zu begehen.

Vielleicht liegt gerade in der Tatsache, dass sie nur mehr am Rand des ökonomischen Verwertungsprozesses der Ware stehen, die neue Chance, zunehmend und gezielt eine kulturelle Rolle im Bild und im Leben der modernen Stadt einzunehmen.

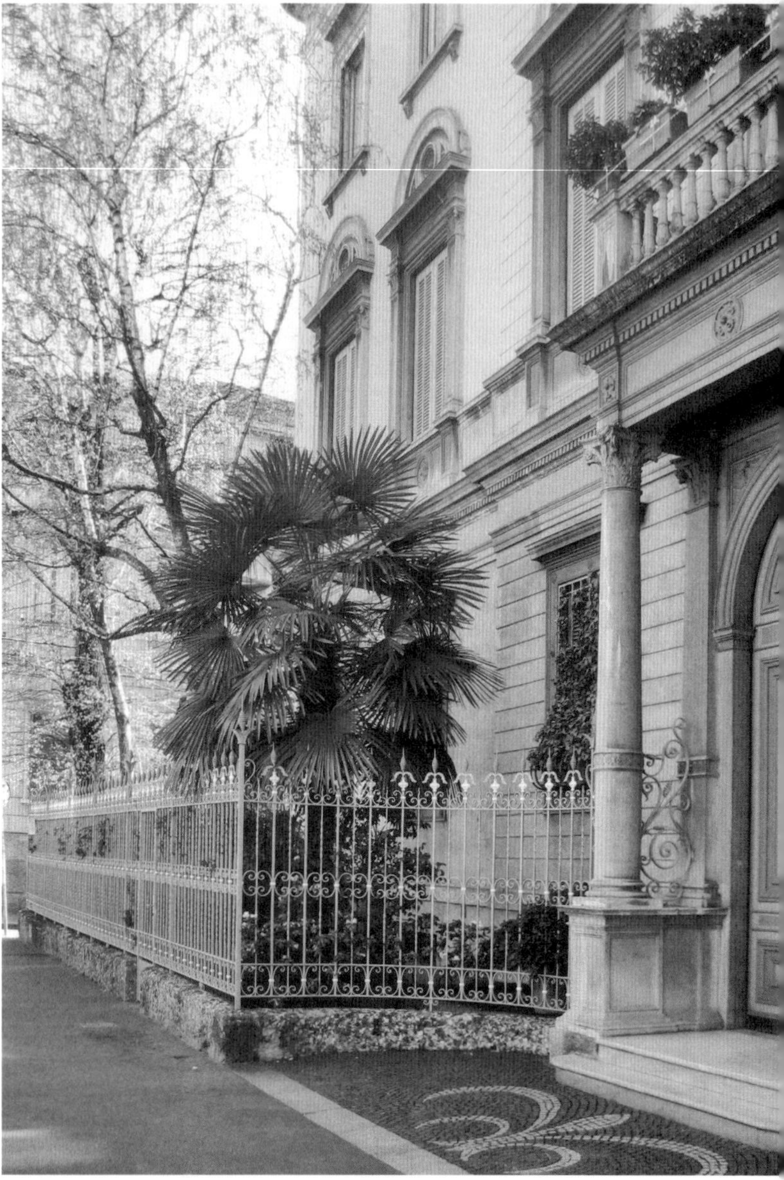

Einfriedung eines Vorgartens, Mailand, um 1890

Die Einfriedung

Der in Einfriedung enthaltene Wortstamm Friede geht auf die indogermanische Wurzel für lieben und schonen zurück. Der Begriff kam im 15. Jahrhundert auf und bezeichnet die Schaffung eines Innenraums, der durch eine Umzäunung vor Übergriffen und Störungen des Friedens geschützt ist. Auch in anderen Sprachen sind zahlreiche Benennungen für geborgene Räume mit Umfriedung verwandt: das englische *town* und das niederländische *tuin* gehen auf den indoeuropäischen Begriff für Umzäunung zurück, und *gorod*, das russische Wort für Stadt, hat dieselbe sprachgeschichtliche Wurzel wie Garten. Das lateinische *sanctus* bedeutete ursprünglich eingehegt, das altgriechische *temenos* wörtlich das Abgetrennte und damit besonders Wertvolle.

Tatsächlich definierte eine Einfriedung die Stadt seit ihrem Ursprung: ihre Mauer, die Schutz, Begrenzung, Identität und Prestige bedeutete. Bereits vor etwa 9 000 Jahren besaß Jericho eine Stadtmauer. Die Aurelianische Mauer, die im 3. Jahrhundert in Rom die Servianische Mauer ersetzte, war 19 Kilometer lang und sechs Meter hoch; später wurde sie auf fast elf Meter aufgestockt. Die von der Kommune Florenz im 13. Jahrhundert errichtete Mauer umfasste mit ihrer Länge von knapp neun Kilometern ein Areal, das weit größer war als das eigentliche Stadtgebiet, und brachte damit einen stolzen Expansionsanspruch zum Ausdruck.

Auch innerhalb der Stadt definierten und akzentuierten Einfriedungen die Eigentumsverhältnisse. Mauern und Zäune grenzten die Gärten voneinander ab, und diese wiederum vom öffentlichen Straßenraum. Im Rom der Neuzeit bildeten sie ein räumliches Netz, weil die Vorstadtstraßen rechts und links von verputzten Mauern gefasst wurden, die sie in labyrinthische Korridore verwandelten. Im Film *Liebes Tagebuch* von 1993 hat sie Nanni Moretti mit seiner Vespa erkundet und auf die Leinwand gebannt.

Eine besondere Rolle spielten die Einzäunungen der großen Parkanlagen in der Stadt. Zunächst waren es hohe, verschlossene Mauern, die den Bürgern den Blick auf die dahinterliegende Naturpracht vorenthielten: so bei der Villa Torlonia oder der Villa Doria Pamphilj in Rom. Zuweilen gaben vergitterte Öffnungen in die sonst geschlossene Wand einen sorgfältig inszenierten Blick in den Garten und aus dem Garten heraus frei. Später lösten sich die Parkeinfriedungen ganz in eiserne Gitterzäune auf, wie man sie heute in den meisten europäischen Städten vorfindet. Um den Park seiner römischen Villa ließ Marcantonio Borghese in den achtziger Jahren des 19. Jahrhunderts einen solchen Gitterzaun aufstellen, um sie vor Eindringlingen zu schützen, vor allem aber um ihre spekulative Parzellierung vorzubereiten: Damit verschärfte er allerdings die bereits bestehende Spannung mit der Kommune, die kurz darauf die Villa erwerben und 1901 den Bürgerinnen und Bürgern öffnen konnte. Die Eisenzäune wurde in Ersten Weltkrieg der Waffenproduktion geopfert.

Mit der Wiedereinführung der englischen Monarchie nach dem Bürgerkrieg und der Episode des Commonwealth of England wurde im Londoner Hyde Park 1660 der Holzzaun durch eine Ziegelmauer ersetzt, in den zwanziger Jahren des 19. Jahrhunderts trat an ihre Stelle ein Gitterzaun. 1866 kam es zur Hyde Park Railings Affair, als aufgebrachte Demonstranten der sozialistisch orientierten Reform League die Gitter umstießen und in den Park strömten, um die Kontrolle über den öffentlichen Raum zu beanspruchen. Für Regent's Park, der nach dem Entwurf des Landschaftsarchitekten Humphrey Repton

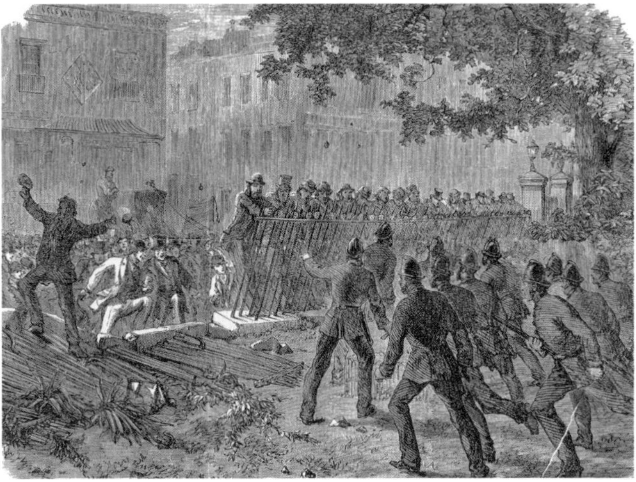

Umsturz des Gitterzauns von Hyde Park bei einer Demonstration, London, Stich, 1866

und unter der architektonischen Oberaufsicht des Architekten John Nash im zweiten Jahrzehnt des 19. Jahrhunderts in eine exklusive Wohnanlage verwandelt wurde, schuf Nash selbst luxuriöse Eisenzäune und Tore mit eleganten Lampen, die von 1836 an für zwei Tage in der Woche allen Londonerinnen und Londonern geöffnet wurden.

Die Einfriedungen prägten in London nicht nur das Stadtbild entlang der Parkanlagen, sondern auch jenes des gesamten West End. Die Squares, jene Plätze mit mittigen Gärten, vom 17. Jahrhundert an als Zentren der noblen Estates angelegt, wurden eingezäunt: zunächst mit hölzernen Gehegen wie 1618 in Lincoln's Inn Fields. Zu Beginn des 18. Jahrhunderts verkamen die meisten Squares, sogar jener von St. James: Vor diesem Hintergrund wurde 1726 der St. James Act verabschiedet, der Unterhaltsmaßnahmen am Platz auf Kosten der Anwohner ermöglichte. Der Landschaftsarchitekt Charles Bridgeman

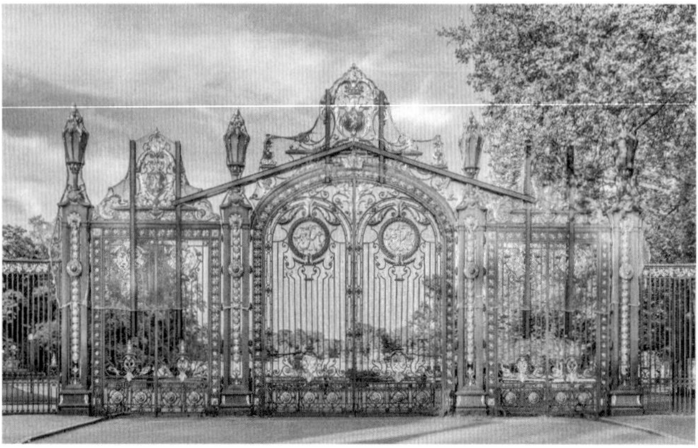

Eingangstor zum Parc de la Tête d'Or, Lyon, 1898

gestaltete die Anlage neu, eiserne Geländer ersetzten 1728 die ursprünglichen Holzzäune. Diesem Beispiel folgten bald andere Londoner Squares, darunter Soho und Golden Square. Auch in Grosvenor Square wurden 1774 anstelle der hohen Umfassungsmauer Geländer aufgestellt, die den Blick freigaben. Gegen Ende des Jahrhunderts waren so gut wie alle Londoner Squares eingezäunt. Die Benutzung war den Anwohnern vorbehalten, die einen Schlüssel für das Eingangstor besaßen, und ist es größtenteils immer noch. Nicht nur die Gärten, sondern gesamte Platzanlagen wie Bedford oder Gordon Square wurden von den öffentlichen Straßen abgegrenzt und nachts abgesperrt, um ihren privaten Charakter zu unterstreichen sowie ihre Sicherheit zu gewährleisten. Erst im späten 19. Jahrhundert wurden sie frei zugänglich.

Mittlerweile hatten die kräftigen, schwarz, dunkelgrau, graublau oder dunkelgrün gestrichenen Eisengitter auch die Straßen Londons und zahlreicher weiterer britischer Städte erobert. Seit dem Wiederaufbau nach dem Brand Londons im September 1666 breiteten sie sich vor allem im 18. und

19. Jahrhundert aus. Um die georgianischen und viktorianischen Reihenhäuser verliefen die *areas*, Gräben, die das Untergeschoss natürlich belichteten. Sie verlangten Absturzsicherungen, ähnlich ausgeführt wie die Einfriedungen der Squares. Die frühesten Gitter waren aus Schmiedeeisen und individuell gestaltet; später ging man zu Gusseisen über, das in Sandformen gegossen wurde, und schwelgte in ägyptisch oder gotisch inspirierten Zierelementen: Ende des 19. Jahrhunderts verwendete man hauptsächlich Weichstahl. Der Abstand der Stäbe war sorgfältig austariert: Sie mussten eng genug gesetzt werden, um Kinder am Hindurchschlüpfen zu hindern, und weit genug, um Transparenz und Luftigkeit zu suggerieren. Die Stäbe wurden senkrecht in vorgebohrte Natursteinplinthen gesteckt und mit Blei ausgefüllt, oben hielten sie ein oder mehrere horizontale Flacheisen. Im Zweiten Weltkrieg wurden etliche Zäune abmontiert, um aus dem Eisen Waffen herzustellen, aber da der Bedarf am Ende geringer als erwartet war, wurde ein Großteil in die Themse entsorgt.

In den meisten übrigen europäischen Städten wurden zu Beginn des 19. Jahrhunderts den Erdgeschoss- und Hochparterrewohnungen Gärten vorgelagert, um einen Abstand zwischen dem privaten Raum der Wohnung und dem öffentlichen Raum der Straße zu schaffen. Die Vorgärten wurden ihrerseits dort, wo sie an den Bürgersteig anstießen, mit Einfriedungen versehen, zuweilen mit einfachen Hecken, meistens mit niedrigen Mauern oder Zäunen oder mit einer Kombination von beiden. Überwiegend wurden diese Einfriedungen sorgfältig, teilweise sogar ausgesprochen anspruchsvoll gestaltet: Immerhin stellten sie die äußere Begrenzung des Hauses dar und leiteten dessen Auftritt im öffentlichen Stadtraum ein. Die Mauern bestanden aus Ziegeln, Zement oder Naturstein, zuweilen aus ganzen, nobel aneinandergefügten Steinblöcken. Die meist modularen Gitterelemente waren aus Holz, Schmiedeeisen, filigran komponierten Ziegeln, Terrakotta und sogar aus zierlich gegossenem armiertem Zement.

Für die Abgrenzung von Parks, Gärten und Rabatten von Trottoir und Fahrbahn suchte Jean-Charles Adolphe Alphand im Paris des Second Empire eine zusammenhängende Lösung. Die Grünanlagen wurden weitestgehend einheitlich eingefriedet, die Parks mit hohen Gittern, die Squares und Vorgärten mit niedrigen, alle jedoch möglichst filigran und licht. Für die Einfassung der Rasenflächen ließ er verschiedene Prototypen nach den Maßgaben der Funktionalität, Wirtschaftlichkeit und Eleganz entwickeln. Ein erstes, einfaches Modell aus Eisen verwarf er aus ästhetischen Gründen. Ein zweites Modell aus Kastanienholz war für die Hälfte des Geldes zu haben, hätte allerdings periodisch ersetzt werden müssen. Das am Ende ausgewählte Element übernahm die Form und auch die Astknoten des Holzes, wurde aber aus Eisen gegossen. Das machte es nahezu doppelt so teuer wie das hölzerne, aber langlebiger und ansprechend zugleich.

In seinem Städtebau-Handbuch von 1890 wird Josef Stübben diese Raseneinfassung aus gusseisernen Astbogen zeigen und neben zahlreiche andere stellen: aus Naturstein oder Zement, aus verschieden gefärbten Rundeisenstäben, aus Kanteisen, aus schmiedeeisernen Rohren, aus gedrehten Stäben, aus Ketten und aus schlichtem Draht. Alle könnten direkt auf dem Boden angebracht werden oder auf einem niedrigen Steinsockel. Wichtig sei, so Stübben, dass sich die Linienführung der Einfriedung aufs engste der Straßengestaltung und den Verkehrsrichtungen anschließe.[1]

Die Moderne des 20. Jahrhunderts raffte zwar zunächst jeglichen Zierat hinweg, aber die Aufmerksamkeit für die Einfriedungen blieb. Der visionäre Architekt Tony Garnier verbannte aus seiner Utopie einer sozialistischen Cité Industrielle von 1914 noch alle Zäune zugunsten einer durchgängigen Parklandschaft, in der er seine freistehenden Stadthäuser verteilte. Ernst May, der kluge Pragmatiker, führte sie in den Siedlungen des Neuen Frankfurt wieder ein, allerdings in äußerst reduzierter, schnörkelloser, industrieller Form.

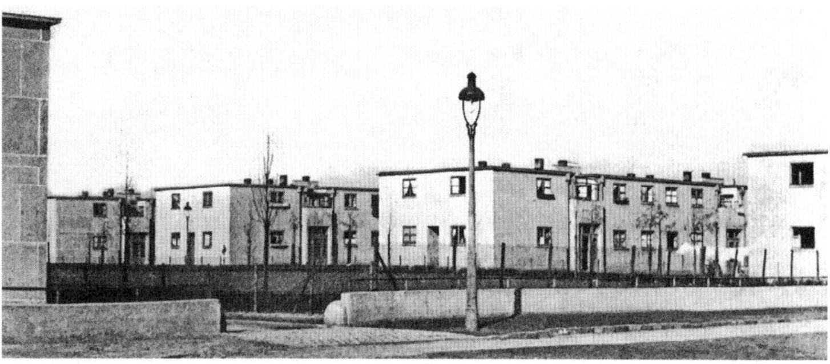

Ernst May u.a., Siedlung Mammolshainer Straße, Frankfurt am Main, 1929–1930. Einfriedung zur Altenhainer Straße

Der Rückzug auf billige Serienprodukte machte Schule und zeitigte belanglose Betonmauern und technisch anmutende, sterile und abweisende Metallzäune. Auch die städtischen Gartenanlagen und Beete wurden lieblos eingefasst, nicht selten mit klobigen Rohrkonstruktionen, die unter dem Vorwand, die Pflanzen vor Aufprallunfällen zu schützen, ihre ästhetische Präsenz konterkarierten. Heute gewärtigt man eine Wiederentdeckung der Schönheit und stadträumlicher Bedeutung der Einfriedungen. Die historischen Gitter und Zäune werden restauriert und so die Liegenschaften, aber auch und vor allem die Straßen der alten Quartiere aufgewertet. Bei den neuen Wohnanlagen hingegen regiert weiterhin Sparsamkeit: Die Mäuerchen werden nicht aus Stein, sondern aus Beton gefertigt, die Kanten nicht scharf belassen, sondern unentschieden abgeschrägt, das darüberliegende Eisenwerk durch serienmäßig gefertigte Gitter ersetzt oder ersatzlos wegrationalisiert. Die Ersparnis steht in keinem Verhältnis zum Verlust an stadträumlicher Qualität.

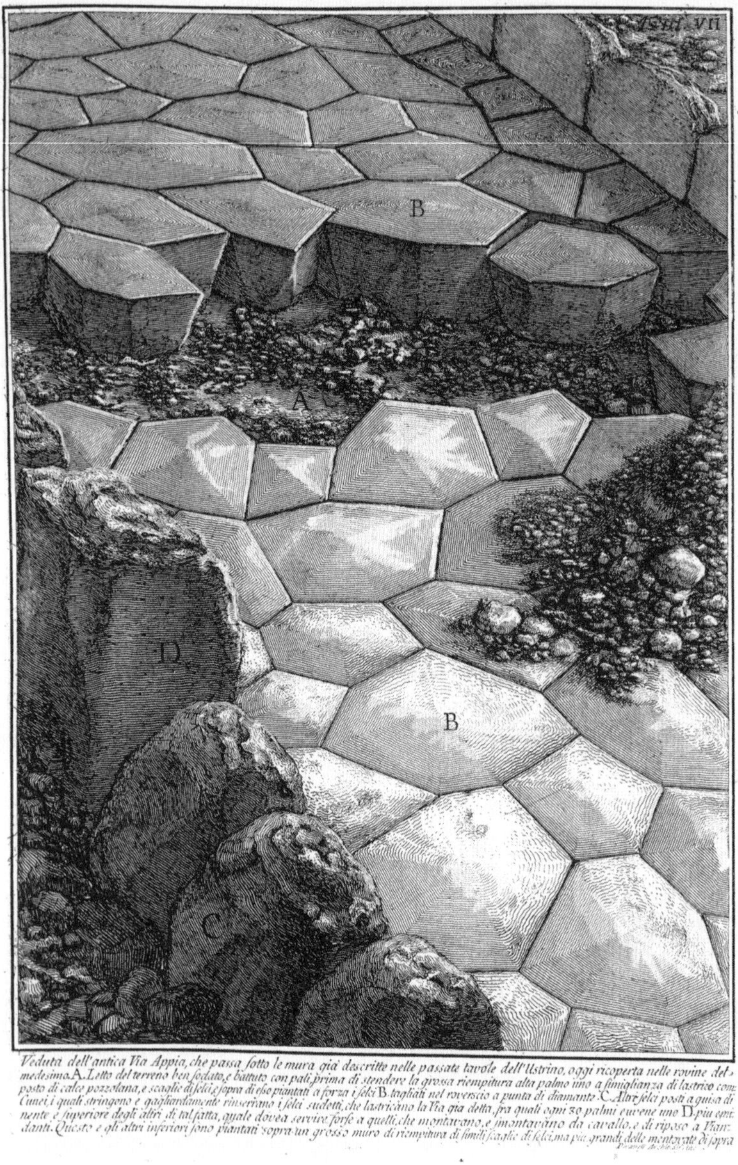

Römische Pflasterung der Via Appia, 3. Jh. v. Chr., Stich von Giovanni Battista Piranesi, 1756

Der Bodenbelag

Die Straßen und Plätze der ersten Städte bestanden, wenn sie nicht in Felsböden eingeschnitten waren, aus gestampfter Erde. Schon früh begann man, sie mit Steinen zu pflastern: um sie haltbarer und komfortabler, aber auch repräsentativer und schöner zu machen. Die ältesten uns bekannten Pflasterflächen entstanden vor über 6000 Jahren im mesopotamischen Ur. Für die Prozessionsstraße in Babylon wurden um 615 vor Christus gebrannte Tonplatten in Asphaltmörtel verlegt. Im Römischen Reich verfeinerte und verbreitete sich die Pflasterbautechnik: Kalk- oder Basaltsteine, in Pompeji polygonale Lavablöcke, wurden in unregelmäßiger Anordnung verlegt, wie der Historiker Prokopios von Caesarea in seinen *Gotenkriegen* im Zusammenhang mit der Via Appia beschreibt: »Appius ließ die Bruchsteine zunächst glatt und gleichmäßig zurichten sowie rechteckig behauen, dann wurden sie so dicht gesetzt, dass kein Bindemittel oder sonst dergleichen nötig war. So fest sind die Steine zusammengesetzt und verbunden, dass sie beim Betrachter den Eindruck erwecken, nicht miteinander verfugt, sondern verwachsen zu sein.«[1] Doch nur die prominenten Straßen wurden in den Städten derart hochwertig ausgeführt: Die übrigen blieben, selbst in der Hauptstadt des Imperiums, aus gestampfter Erde und Schotter.

Im Mittelalter erhielten vereinzelt wichtige städtische Magistralen eine Pflasterung, während alle übrigen verfielen, einschließlich der ehemals anspruchsvoll konstruierten Landstraßen. In den italienischen Stadtstaaten wurden die zentralen

Plätze, symbolische Orte der Kommune, aufwendig neu gestaltet: In Florenz wurde 1296 die Pflasterung am Domplatz erneuert, Piazza della Signoria folgte wenige Jahrzehnte später. In Siena wurden 1343 auf der Piazza del Campo Ziegelsteine in Fischgrätenmuster verlegt und durch schmale Grate aus grauem Stein in neun Segmente aufgeteilt, eine elegante Hommage an die damalige Regierung der Nove Buoni Mercanti, der Neun Guten Kaufleute.

Auch den Straßen und Gassen widmete man Aufmerksamkeit. In jeder größeren Kommune arbeitete eine Kommission für den Unterhalt der städtischen Straßen, Plätze und Brücken. In jener von Florenz amtierte kein Geringerer als Dante Alighieri, der 1301 für die Begradigung, Verbreiterung, Verlängerung und Pflasterung der Via di San Procolo, heute Via Padolfini, verantwortlich war. Die Straße führte allerdings zu einem Garten, der zum Besitz der Familie gehörte, und der Dichter wurde des Amtsmissbrauchs beschuldigt.

In den Architekturtraktaten der Renaissance spielten die Straßen, die Plätze und ihre Ausführung eine große Rolle. Andrea Palladio behandelte in seinen *I Quattro Libri dell'Architettura* (1570) auch die Pflasterung und bezog sich auf die römische Antike, Vincenzo Scamozzi vertiefte in *Dell'Idea dell'Architettura Universale* (1615) das Thema und führte Beispiele von italienischen und deutschen Städten an, die er abwägend würdigte.

Mit dem Aufkommen und der Verbreitung der Kutschen geriet ein fester Straßenbelag zur Voraussetzung einer modernen Stadtstraße. In Rom war man, wie in zahlreichen anderen Städten, dazu übergegangen, die Straßen mit Ziegelsteinen zu belegen, aber punktuell wurden die billigeren und widerstandsfähigeren Silikatsteine aus der Umgebung verwendet. 1565 verfügte Papst Pius IV., dass ausschließlich Backstein verwendet werden dürfte, mit Schienen aus Travertin oder Silikatstein für die Fuhrwerke. Trotz der drakonischen Sanktionen, die angedroht wurden, blieben die meisten Straßen in desolatem Zustand. Das änderte sich, als Papst Sixtus V. zwischen 1585 und 1590 mit dem

Architekten Domenico Fontana seine große Umgestaltung und Modernisierung der Stadt unternahm. Er ließ die schnurgeraden Straßen, die er in das urbane Gefüge einschnitt oder neu anlegte, gleich auch pflastern; im kleinen Traktat *Discorso del mattonato o selicato di Roma* erörterte Guido Baldo Foglietta verschiedene Varianten.[2] Sixtus entschied sich für pyramidal zugeschnittene Leucitit-Steine, etwa 17 Zentimeter lang und mit einem etwa zwölf mal zwölf Zentimeter großen quadratischen Kopf. Sie wiegen mehr als drei Kilogramm, lassen sich problemlos in Sand oder Puzzolanerde verlegen und bilden eine harte und haltbare Fläche, die sich auch schwierigen topografischen Gegebenheiten anpasst, allerdings etwas unregelmäßig bleibt, bei Nässe rutschig ist und immer recht laut. Allein unter Sixtus wurden über 120 Straßen in dieser Weise neu gepflastert; zu den wenigen (und letzten) Ausnahmen gehörte die Via Papale zwischen San Giovanni in Laterano und dem Petersdom, die mit Ziegelsteinen belegt wurde. Die Bezeichnung *sampietrini* geht auf den päpstlichen Präfekten Ludovico Sergardi zurück, der sie 1725 für die Instandsetzung des Petersplatzes verwenden ließ und entsprechend benannte. Spätestens von da an waren die dunkelgrauen Steine, die durch Abnutzung eine seidenglänzende Patina erhalten, der beliebteste Straßen- und Platzbelag Roms und die geringsten Zeugen seines

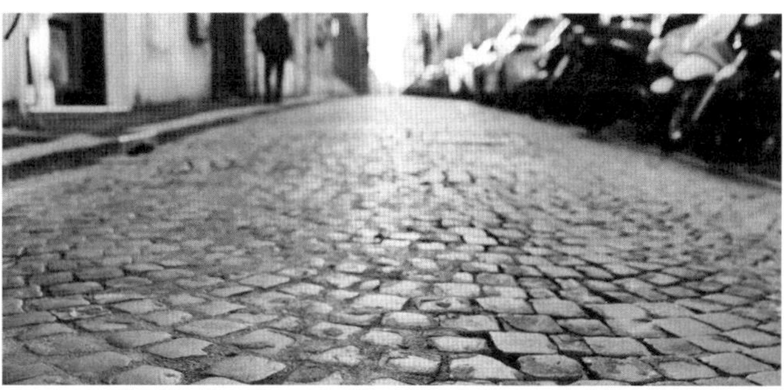

Straßenpflasterung mit *sampietrini*, Rom

monumentalen Glanzes. Als die Bürgersteige dazukamen, erhielten sie einen Bordstein aus hellem Travertin, der mit den dunklen Steinen einen schönen Kontrast erzeugte. 1870 hielten sie in einer kleinformatigen Version Einzug in Piazza Navona, 1940 in Piazza del Campidoglio. Bis heute prägen sie das Gesicht von Quartieren wie Trastevere und letztlich jenes der gesamten historischen Stadt mit.

In Neapel, Ende des 16. Jahrhunderts mit über einer halben Million Einwohnern die größte Stadt Europas, ließ der spanische Vizekönig Enrique de Guzmán, Graf von Olivares, die Straßen und Plätze mit Lavablöcken aus dem Vesuv pflastern. Die passgenau aneinandergefügten schwarzen Steine bewunderte unter anderem Johann Wolfgang von Goethe, Karl Philipp Moritz verglich die neapolitanischen Stadträume sogar mit Wohnräumen. Joachim Murat, König von Neapel in der Ära Napoleons, verwendete den gleichen Stein für alle neu angelegten Straßen. Auch der gewaltige Straßendurchbruch von Corso Umberto I, jenem Rettifilo, den die Società pel Risanamento di Napoli 1884–1894 realisierte, wurde mit Lavastein-Platten im Fischgrätenmuster belegt, die zwei Monate lang von einer Erdschicht bedeckt und geschützt wurden, damit sie sich setzen konnten.

In Mailand belegte man im 18. Jahrhundert die wichtigeren Straßen mit kleinen Rundsteinen aus dem Ticino, unterbrochen durch etwa sechzig Zentimeter breite Granitschienen, die den Lärm der Fuhrwerke dämpften. Eingelassen wurden sie in eine Mischung aus Erde und Sand. Um 1788 ersetzte der Architekt und Erfinder Agostino Gerli bei den Straßen um Porta Romana und Porta Lodovica die Erde durch eine Zementmischung und führte einen konvexen Straßenquerschnitt mit seitlicher Entwässerung ein. 1808 schrieb das napoleonische Regime vor, sämtliche Nebenstraßen der Stadt mit Kieseln zu pflastern, die Hauptstraßen hingegen mit Steinblöcken. Letztere erhielten flächenbündige Bürgersteige und eine neue, weiterhin mittig liegende Entwässerung. Stendhal, der bis 1821 immer wieder in Mailand lebte, beschrieb seine Straßen detailgenau, war von ihrer Qualität begeistert und bescheinigte ihnen, sie seien die bequemsten der Welt.[3] Die Zunahme des Fahrverkehrs und die Einrichtung der Pferdebahn 1881 führten zur Ablösung der konkaven Straßenprofile durch konvexe, mit Seitenentwässerung und erhöhten Gehwegen, und der Steine durch Asphalt, der kostengünstiger und leiser war. Ende des 19. Jahrhunderts experimentierte man auch mit Makadam, einer Bauweise aus geschichtetem Gestein, die der schottische Erfinder John Loudon McAdam entwickelt hatte und die noch billiger war, aber derart viel Pflege erforderte, dass sie bald wieder aufgegeben wurde. Das gleiche Schicksal hatte die Holzpflasterung der Via Dante von 1891, die nach nur sieben Jahren wieder abgetragen wurde. Stattdessen ging man zu großen braunroten Granit- oder Porphyrplatten von etwa 50 mal 30 Zentimeter über, 25 Zentimeter stark, mit einem Winkel von 45 oder 27 Grad schräg zum Straßenverlauf verlegt, um zu verhindern, dass sich die Räder der Fahrzeuge in den

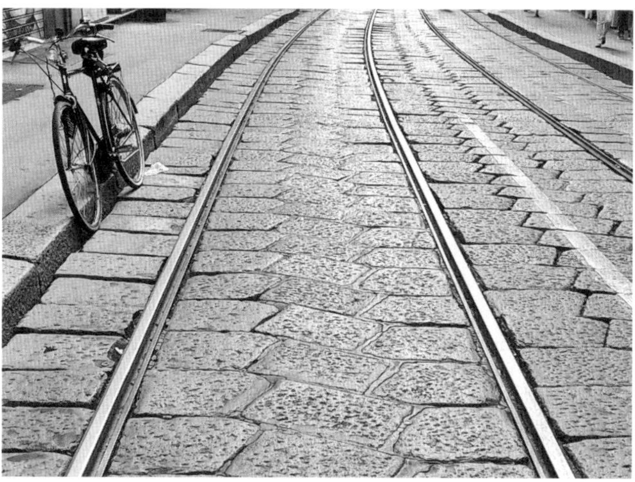

Straßenpflasterung mit Porphyrplatten (*pavé*), Mailand

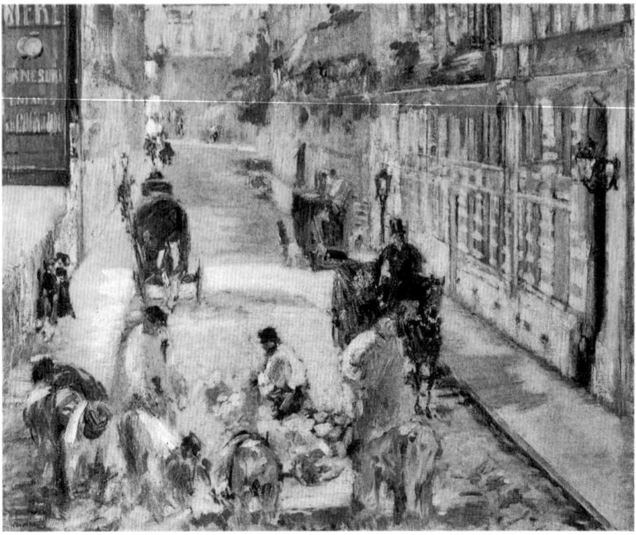

Edouard Manet, *Pflasterer in der Rue Mosnier,* Gemälde, 1878

Fugen verfingen. Erstmalig bei der besonders verkehrsreichen Porta Garibaldi eingesetzt, sollten sie bald, umgangssprachlich als *pavé* bzeichnet, zum Erkennungszeichen der Mailänder Straßen werden.

Auch in Paris wurden die Straßen nach dem Zusammenbruch des Römischen Kaiserreichs zunächst dem Verfall preisgegeben. Von ihrer Hässlichkeit, vor allem aber von ihrem Schmutz und Gestank angewidert, ordnete Philipp II. 1186 an, sie zu pflastern. Man begann mit den wichtigsten städtischen Verkehrsstraßen, welche die sogenannte *croisée de Paris* bildeten, die Rue Saint-Jacques, Rue Saint-Martin, Rue Saint-Antoine und Rue Saint-Honoré. Überwiegend setzte man Sandsteinwürfel ein, deren Seitenlänge etwa 16 Zentimeter maß, aber auch Kalkstein, Mühlstein oder Gips. Die Kosten mussten überwiegend die Anrainer tragen. Die Stadt, die knapp bei Kasse war, übernahm nur wenige Hauptstraßen und die Plätze, beaufsichtigte jedoch sämtliche Arbeiten. Die Steinleger wurden eigens für den Straßenbau ausgebildet, die Qualität ihrer Arbeit streng kontrolliert; 1502 kodifizierte ein Statut die Regeln ihres Handwerks. Während der Restauration wurden etliche Pariser Straßen mit Sandstein aus Fontainebleau gepflastert, andere erhielten eine Decke aus Makadam oder aus gestampfter Erde.

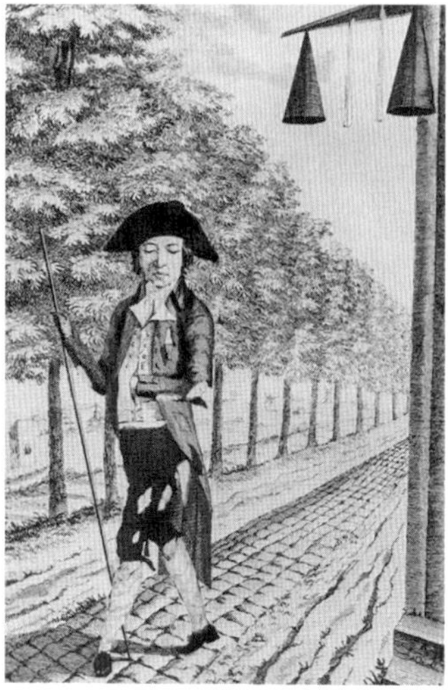

Rückkehr der Emigranten unter der Herrschaft des Direktoriums 1795/99

Im Second Empire bemühte sich Georges-Eugène Haussmann um eine möglichst umfassende und einheitliche Pflasterung aus kleinformatigen Porphyr-Blöcken, fand aber keine Unterstützung bei Napoleon III., der als leidenschaftlicher Reiter weiche Oberflächen vorzog. So blieben die Pariser Straßen ein Sammelsurium, bis hin zu den Steinflächen, die nicht nur aus Porphyr, sondern auch aus Sandstein verschiedener Arten, aus Arkose und aus Granit gefertigt waren. Nach Haussmanns Entlassung versuchte Jean-Charles Adolphe Alphand, der das Amt des Präfekten übernommen hatte, sowohl die Verwendung von Makadam als auch von Porphyr zu unterbinden, weil Ersterer zu unterhaltsintensiv und der Zweite zu rutschig war. Er setzte auf Sandstein, aber das Kleinpflaster, überwiegend aus Granit, erwies sich als den großen Steinformaten überlegen: Es konnte, im Segmentbogenverband oder im anspruchsvolleren Schuppenverband verlegt, auch geometrisch schwierige Situationen technisch und ästhetisch meistern.

Um 1880 kam die Holzpflasterung auf, die in England bereits mit wechselndem Erfolg praktiziert worden war. Nach missglückten Versuchen in der Rue Croix-des-Petits-Champs und in der Rue de Richelieu, wo Holzbalken auf Kalk und Sand gelegt wurden, die Exkremente und den Urin der Pferde aufsogen, bestialisch stanken und bald verfaulten, wurde ein besseres Verfahren entwickelt: 15 Zentimeter hohe Blöcke aus roter Tanne wurden auf einer gleich starken Schicht Portland-Beton verlegt. Ihre Oberfläche wurde im Abstand von 40 Zentimetern diagonal gerillt, um den Halt für die Pferdehufe zu verbessern. Dergestalt holzbelegte Straßen verbreiteten sich in Paris zwischen 1885 und 1920, und sogar noble Straßen wie die Avenue des Champs-Élysées und die Rue de Rivoli wurden auf diese Weise modernisiert. Doch das Holz verrottete weiterhin und das Öl der neuen Automobile machte es zusehends glitschig. Sukzessive wurde es vom Asphalt verdrängt und war Ende der dreißiger Jahre endgültig aus den Pariser Straßen verschwunden. Bis dahin blieb das Durcheinander von Belägen: Der Boulevard Malesherbes war eine Zeitlang sogar über seine gesamte Länge halbiert, die rechte Fahrbahn chaussiert, die linke holzgepflastert.

Im mittelalterlichen Wien wurden vereinzelt Marktplätze und wichtige Straßen gepflastert, vorzugsweise mit Sandstein, der als Katzenkopfpflaster verlegt wurde, also mit unregelmäßig behauenen Steinen. Sie waren allerdings sehr weich und mussten periodisch ausgebessert oder ersetzt werden. Zu Beginn des 15. Jahrhunderts konnte Aeneas Silvius Piccolomini, der spätere Papst Pius II., in seiner *Österreichischen Geschichte* schreiben, der Boden der Wiener Straßen und Gassen sei »mit festen Steinen gepflastert, so dass er nicht leicht durch die Räder der Fuhrwerke eingefurcht wird«.[4] Die immer noch hohen Unterhaltskosten führten dazu, dass Mitte des 18. Jahrhunderts noch härteres Material, vornehmlich Schiefer oder Granit, und andere Bearbeitungsmethoden gewählt wurden. Maria Theresia ließ den Steinmetz-Platz, den heutigen Komödienplatz, nach Pariser Vorbild mit Granitsteinen befestigen. 1778 wurde systematisch mit der rechtwinklig angelegten Pflasterung der

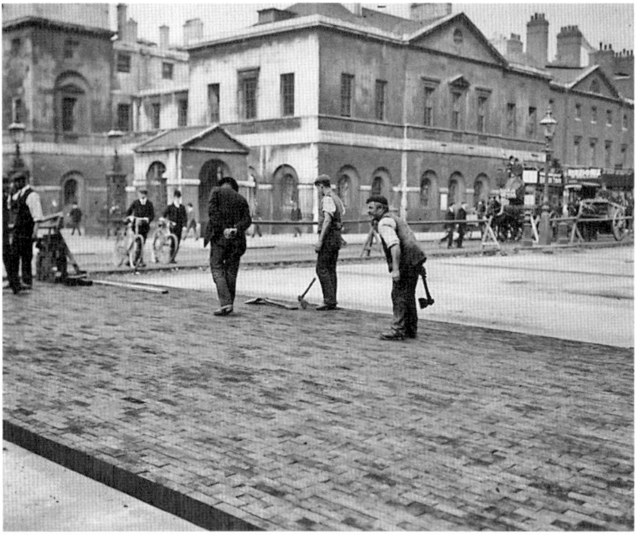

Verlegung von Holzpflaster auf einer Straße, London, 1909

Straßen begonnen, von 1826 an mit Granitwürfeln von 18,5 Zentimetern Seitenlänge. Sie läuteten die Ära des sogenannten Wiener Pflasters ein, das später auch mit quaderförmigen Blöcken ausgeführt wurde. Das Material kam überwiegend aus Mauthausen, die Steine wurden quer zur Fahrrichtung verlegt, um den Pferden einen besseren Halt zu geben; in Straßenbereichen mit einer Steigung wurden sie zusätzlich gerillt. Um die Mitte des 19. Jahrhunderts war die Innere Stadt nahezu vollständig gepflastert. Versuche mit Holzpflasterung blieben in Wien episodisch; ebenso jene mit Kunststein, Eisenwürfeln und -platten, Zement und sogar Kautschuk. Stattdessen setzte sich wie überall Asphalt immer mehr durch.

Die Straßen Londons wurden länger vernachlässigt als jene der italienischen und französischen Städte. Die Verwaltung war schwach und überließ den öffentlichen Raum dem chaotischen Verkehr und dem stinkenden Dreck. Die Pflasterung von einigen Straßenabschnitten in Holborn 1417 blieb Episode. Als um die Mitte des 17. Jahrhunderts die ersten Squares gebaut wurden, erhielten sie vereinzelt nur deswegen eine Pflasterung, weil sie Privateigentum waren und blieben. Auch nach dem Stadtbrand von 1666 verbesserte sich die Lage nur sporadisch. Um 1780 inspizierte die Royal Mail sämtliche Straßen und verweigerte dort, wo deren Zustand zu schlecht war, die Auslieferung der Post. 1815 hielt Makadam Einzug in London, ein paar Jahrzehnte später Asphalt. Parallel dazu wurden manche Straßen mit senkrecht in den Boden gerammten, meist sechseckig zugeschnittenen Holzbalken belegt, die anschließend geteert wurden. Da sie schnell abgenutzt waren und die Pferde darauf ausrutschten, entschied die City of London, sie durch Granitsteine zu ersetzen. Die ausrangierten Holzteile durften einfach mitgenommen werden und landeten in den Kaminen der Londoner Bürger. Die neuen Steine kamen aus Schottland, Cornwall und Mountsorrel und wurden, um weitere Transportwege zu sparen, in der nächsten Umgebung ihrer Ankunftsbahnhöfe verlegt. Da sie unterschiedliche Farbtöne hatten, entstanden in der Stadt unterschiedliche Pflastertopografien. Ihr Nachteil, laut zu sein, führte zu Experimenten mit Asphalt, der jedoch damals noch zu teuer war. So kehrte man gegen Ende des 19. Jahrhunderts zum inzwischen auch von der Lobby der Pferdehalter (in London waren 300 000 Pferde unterwegs) favorisierten Holz zurück. Ganze Stadtteile wurden damit gepflastert, die noblen mit Hartholz, die weniger noblen mit Kiefer. Selbst die vornehme Regent Street erhielt nach der Umgestaltung durch Richard Norman Shaw und Reginald Blomfield in den zwanziger Jahren des 20. Jahrhunderts einen Holzbelag.

Damals wies London ein solches Durcheinander von Straßenbelägen auf, dass diese in *Bartholomew's Road Surface Map of London & Neighborhood,* von 1903 an in mehreren Auflagen bis Ende der zwanziger Jahre erschienen, mit unterschiedlichen Farben markiert wurden, um den verschiedenen Verkehrsteilnehmern, vor allem den Radfahrern, die jeweils beste Route zu zeigen. Die Probleme, die Holz als Straßenbaumaterial weiterhin aufwarf, führten zur Verwendung von Tarmacadam, einem teergebundenem Makadam, den der Ingenieur Edgar Purnell Hooley 1902 patentiert hatte. In der Nachkriegszeit verbreitete sich jedoch der praktische, leise, nahezu unterhaltsfreie und inzwischen billige Asphalt.

Er wurde zunächst als Gussasphalt im Straßenbau verwendet, dann als Stampfasphalt und seit dem 20. Jahrhundert als Walzasphalt. Seine Geschmeidigkeit, seine Widerstandsfähigkeit und vor allem sein stetig fallender Preis machten ihn immer attraktiver. Für die Stadtregierung hatte er zudem den Vorteil, dass er, anders als die Pflastersteine, nicht als Barrikadenmaterial und Wurfwaffe benutzt werden konnte. Bereits bei der Julirevolution in Paris 1830 wurden die Straßen aufgerissen, ein nicht zuletzt symbolischer Angriff auf die Artefakte des Königs und der herrschenden politischen Ordnung, wie Victor Hugo es in *Die Elenden* lebhaft beschreibt. 1848 nahm der Barrikadenbau aus Steinen zu; die Städte reagierten darauf mit Straßenbelägen, die auf Steine verzichteten. Im *Wörterbuch der Gemeinplätze*, an dem er seit 1850 arbeitete, führte Gustave Flaubert unter dem Stichwort »Makadam« auf: »Hat die Revolutionen unterdrückt: Keine Möglichkeit mehr, Barrikaden zu bauen«, fügte jedoch sofort hinzu: »Ist gleichwohl recht unpraktisch.«[5] Tatsächlich wurde zunehmend von dem allzu lose geschichteten Belag Abstand genommen. Die Sorge um die Straßenkämpfe blieb: Der Boulevard Saint-Michel, der erst steingepflastert, in den vierziger Jahren des 20. Jahrhunderts asphaltiert und dann wieder steingepflastert worden war, wurde 1968 eilends mit einer bituminösen Schicht überzogen, die eine Zweckentfremdung der Steine in der Studentenrevolte vereiteln sollte.

Die Vorstellung der autogerechten Stadt, die in den zwanziger Jahren aufkam und in den sechziger Urstände feierte,

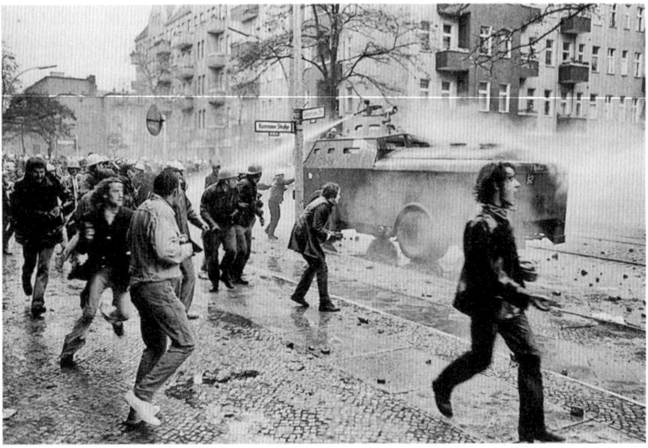

Einsatz von Pflastersteinen als Wurfwaffen bei einer Demonstration, Berlin, 1968

sah glatte, gut befahrbare und unterhaltsarme Straßen vor: Asphaltstraßen eben. Das neue Material eroberte den Stadtboden und machte ihn ebenso gleichförmig wie ausdruckslos. Er wurde als Emblem von Modernisierung gefeiert, aber auch als künstliche Decke gedeutet, die den Großstadtbewohner vom natürlichen Boden abschneide. Der Vorspann des Filmes *Asphalt*, den Joe May 1929 drehte, zeigt mit dramatischer Eindringlichkeit, wie Asphalt hergestellt wird und dann das offene Land verschlingt, um dem Verkehr den Weg zu bahnen. Im Nationalsozialismus wurde der Begriff synonym und diskreditierend für alles Großstädtische verwendet. Seit den achtziger Jahren des letzten Jahrhunderts wird differenzierter mit dem Stadtboden umgegangen: Während Straßen mit hohem Verkehrsaufkommen weiterhin asphaltiert werden, erhalten ruhigere Straßen in den Altstädten eher Steinbeläge, die sich am historischen Zustand orientieren. Traditionelle Pflasterungen wie jene von Rom werden, nicht zuletzt unter dem Druck der Bürger, erhalten und gepflegt. Um Flusssteine für

Rollstuhlfahrer und Damen mit Stöckelschuhen passierbar zu machen, werden sie zuweilen geschliffen, wie etwa die Wacken auf dem Basler Münsterplatz.

Auch Kunst und Erinnerungskultur nahmen sich des städtischen Bodenbelags an. 1999–2003 wurde nach einem Wettbewerbsentwurf der Künstlerin Eva Löfdahl und des Architekturbüros Caruso St John der Stortorget-Platz in Kalmar, Schweden, mit einer subtilen Komposition von runden Steinen, Pflastersteinen und eingefärbten Betonplatten neu belegt. In St. Gallen schufen der Architekt Carlos Martinez und die Künstlerin Pipilotti Rist 2005 ein »Rotes Wohnzimmer«, indem sie den Straßen- und Platzboden mit knallrot gefärbtem Kunststoffgranulat auslegten und mit ungewöhnlich geformten überdimensionalen Möbeln und wolkenartigen Lichtkörpern ausstatteten.

Derlei Ausnahmen, vor allem die Letztere, wirken nur innerhalb des Geltungsbereichs einer ruhigen und einsichtigen Regel. Sie wird so komplex sein müssen wie die Stadt und ihre öffentlichen Räume: Der Belag ist einer der wichtigsten Elemente ihrer Gestaltung und für ihren Charakter entscheidend. Nicht umsonst und absichtlich enigmatisch befand Adolf Loos, die Modernität einer Stadt zeige sich im Straßenpflaster.

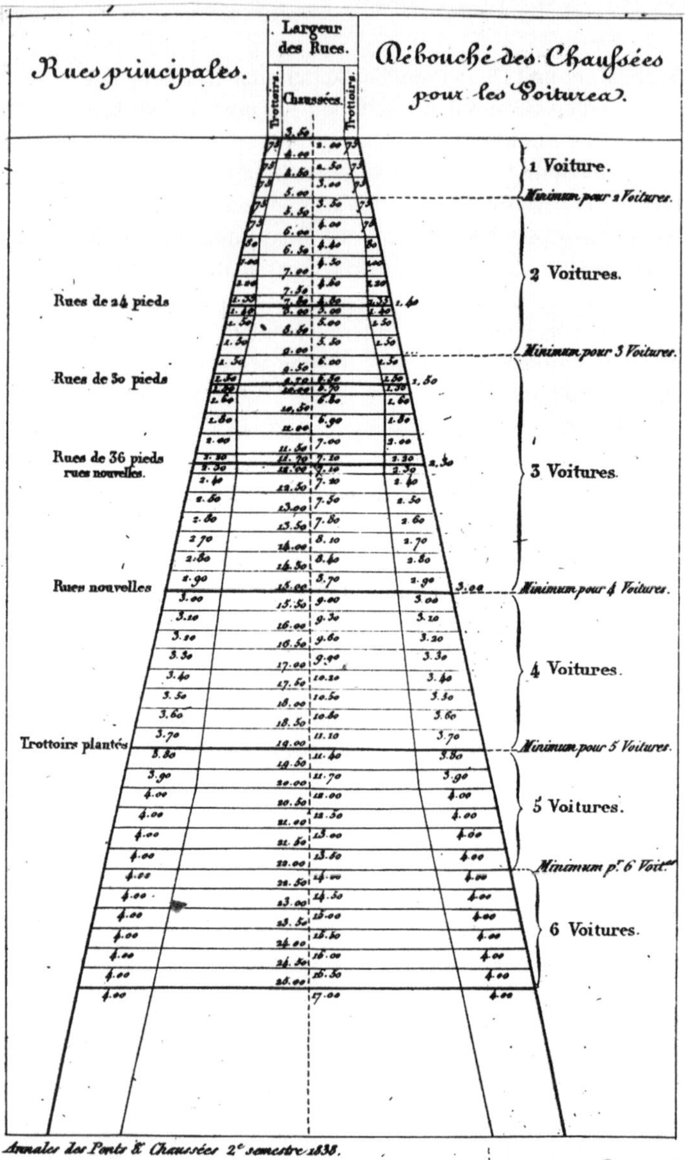

Jean-Baptiste-Joseph Partiot, Schema für die Bestimmung der Trottoirbreite im Verhältnis zur Fahrbahnbreite, 1838

Der Bürgersteig

Das deutsche Wort, dessen Bestandteil Bürger etymologisch auf Öffentlichkeit verweist und keine sozialpolitische Konnotation besitzt, bezeichnet einen von der Fahrbahn abgeteilten, in der Regel erhöhten Gehweg. Er wird auch, eben, Gehweg, Gehsteig, Gangsteig oder Trottoir genannt. Letzterer Begriff ist dem Französischen entlehnt und bezeichnete ursprünglich die gepflasterte Rampe am Pont Neuf in Paris, eine Fahrbahn für Lastkarren, die den Flusskai mit der Brücke verband und die man zu Pferd nur im Trab oder Trott zu bewältigen vermochte. Im Englischen wird der Bürgersteig *pavement* oder *sidewalk* genannt, womit seit der Mitte des 18. Jahrhunderts in den Londoner Einkaufsstraßen ein erhöhter Brettersteg bezeichnet wurde, der vor den vornehmen Läden montiert wurde, damit man dort besser laufen und stehen konnte. Italienisch heißt er *marciapiede*, das seinerseits Mitte des 18. Jahrhunderts aus dem französischen *marchepied* abgeleitet wurde, was allerdings Schemel oder Trittbrett bedeutet.

Die ersten Bürgersteige entstanden wohl etwa 2000 vor Christus im Karum von Kültepe in Anatolien. Auch das griechische Korinth soll mit Gehsteigen ausgestattet gewesen sein. Die Bürgersteige der römischen Straße, wie man sie etwa in Pompeji noch heute besichtigen kann, dienten weniger der Sicherheit der Fußgänger vor den Fahrzeugen denn als Schutz vor Regenwasser und Straßenschmutz. Und sie boten Raum für kommerzielle Nutzungen: Barbiere rasierten im Freien, Händler priesen die verschiedensten Waren an, Imbissverkäufer bereiteten das Essen für Passanten vor. Einen besonderen Fall stellt die Platzinsel in der Mitte des Forum Romanum dar, die vermutlich unter Augustus angelegt wurde und mit ihren großen rechteckigen Travertinplatten, die sich von den rahmenden Straßen aus Basaltsteinen absetzten, eine zwanzig Zentimeter hohe Schwelle markierte und die Monumente hervorhob. Eine Schutzfunktion für die Fußgänger besaß sie nicht: Wie sämtliche römischen Fora war auch jenes in Rom eine reine Fußgängerzone.

Die mittelalterliche Stadt kannte keine Bürgersteige: Fußgänger, Reiter und Fuhrwerke teilten sich den gleichen Straßenraum; weil sie nicht besonders zahlreich waren, war diese Koexistenz möglich. Das änderte sich mit der Expansion der Städte und der Zunahme des Verkehrs. Als London, die damals größte Metropole Europas, nach dem Brand von 1666 wiederaufgebaut wurde, achtete man darauf, die Straßen auch für Fußgänger sicher und einigermaßen bequem passierbar zu machen und Dreck, Pferdemist und Tierblut aus den Metzgereien von ihnen fernzuhalten. Hölzerne Poller und Stufen wurden eingebaut. Die Verordnung *Certain Orders, Rules and Directions Touching the Paving and Cleansing The Streets, Lanes and Common Passages within the City of London* von 1671 regelte die Straßenausführung. Voltaire, der ein halbes Jahrhundert später nach England reiste, war tief beeindruckt: Er sah in den Bürgersteigen ein Mittel, die Stadt zu demokratisieren, weil sie für die Armen begehbar würde, die nicht in Kutschen unterwegs waren. Der *Westminster Paving Act* von 1762 leitete eine Reihe von Vorschriften ein, mit denen die Einführung von Bürgersteigen forciert wurde. Der *London Paving & Lighting Ac*t von 1766 autorisierte die City of London Corporation, Gehsteige in den städtischen Straßen einzurichten: Sie wurden mit Purbeck-Stein gepflastert und über das Straßenniveau erhoben; die Stufe wurde durch Bordsteine markiert. So schützten sie den Fußgänger vor Schlamm, aber auch vor Verkehrsunfällen.

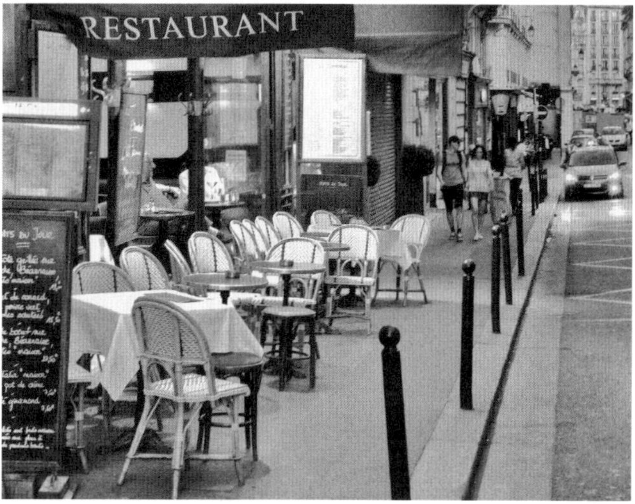

Bürgersteig, Paris

In Paris waren die Straßen keineswegs sauberer als in London: Der Schriftsteller Nicolas Boileau schilderte 1664 in seiner Satire *Les embarras de Paris*, wie er in seinem Alltag durch Straßen waten musste, die sich in schmutzige Pfuhle verwandelt hatten, und dabei mit Dreck bespritzt wurde; und als Jean-Jacques Rousseau 1778 nach Ermenonville aufbrach, soll er sich nicht ohne Bitternis von der *ville de boue*, der Schlammstadt, verabschiedet haben. Bürgersteige ließen allerdings auf sich warten: Jene, die 1606 am neu gebauten Pont Neuf angelegt worden waren, blieben über Jahrhunderte hinweg ohne Nachahmer. Der Architekt Pierre Patte, der 1769 mit seinem Buch *Mémoires sur les objets les plus importants de l'architecture* für die Modernisierung der Stadt eintrat, sprach sich ebenso gegen Trottoirs aus, wie er Arkaden ablehnte. Gleichwohl hielt er es für unverzichtbar, rechts und links von der Fahrbahn geschützte Bereiche für Fußgänger zu schaffen, die sonst Gefahr liefen, überfahren zu werden, und schlug vor, sie im Gegensatz zum Kleinpflaster der Fahrfläche mit großen Steinplatten zu belegen, vermittels Rinnen abzusetzen und durch kräftige Poller zu fassen. Entschieden zugunsten von Bürgersteigen sprach sich hingegen der Schriftsteller Louis-Sébastien Mercier aus. 1781 entstand vor den luxuriösen Geschäften an der Rue du Théâtre-Français, heute Rue de l'Odéon, das erste Pariser Trottoir im modernen Sinn. Es blieb Episode, und die Anordnungen von 1784 und 1796, die für neu angelegte Straßen Bürgersteige vorschrieben, hatten keine Folgen. Immerhin wurde 1786 die Neuanlage der Rue Lepelletier nur unter der Bedingung bewilligt, dass sie mit Trottoirs und Bordsteinen ausgestattet wurde.

Von der Londoner Entwicklung angeregt, verfasste Arthur Dillon, Kaplan von Nôtre-Dame de Paris, 1802 einen Bericht über die *Utilité, possibilité, facilité de construire des trottoirs dans les rues de Paris*, in dem er eloquent ihre Vorteile pries: Sicherheit und Sauberkeit für alle Stadtbewohner, auch für Kinder und alte Menschen; Schaffung von kommerziellem und sozialem Raum; Bezeichnung urbanen Komforts. Die Erhöhung gegenüber der Fahrbahn schlug er mit etwa 18 Zentimeter geringer vor als jene der in Paris bereits existierenden Brückentrottoirs mit ihren 30 Zentimetern; schlussendlich entschied sich die Pariser Stadtverwaltung für noch weniger, nur 10 Zentimeter. Die Gehwege wurden mit Granitplatten, Kalkstein aus Souppes-sur-Loing oder Lavastein aus der Auvergne belegt, die Bordkante bestand ebenfalls aus Granit. Die Kosten hatten die Anlieger zu tragen, was der Verbreitung der Bürgersteige kaum förderlich war, bis 1826 die Stadt die Hälfte übernahm. Angefangen wurde an der Ecke der Rue Saint-Lazare mit der Chaussée d'Antin, dann wurden die Rues Saint-Honoré und de Richelieu mit Trottoirs versehen.

Das waren überfällige Maßnahmen: In *Das Mädchen mit den Goldaugen* von 1835 schildert Honoré de Balzac, wie die Häuser der französischen Millionenstadt in pestilenzialisch

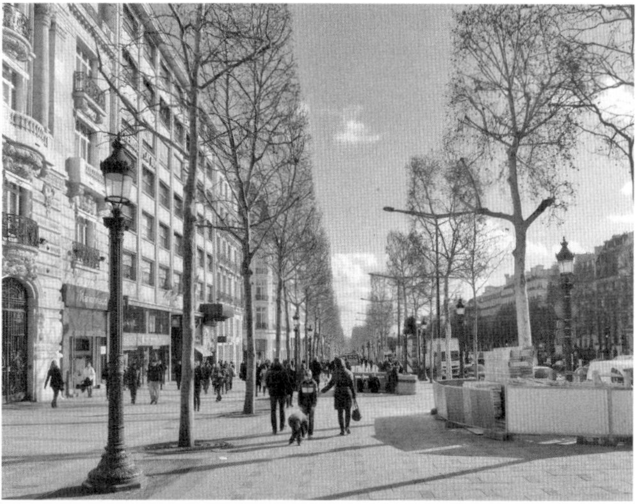

Bürgersteig der Avenue des Champs Élysées, Paris

stinkendem Unrat standen. Claude-Philibert Barthelot de Rambuteau, seit 1833 zum Seine-Präfekt ernannt wurde, beschrieb in ebenso lebhaften Tönen, wie die Pariser Straßen sich bei Regen in schmutzige Bäche verwandelten, die man nur mit Hilfe von Holzplanken überqueren konnte, und im Sommer in übelriechende und krankheitsstiftende Latrinen, wo sich tierische und menschliche Exkremente mit verfaulenden Schlachterabfällen mischten. In seiner Amtszeit wuchsen die 16 Kilometer Bürgersteige auf 275. Zugleich wichen die durch Abwassergräben in der Mitte zweigeteilten Straßen nach und nach leicht gewölbten Fahrbahnen mit zwei seitlichen Rinnen, eine entscheidende Verbesserung der Entwässerung des Straßenraums und der Hygiene. 1838 schlug der Ingenieur Jean-Baptiste-Joseph Partiot eine Systematik vor, um die Breite der Bürgersteige proportional zu jener der Fahrbahn und in Abhängigkeit vom Verkehrsaufkommen zu bestimmen. Etwa um die gleiche Zeit begann man, die Trottoirs mit Bitumen oder Asphalt zu belegen, nur die Bordsteine waren weiterhin aus Granit geschnitten. In den Vororten bestanden die Gehwege lediglich aus gestampfter Erde, wie auch Frédéric Moreau in Gustave Flauberts *L'éducation sentimentale* beobachtet, als er vom Land, wo ihm seine Mutter den finanziellen Ruin der Familie eröffnet hat, wieder nach Paris zurückeilt, um die geliebte Marie Arnoux zu suchen.

1845 wurde in Frankreich erneut ein Gesetz zugunsten der Anlage von Bürgersteigen verabschiedet; diesmal sollten die Gemeinden sämtliche Kosten übernehmen. Das lag auch deshalb nahe, weil inzwischen der Bürgersteig zum Deckel eines komplexen Systems von technischen Leitungen geworden war. Das Second Empire feierte das Trottoir als wichtigstes Element der technischen, ästhetischen und sozialen Konstruktion seiner Boulevards: 1869, unmittelbar bevor er auf Grund von finanziellen Unregelmäßigkeiten kaltgestellt wurde, konnte sich der Präfekt Georges-Eugène Haussmann rühmen, mitsamt den neu eingemeindeten Vororten verfüge Paris über 1088 Kilometer Trottoir. Diese konnten gar nicht breit genug sein, zumal sie neben den Bäumen zunehmend neue Stadteinrichtungsgegenstände wie Laternen, Reklamesäulen, Kioske und öffentliche Toiletten aufnehmen mussten, und waren die unstrittig zentrale Bühne des neuen gesellschaftlichen Lebens und der damit verbundenen Geschäfte – der Läden und Cafés, aber auch der Schuhputzer und der Dirnen. Nicht zufällig wurden diese als *filles* oder *chandelles de trottoir* apostrophiert; *faire le trottoir* hieß so viel wie sich prostituieren. Deutsch nannte man sie Bordsteinschwalben, weil ihnen nur gestattet war, unmittelbar hinter der Bürgersteigkante zu stehen, hinter einem imaginären Strich, italienisch *donne da marciapiede*.

Die ersten Bürgersteige Berlins wurden in der Friedrichstadt angelegt. Ihrer Kundschaft zuliebe, die nicht in Schlamm und Schmutz stehen sollte, ließ 1824 die Weinhandlung Lutter &

Wegner vor ihrem Lokal am Gendarmenmarkt großformatige Granitplatten verlegen. Fünf Jahre später übernahm der Berliner Magistrat die Initiative und begann, die bis dahin unbefestigten Straßen der preußischen Hauptstadt zu pflastern und mit Bürgersteigen zu versehen. Zu zwei Dritteln wurde der urbanistische Kraftakt mit der neu eingeführten Hundesteuer finanziert, für die Gehwege selbst mussten vorerst die Anlieger aufkommen. Deren Herzstück bildet ein Streifen von üblicherweise ein Meter breiten Platten aus schlesischem Granit, dessen Trittfläche flach und glatt geschnitten, dessen Unterseite hingegen nur grob behauen als sogenannter Schweinebauch ausgebildet ist, so dass sie sich durch ihr Eigengewicht in den sandigen Untergrund bohrt und von selbst stabilisiert. Darunter verlaufen frostsicher Frisch- und Abwasserleitungen. Rechts und links davon wurden von 1880 an Streifen aus kleinteiligem Bernburger Mosaikpflaster verlegt: zur Hauswand der Oberstreifen, der geschickt Vor- und Rücksprünge der Fassade überspielt, zum Bordstein der Unterstreifen, unter dem Gasleitungen und Elektrokabel liegen, eine Anordnung, die Wartungsarbeiten erleichtert. Die hellgrauen Kalksteinblöckchen, im 45-Grad-Winkel zum

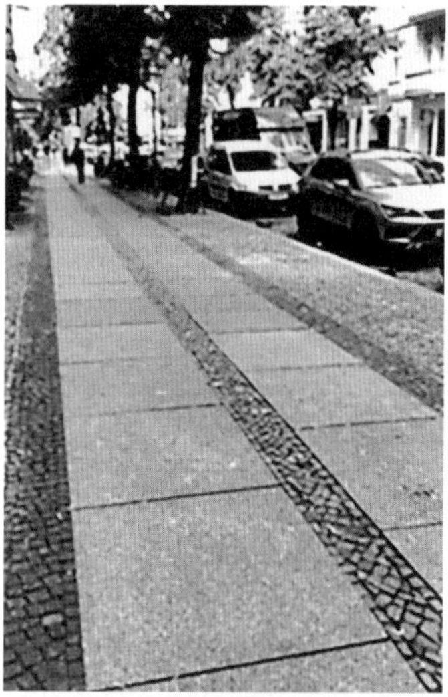

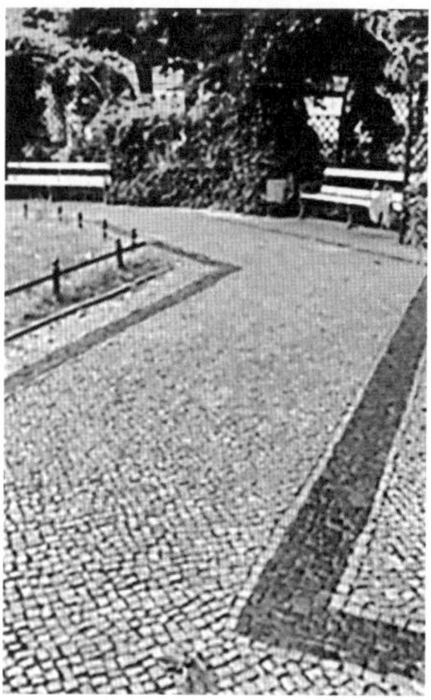

Bürgersteige, Berlin-Charlottenburg

Bordstein verlegt, wurden später durch Granitteile im 30-Grad-Winkel ersetzt. Die großen Platten sind einreihig, bei breiteren Gehwegen auch zwei- und dreireihig angeordnet, aber immer versetzt, damit keine durchgehenden Längsfugen entstehen.

Im noblen Charlottenburg, etwa in der Hardenbergstraße, kamen sogar riesige Platten mit zwei Metern Seitenlänge zur Anwendung. Entsprechend großzügig sind die Bürgersteige dimensioniert: In einem seiner legendären städtebaulichen Vorträge an der Königlichen Technischen Hochschule zu Berlin befand der Architekt Joseph Brix, in Großstädten sollten keine Gehwege unter vier Meter Breite angelegt werden; als Begründung führte er die »Bequemlichkeit des Publikums«, aber auch die »Erschwerung der Tätigkeit der Taschendiebe« an.[1] Anfang des 20. Jahrhunderts wurden die Granitplatten durch kleinere Betonplatten mit einem Natursteinvorsatz und fünfeckigen Bischofsmützen als seitliche Abschlüsse ersetzt, die billiger sind und sich leichter verlegen lassen; an den Kleinmosaikstreifen hielt man nahezu überall fest. In den siebziger Jahren kamen die Betonformsteine auf, in Knochen- oder Zickzackform, grau, rötlich oder ockerfarben. In Berlin setzten sie sich nur vereinzelt durch, dafür eroberten sie mit ihrem traurigen Pragmatismus die Gehwege der meisten übrigen deutschen Städte.

Besonders anspruchsvolle Bürgersteige zieren Lissabon. Für den Wiederaufbau der Stadt nach dem Erdbeben von 1755 hatte der Chefingenieur des portugiesischen Königreichs, Manuel da Maja, vor erhöhten Gehwegen, wie man sie aus London kannte, abgeraten: Sie würden die Fahrbahn allzu sehr verschmälern. Entgegen seiner Empfehlung wurden sämtliche neue Straßen mit Bürgersteigen angelegt. 1842 hielt ausgehend vom Castelo de São Jorge die Calçada Portuguesa ihren Einzug, der Portugiesische Gehweg: ein Mosaik aus weißem Kalkstein und schwarzem Basalt, mit dem kunstvolle geometrische Muster, Pflanzenmotive, Blütenformen, Schriftzüge sowie das Stadtwappen komponiert werden. Die Vorlagen sind in Holzschablonen festgehalten, die

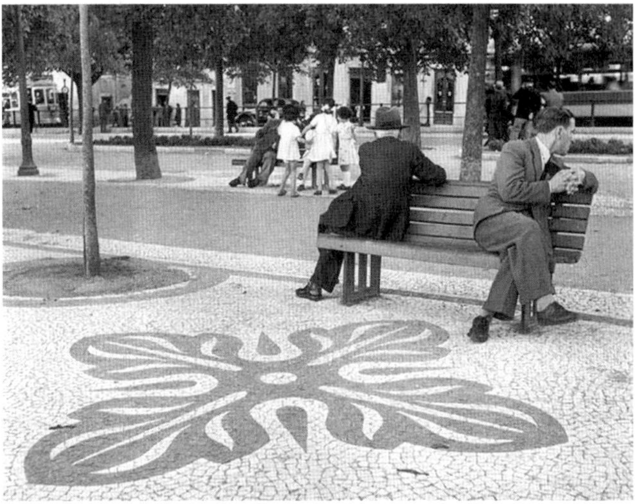

Bürgersteig mit Schwarz-Weiß-Steinmustern, Lissabon, um 1850

Pflasterleger signieren zuweilen ihre Werke mit kleinen Kreuzen, Blumen oder Herzen. Die »in sonderbaren Wellenlinien dahingehenden Mosaikpflaster«[2] auf dem Rossio fielen sogar dem Protagonisten von Thomas Manns Roman *Bekenntnisse des Hochstaplers Felix Krull* auf, der sonst eher Augen für junge Damen hatte und kurz darauf dort tatsächlich die hübsche Zouzou und ihre ebenfalls attraktive Mutter kennenlernen sollte. »Für mich ist Lissabon, von dem man immer sagt, es sei aus Marmor und Granit, vielmehr eine Hauptstadt der Bürgersteige aus schwarzer Spitze«, befand der Schriftsteller José Cardoso Pires.[3] Von Lissabon strahlte die Schwarz-Weiß-Pflasterkunst auf ganz Portugal aus und selbst auf die brasilianischen Städte: In Rio de Janeiro fand sie in der Gestaltung der Copacabana von Roberto Burle Marx zu einem spektakulären Höhepunkt.

Noble Bürgersteige finden sich in zahlreichen europäischen Städten. In Prag wurden seit der Mitte des 19. Jahrhunderts die Bürgersteige, kaum viel anders als in Lissabon, mit Steinmosaik in zwei Farben belegt, einem dunklen Graublau und einem blassen Rosa, beide aus einem Marmor, der aus dem Prager Stadtteil Slivenec kommt. Die Muster sind geometrisch einfach und extrem vielfältig. In Verona sind in einigen Abschnitten die Gehwege aus riesigen monolithischen roten Marmorplatten gefügt. Aus ökonomischen sowie funktionalen Gründen setzte sich der Asphalt nahezu überall durch, die Bordsteine blieben aus Granit oder hellem Kalkstein, der sich elegant von dessen Dunkelgrau absetzt. Daneben gibt es Gehwege aus Zement, Betonsteinen, Klinker oder Keramik.

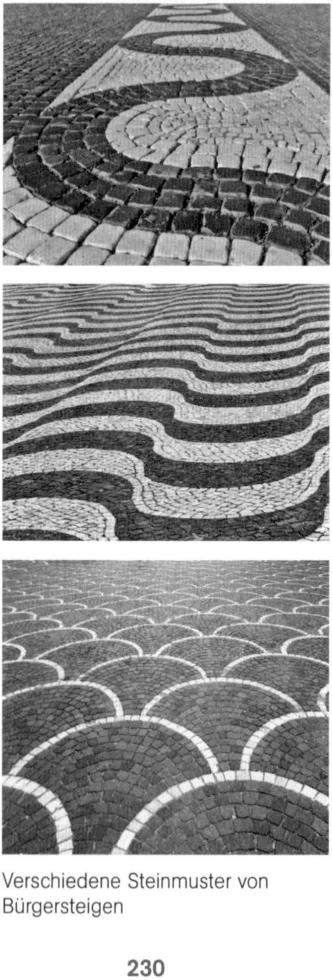

Verschiedene Steinmuster von Bürgersteigen

Mit der rasanten Verbreitung des Automobils zu Beginn des 20. Jahrhunderts wurde der Bürgersteig zunehmend zum Ort der Zuflucht für die gefährdeten Fußgänger, aber auch zum Hindernis für den autogerechten Ausbau der Stadtstraßen. Bei einigen wurde ganz auf Gehwege verzichtet, weil sie ausschließlich dem motorisierten Verkehr vorbehalten sein sollten, wodurch sie zu monofunktionalen Schneisen im Stadtkörper gerieten; bei anderen wurden die Bürgersteige verschmälert, um mehr Fahrbahn zu gewinnen, was den Stadtraum unwirtlich machte. Während visionäre Ingenieure und Architekten wie Eugène Hénard oder Harvey Wiley Corbett kühne, teilweise sogar bewegliche

Hochtrottoirs und luftige Passerellen für zukünftige Hochhausmetropolen entwarfen, reduzierte sich in den Städten Europas die Bürgersteigfläche drastisch: in Paris zwischen 1900 und 1940 um vierzig Prozent. Die Wiederbesinnung auf den Fußgänger und sein Anrecht auf Stadtraum setzte in den fünfziger Jahren mit den Fußgängerzonen ein und erreichte in den Achtzigern mit den Begegnungszonen einen Höhepunkt.

Paradoxerweise bedrohen ausgerechnet jene Bereiche, in denen ein friedliches Miteinander von Fahrzeugen und Fußgängern angestrebt wird, die Existenz der Bürgersteige. Da sie ihre Schutzfunktion nicht mehr wahrnehmen müssen, werden sie zugunsten durchgängiger Flächen, meistens aus Asphalt, abgeschafft. Damit aber geht dem Fußgänger eine Zone verloren, in der er sich vorbehaltlos und auch symbolisch sicher fühlen kann – und der Stadt ein wichtiges Gestaltungselement des öffentlichen Raums.

Gerade die Befreiung von der funktionalen Notwendigkeit, als Zufluchtsort zu dienen, ermöglicht dem zeitgenössischen Bürgersteig die Konzentration auf die Anmutung des Schutzes. Und eröffnet ihm neue und glückliche Möglichkeiten einer anspruchsvollen Gestaltung, die den grauschwarzen Asphalt zugunsten von freundlichen, lebendigen, bereits in sich attraktiven Materialien verdrängt.

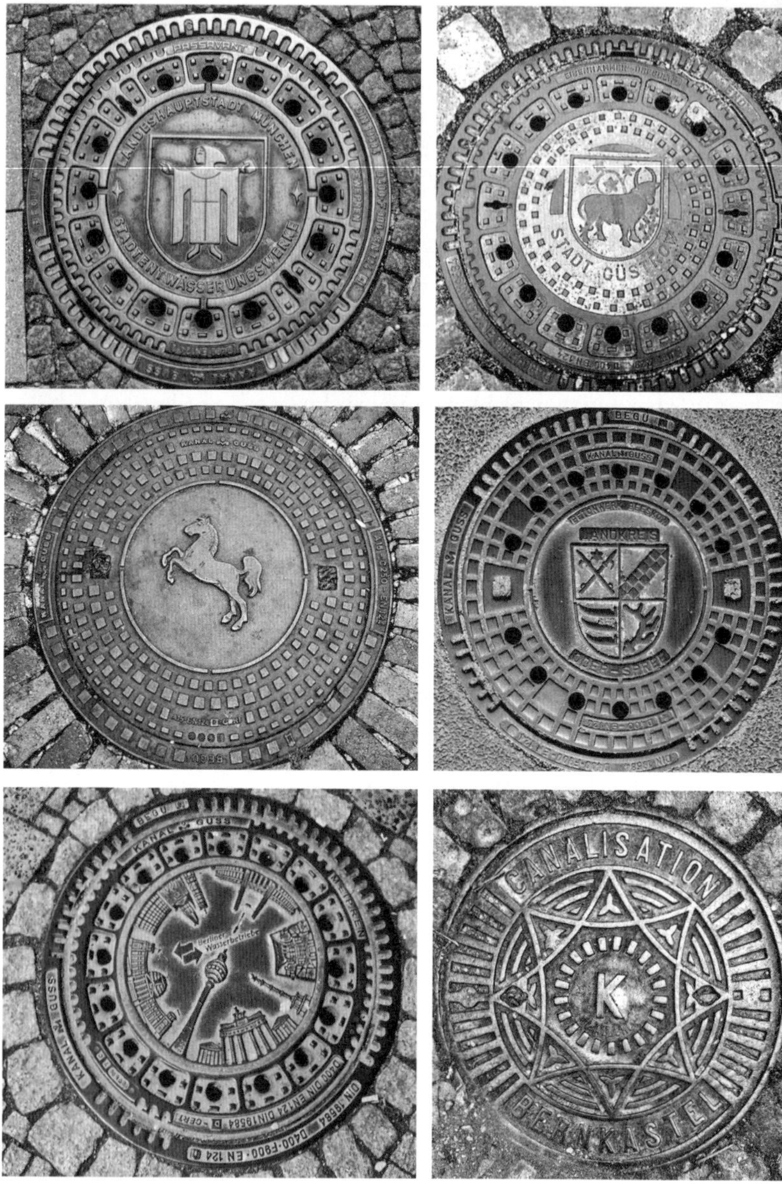

Schachtdeckel mit Stadtwappen und Symbolen aus verschiedenen Städten

Der Schachtdeckel

Schachtdeckel schützen, wie ihr Name sagt, die Öffnungen im Stadtboden, die zu einem unterirdischen Kanal oder einer Leitung führen. Korrekt heißen sie Schachtabdeckungen, umgangssprachlich nennt man sie Kanaldeckel oder Gullydeckel. Auf Französisch werden sie als *plaques d'égout* bezeichnet und damit in unmittelbare Beziehung zur Abwasserentsorgung gebracht; auch dann, wenn sie andere Funktionen haben. Auf Italienisch werden sie üblicherweise *tombini* genannt, kleine Gräber, heißen aber eigentlich *chiusini*, kleine Verschlüsse. Englisch heißen sie *manhole covers*, was darauf hinweist, dass Schacht und Schachtdeckel so groß sind wie der körperliche Umfang eines Menschen, der sich durchzwängen muss. So gibt es auch *handhole covers*, durch die man nur mit einer Hand hindurchgreifen kann. Im Deutschen wurde der Begriff Mannloch eingeführt und verwendet.

Städtische Entwässerungskanäle gab es bereits in den Wasserbaukulturen in Mesopotamien, Ägypten, Indien und China; sie dienten vornehmlich der Ableitung von Regenwasser und hatten hölzerne oder steinerne Abdeckplatten mit Löchern, durch die das Wasser abfließen konnte. Unter der Agora von Athen legte man im 5. Jahrhundert vor Christus ein Kanalsystem an, das zum Hauptabwasserkanal der Stadt ausgebaut wurde. Etwa zur gleichen Zeit wurde in Rom die Cloaca Maxima angelegt, die mit Abmessungen von drei mal vier Metern zum eindrucksvollen Herzstück des Wasserentsorgungssystems der antiken Metropole geriet: so eindrucksvoll, dass der Gelehrte Plinius der Ältere es in seiner *Naturkunde* als größte städtebauliche Leistung qualifizierte. Die sogenannte Bocca della Verità, gegenwärtig in der Säulenvorhalle der Kirche Santa Maria in Cosmedin angebracht, war aller Wahrscheinlichkeit nach ein Bodeneinlauf der Cloaca Maxima, die Löcher von Nase, Mund und Augen, die sich an den tiefsten Stellen des Marmorreliefs befinden, die Einläufe für das Regenwasser. Revisionsschächte wurden nicht vorgesehen: Das gigantische Ingenieurbauwerk wurde regelmäßig mit Überschusswasser aus den Aquädukten gespült oder von Kriegsgefangenen, Sträflingen und Sklaven gereinigt.

Im Mittelalter verfielen die Wasserbauwerke des römischen Imperiums. Wo neue Städte mit neuen Wasserleitungen gegründet wurden, führte man diese offen wie die Bächle in Freiburg im Breisgau. In Großstädten wie Paris flossen die Abwässer in Abflussrinnen in der Mitte der Straßen. Da sie erbärmlich stanken, wurde um 1370 ein 300 Meter langer überdachter Kanal zur Seine hin angelegt. Kurz darauf baute auch die Wiener Stadtverwaltung kurze unterirdische, gemauerte Leitungen, die sogenannten Möhrungen. Für Reparaturen mussten sie ausgegraben und nach getaner Arbeit wieder zugeschüttet werden. Schächte und entsprechende Abdeckungen hielt man weiterhin nicht für erforderlich, und wo sie vereinzelt auftauchten, bestanden sie aus Holz.

Mit der Wiederinstandsetzung der antiken hydraulischen Einrichtungen kamen im 17. Jahrhundert in Rom Schachtdeckel auf: Papst Paul V. baute die Wasserleitung der Aqua Traiana als Acqua Paola wieder auf und ließ deren Öffnungen mit Steinplatten bedecken. Teilweise wurden sie mit päpstlichen Insignien dekoriert, so etwa bei der Kirche der Heiligen Quirico und Giulitta. Auf der Piazza della Rotonda, also am Pantheon, mussten die Wasserschächte mit kräftigen Metallgittern vor dem Markttreiben geschützt werden. Dem Beispiel Rom folgten verzögert andere Städte: 1739 war Wien als erste Stadt Europas innerhalb der Stadtmauer vollständig kanalisiert,

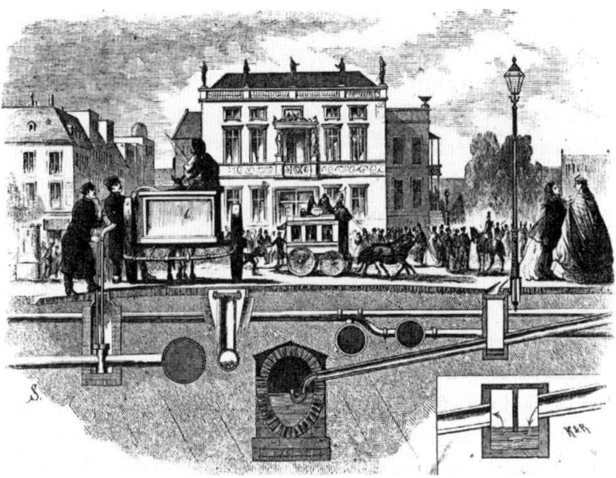

Unterirdisches Städtebild, Stich: Otto Glagau, 1866

Lissabons Straßen wurden beim Wiederaufbau nach dem Erdbeben von 1755 mit Abwasserkanälen ausgestattet.

Der massive, ja geradezu triumphale Einzug des Schachtdeckels in die europäische Stadt folgte ihrer Neueinrichtung mit technischer Infrastruktur im 19. Jahrhundert. In allen Großstädten, von Paris bis London und von Mailand bis Berlin, forcierten die urbane Verdichtung, Expansion und Modernisierung die Verlegung von Rohren, Leitungen und Kanalisationen im Stadtgrund. Sie nahmen nicht nur Schmutz- und Frischwasser auf, sondern auch Leitungen für Strom und Gas, Telefon- und Telegrafenleitungen, ja selbst Heißdampfleitungen für die Heizung, Ammoniakleitungen für die Kühlung und Druckluftrohre für die Post. Hinzu kamen eingegrabene Kohlelager, Öllager und sogar Farbbehälter für Druckereien. Die Leitungen mussten bedient, die unterirdischen Räume, Gänge und Kanäle revisioniert werden und zugänglich sein. Dafür brauchte es Schächte und Schachtdeckel.

Als Material für die Abdeckungen setzte sich rasch Gusseisen gegenüber Holz und Stein durch, teilweise auch Gussstahl, seltener Aluminium: Die Füllung konnte aus Holz, Asphalt, Beton oder sogar Glas bestehen. Betonguss wurde während der zwei Weltkriege verwendet, um Eisen einzusparen, das die Rüstungsindustrie benötigte. Die Form blieb überwiegend rund, weil der Deckel so niemals in den Schacht fallen und zum Transport leicht gerollt werden konnte, aber es gab auch ovale, rechteckige, quadratische und sogar dreieckige Deckel. Der Durchmesser richtete sich bei begehbaren Schächten nach dem Körperumfang eines Menschen, bei Absperrventilen oder Hydrantenanschlüssen fiel er entsprechend geringer aus. Die Deckel wurden an der Unterseite durch Rippen verstärkt und erhielten an der Oberseite Griffe oder Schlitze zur leichteren Handhabung der schweren Metallmassen. Die Oberfläche wurde bearbeitet, meistens geriffelt oder gerillt, um bei nassen oder eisigen Wetterverhältnissen Rutschfestigkeit zu gewährleisten: zunächst für Pferde und Menschen, später für Fahrräder und Motorfahrzeuge.

Zugleich begann man, die allgegenwärtigen Ablauföffnungen und Abdeckungen in die Gestaltung des Straßen- und Platzbodens zu integrieren. Pionierarbeit leistete der Architekt und Architekturtheoretiker Pierre Patte: In seinem Handbuch *Mémoires sur les objets les plus importants de l'architecture* von 1769 zeichnete er die Straßenkreuzung einer idealisierten neuen Stadt als sorgfältig aufeinander abgestimmte Komposition von gepflasterter Fahrbahn, Trottoirs, Bäumen, Lampen und Wasserabläufen in Form von runden Steindeckeln in quadratischen Schachtaufsätzen. Diesen kompositorischen Ansatz sollte Jean-Charles Adolphe Alphand knapp ein Jahrhundert später übernehmen und beim Umbau und der Neueinrichtung von Paris unter Napoleon III. in großem Maßstab umsetzen. Noch 1890 behandelte Josef Stübben in seinem allumfassenden Städtebau-Handbuch die Schachtabdeckungen als Elemente des urbanen Raums und befand, eine rechteckige

Form des Rahmens sei »behufs Erzielung eines guten Pflasteranschlusses zweckmäßig«, womit er die städtebauliche Logik vor jene der Funktion stellte.[1]

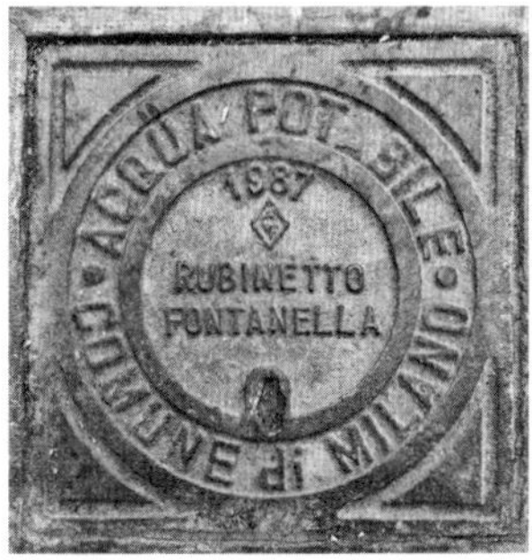

Schachtdeckel für Trinkwasserleitung, Mailand, 1987

Unter der modernen Stadt hatte sich inzwischen eine komplexe technische Unterwelt entwickelt, die ihre Funktionsfähigkeit sicherstellte: so unheimlich und faszinierend, dass von der Mitte des 19. Jahrhunderts an Führungen durch die unterirdischen Labyrinthe zur beliebten Attraktion wurden. Von der geschützten städtischen Oberwelt trennte sie nur die dünne Membran des Straßen- und Bürgersteigbelags. Die zahllosen Schachtdeckel stellten die Verbindung zwischen den beiden gegensätzlichen Stadtrealitäten her, zeichneten das unterirdische Netz nach, das die Stadt lebensfähig machte, erinnerten an dessen Präsenz, verbargen jedoch das dunkle Grauen der Abwasserkanäle, Sammelleitungen, Kollektoren und Röhren- und Kabeltunnel vor dem empfindsamen Blick des Bürgers, der unter freiem Himmel auf den Trottoirs flanierte und nur die ausgesucht verzierten, edel schimmernden Metallabdeckungen gewärtigte.

Nicht zufällig wurde aus der Not der aufgerauten Oberfläche der Schachtabdeckung eine Tugend gemacht und die praktisch notwendige Bearbeitung für Dekorationen und Informationen genutzt. Die Verzierungen sind meist pragmatisch, aber liebevoll von ungenannten Ingenieuren und Handwerkern entworfen und verraten die Zugehörigkeit zum Stil ihrer Entstehungsepoche: Historismus, Jugendstil, Neue Sachlichkeit. Die Informationen reichen von der funktionalen Bestimmung (Kanalisation, Trinkwasser, Gas, Elektrizität) über den Namen des Herstellers und undurchdringlichen Botschaften wie DIN 19584 Klasse D bis hin zu Attributen der Stadt, für die sie bestimmt sind: so die zahlreichen Wappen und die römischen Deckel mit dem Antiqua-Schriftzug SPQR (Senatus Populusque Romanus). Manche sind figurativ dekoriert: Auf den Kanalisationsdeckeln der Londoner Brick Lane verweisen vier in einem Feld von Knöpfen kreuzförmig angeordnete Scheren auf die Schneiderzunft, die eingewanderte hugenottische Seidenweber dort etabliert hatten; einige Schachtdeckel der Berliner Wasserwerke zeigen Reliefs der Sehenswürdigkeiten des Spree-Athens. Für die erste Gründungsstadt, die das italienische faschistische Regime in der Pontinischen Ebene unmittelbar südlich von Rom von 1932 an bauen ließ, wurden eigens *chiusini* gegossen, die den Namen Littoria (heute heißt sie Latina) und das Rutenbündel zeigen, Parteizeichen und Stadtwappen zugleich. Eine Besonderheit bilden die Schachtabdeckungen der indischen Stadt Chandigarh, in die voll Stolz der stilisierte Stadtplan der von Le Corbusier in den späten fünfziger Jahren geplanten Hauptstadt des Bundesstaates Punjab eingegossen ist.

Tatsächlich befinden sich die modernen Schachtdeckel in einem Spannungsfeld zwischen Globalisierung und Ortsbezogenheit. Zunächst in kleinen Schmieden individuell oder in handwerklichen Gießereien in geringen Stückzahlen gestaltet und hergestellt, wurden sie bald industriell massengefertigt und zunehmend standardisiert. So fand und findet man immer noch die gleichen Muster in Paris wie in Brüssel und Antwerpen, in Straßburg wie in Frankfurt am Main oder in Erfurt. Um einzelne Orte und Gebäude zu nobilitieren, stattete man sie mit speziellen und oft prächtig geschmückten Mustern aus. Die Kirche La Madeleine in Paris hat individuelle Schachtabdeckungen wie auch die Staatsoper und das Burgtheater in Wien. Für das Weltausstellungsgelände von Barcelona wurden 1929 eigene Schachtabdeckungen produziert, ebenso für die 1942 geplante Weltausstellung bei Rom, die nie stattfand. Als der dazugehörige Baukomplex in EUR (Esposizione Universale Roma) umbenannt wurde, stellte man die neuen Deckel weiterhin als Sonderanfertigungen her, aber dem neuen

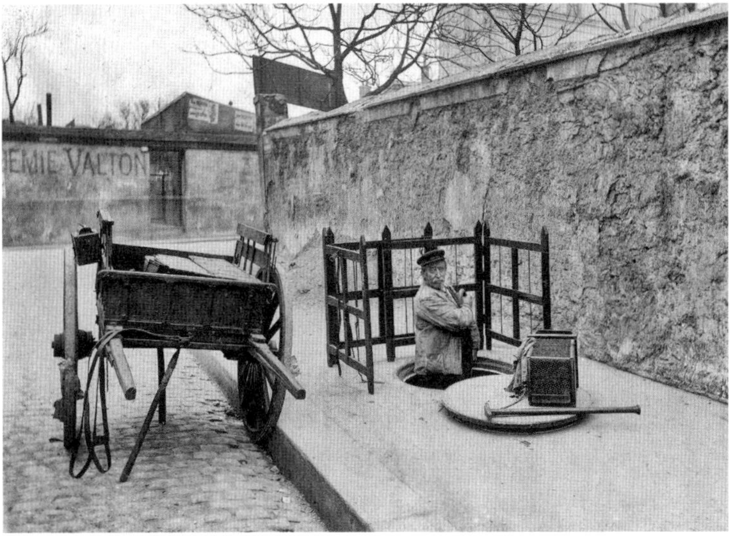

Arbeiter in einem geöffneten Schacht, Paris, um 1900

Kürzel angepasst; die alten blieben, wie sie waren, mit dem Relief E.42, und zusammen erzählen sie die Geschichte des tragischen Misserfolgs der ehrgeizigsten Propagandaunternehmung des faschistischen Regimes. Viel später erhielten auch die Weltausstellungen von Sevilla (1992) und Lissabon (1998) ihre spezifischen Abdeckungen.

Seinen großen Filmauftritt hatte der Schachtdeckel 1949 in Carol Reeds *Der dritte Mann*: In einer dramatischen, berühmt gewordenen Szene versucht Harry Lime, gespielt von Orson Welles, nach einer Verfolgungsjagd durch die Unterwelt des Kanalsystems von Wien über einen Schacht auf die Straße zu fliehen, aber das schwere Eisengitter gibt nicht nach und besiegelt das Schicksal des Bösewichts.

Das suggestive wie auch das ästhetische Potential der Schachtdeckel blieb den Künstlern nicht verborgen. Lyonel

Feininger malte 1908 das Bild *Kanalisationsloch I*, in dem er die Öffnung eines Zugangs zur städtischen Unterwelt beunruhigend, ja bedrohlich inszeniert. Pierre Alechinsky integrierte besondere Schachtdeckel-Muster in seine Gemälde aus den achtziger Jahren. Lawrence Weiner schuf im Jahr 2000 Deckel für den Washington Square in New York, in die er ein hintergründiges Zitat eingießen ließ, »In direct line with another & the next«. Remo Camerota veröffentlichte 2010 den Prachtband *Drainspotting* mit extravaganten japanischen Kanaldeckeln, die englische Grafikgruppe Pentagram 2016 eine Kunstbroschüre mit farbigen Stempeln, die unmittelbar von den Londoner Schachtabdeckungen abgedruckt wurden und deren Muster im Maßstab 1:1 wiedergeben.

Die zeitgenössischen Schachtdeckel und Abflussgitter sind überwiegend normiert und pragmatisch gestaltet; aus Gusseisen, das zuweilen mit Zement, Asphalt oder auch Natursteinpflaster ausgefüllt ist. Es wird so möglich, auch größere Abdeckungen diskret in den Stadtboden zu integrieren. Daneben existieren verspielte Versionen, die zu jener penetranten Stadtverhübschung beitragen, die mit der Postmoderne ihren Anfang genommen und offensichtlich immer noch nicht ausgedient hat. So wichtig es ist, die Schachtdeckel als Teil des Stadtraums zu begreifen und sie entsprechend auszuwählen, vielleicht auch zu entwerfen: Sie sollten zur visuellen Kultur der Stadt, vor allem aber zu einem urbanen Bild beitragen, das sich diskret zurücknimmt und eine angemessene, durchaus raffinierte Bühne für städtisches Leben abgibt.

Anhang

Anmerkungen

Der Kiosk

1 *Brockhaus' Konversations-Lexikon*, 14. Aufl., Bd. 10, Berlin/Wien 1894, S. 350.

2 Josef Stübben, *Der Städtebau*, Darmstadt: Arnold Bergsträsser, 1890 (Reprint: Braunschweig: Vieweg, 1980), S. 399.

Die öffentliche Toilette

1 Josef Stübben, *Der Städtebau*, Darmstadt: Arnold Bergsträsser, 1890 (Reprint: Braunschweig: Vieweg, 1980), S. 340.

Die Haltestelle

1 Die Schriftleitung (Hermann Jansen), in: *Der Baumeister*, XXVII. Jg., Heft 6, Juni 1929, S. 188.

Das Denkmal

1 Wladimir Majakowski, ›Erlaß an die Armee der Kunst‹ (1918), in: ders., *Aus vollem Halse*, deutsch von Johannes von Guenther, Berlin: SWA-Verlag, 1950, S. 21–22, hier S. 22.

2 Wladimir Majakowski, ›Letztes Märchen von Petersburg‹ (1916), in: ders., *Werke* (werkausgabe edition suhrkamp), Bd. I, 1: *Gedichte*, hg. v. Leonhard Kossuth, Frankfurt am Main: Suhrkamp, 1980, S. 53–54.

3 »Denkmale haben ausser der Eigenschaft, dass man nicht weiss, ob man Denkmale oder Denkmäler sagen soll, noch allerhand Eigenheiten. Die wichtigste davon ist ein wenig widerspruchsvoll; das Auffallendste an Denkmälern ist nämlich, dass man sie nicht bemerkt. Es gibt nichts auf der Welt, was so unsichtbar wäre wie Denkmäler. Sie werden doch zweifellos aufgestellt, um gesehen

zu werden, ja geradezu, um die Aufmerksamkeit zu erregen; aber gleichzeitig sind sie durch irgend etwas gegen Aufmerksamkeit imprägniert, und diese rinnt Wassertropfen-auf-Oelbezug-artig an ihnen ab, ohne auch nur einen Augenblick stehenzubleiben. [...] Wenn man es gut mit Monumenten meint, muss man daraus unerbittlich den Schluss ziehen, dass sie einen wider unsere Natur gerichteten Anspruch an uns stellen und zu seiner Erfüllung ganz besonderer Anstalten bedürfen. Wollte man die Warnungstafel für Kraftwagen so unauffällig einfarbig ausgestalten wie Denkmale, so wäre das ein Verbrechen. Auch die Lokomotiven pfeifen doch schrille und keine versonnenen Klänge, und selbst den Briefkasten gibt man eine anlockende Farbe. Mit einem Wort, auch Denkmäler sollten sich heute, wie wir es alle tun müssen, etwas mehr anstrengen! Ruhig am Wege stehn und sich Blicke schenken lassen, könnte jeder; wir dürfen heute von einem Monument mehr verlangen. [...] Warum greift der in Erz gegossene Held nicht wenigstens zu dem anderwärts längst überholten Mittel, mit dem Finger an eine Glasscheibe zu klopfen? Weshalb drehen sich die Figuren einer Marmorgruppe nicht umeinander, wie es bessere Figuren in den Geschäftsauslagen tun, oder klappen wenigstens die Augen auf und zu?« Robert Musil, *Nachlass zu Lebzeiten*, 3. Aufl., Zürich: Humanitas Verlag, 1936, S. 87, 90f. (II: Unfreundliche Betrachtungen, 3. Text: Denkmale).

Die Bank

1 »Aussi, quand je voyais plus tard des hommes lourdement chargés se reposer un instant, des vieillards se chauffer au soleil leur canne entre les genoux, des mères faire un brin de causette en regardant jouer leurs enfants, et, le soir, des familles deviser joyeusement réunies, je passais épanoui, content d'eux et de moi.« *Mémoires du comte de Rambuteau*, publiés par son petit-fils, avec une introduction et des notes par M. Georges Lequin, Paris: Calmann-Lévy, 1905, S. 377.

Die Stadtbeleuchtung

1 »Et haec confidenter agebat in urbe, ubi pernoctiam luminum claritudo dierum solet imitari fulgorem.« (Flavius Claudius Constantius Gallus in Antiochia) Zitiert in: Ammianus Marcel-

linus, *Res gestae*, XIV, 1,9 – Ammianus Marcellinus, with an English translation by John C. Rolfe, Vol. 1, Cambridge, MA: Harvard University Press, 1982, S. 10 bzw. S. 11.

2 »Die Strahlen der Gaslaternen waren zuerst schwach gewesen, als sie noch mit der Abenddämmerung in Streit gelegen hatten. Nun hatten sie gesiegt und warfen ein flackerndes und grelles Licht ringsumher. Alles sah schwarz aus, funkelte aber wie das Ebenholz, mit dem man den Stil Tertullians verglichen hatte.« Edgar Allan Poe, *The Man of the Crowd*, zitiert nach Walter Benjamin, *Charles Baudelaire – ein Lyriker im Zeitalter des Hochkapitalismus*, Teil II: Der Flaneur, in: ders., *Gesammelte Schriften*, Bd. 1.2, Frankfurt am Main: Suhrkamp, 1974, S. 553f. (ebd. mit Verweis: auf Poe, *Nouvelles histoires extraordinaires. Traduction de Charles Baudelaire,* in: Baudelaire, *Œuvres completes*, Bd. 6, S. 94). »As the night deepened, so deepened to me the interest of the scene; for not only did the general character of the crowd materially alter [...], but the rays of the gas-lamps, feeble at first in their struggle with the dying day, had no at length gained ascendancy, and threw over every thing a fitful and garish lustre. All was dark yet splendid – as that ebony to which has been likened the style of Tertullina.« Edgar Allan Poe, *The Man of the Crowd*, in: ders., *Poetry and Tales*, New York: The Library of America, 1984, S. 392.

3 »Hier musiziert Beelzebub mit vollem Orchester, und das freche Höllenfeuer der Gasbeleuchtung zerreißt einem die Augen.« Heinrich Heine, *Lutetia*, Kap. XLII (7. Februar 1842), in: Heine, *Sämtliche Schriften*, Bd. 5, München: Hanser, 1974, S. 395.

4 Robert Louis Stevenson, ›A Plea for Gas Lamps‹, in: *The Travels and Essays of Robert Louis Stevenson*, Bd. 13, New York 1917, S. 168; hier zitiert nach: Wolfgang Schivelbusch, *Lichtblicke*, Frankfurt am Main: Fischer Taschenbuch-Verlag, 1986, S. 130.

5 »Venga finalmente il regno della divina Luce Elettrica, a liberare Venezia dal suo venale chiaro di luna da camera ammobiliata.« Filippo Tommaso Marinetti u. a., »Contro Venezia passalista«, 27. April 1910. Zitiert nach: *I manifesti del Futurismo*, Florenz: Lacerba editore, 1914, S. 32–36.

Die Stadtuhr

1 Josef Stübben, *Der Städtebau*, Darmstadt: Arnold Bergsträsser, 1890 (Reprint: Braunschweig: Vieweg, 1980), S. 389.

2 »She was standing with her eye fixed on his hand when the quarter struck. It hurtled through her like a meteor, so hot that no fingers can hold it.« Virginia Woolf, *Orlando*, in: *Selected Works of Virginia Woolf*, Ware, Hertfortshire: Wordsworth Library Collection, 2007, S. 553; auf Deutsch zitiert nach Virginia Woolf, *Orlando*, aus dem Englischen von Herbert E. und Marlys Herlitschka, Frankfurt am Main: S. Fischer, 1986, S. 286.

Das Straßenschild

1 Theodor Fontane, *Der Stechlin*, in: ders., *Sämtliche Werke*, hg. v. Walter Keitel, Bd. 5, München: Hanser, 1966, S. 120.

Der Abfallkorb

1 Erasmus von Rotterdam, Brief an Gasper Schets, 23.1.1534. Zitiert nach: Joachim Scheck/Magdalena Zeller, *Das Freiburger Bächlebuch: Spaziergänge zur Geschichte der Freiburger Bächle und Runzen*, Freiburg/Br.: Promo-Verlag, 2008, S. 37.

Das Hausnummernschild

1 »At first one thinks it was done by an idiot; but there is too much variety about it for that; an idiot could not think of so many different ways of making confusion and propagating blasphemy. The numbers run up one side of the street and down the other. That is endurable, but the rest isn't. They often use one number for three or four houses – and sometimes they put the number on only one of the houses and let you guess at the others. Sometimes they put a number on a house – 4, for instance – then put 4a, 4b, 4c, on the succeeding houses, and one becomes old and decrepit before he finally arrives at 5. A result of this systemless system is that when you are at No. 1 in a street you haven't any idea how far it may be to No. 150; it may be only six or eight blocks, it may be a couple of miles.« Mark Twain, ›The Chicago of Europe‹, in: *Chicago Daily Tribune*, 3. April 1892, S. 33; auch in *The Complete Essays of Mark Twain*, ed. Charles Neider, Garden City, NJ: Doubleday, 1963, S. 87–98, hier S. 89, 93f. Auf Deutsch zitiert nach ›Berlin – das

Chicago Europas‹, übers. v. Horst Fugger, in: Andreas Austilat, *Mark Twain in Berlin. Bummel durch das europäische Chicago*, Berlin: be.bra Verlag, 2014, S.159–175, hier S.168.

Die Ampel

1 Zitiert nach Christian Rühmkorf, ›'Ztohoven'-Künstler wegen Befreiung von Ampelmännchen verurteilt‹, Radio Praha auf Deutsch, 22. Mai 2008, https://www.radio.cz/de/rubrik/tagesecho/ztohoven-kuenstler-wegen-befreiung-von-ampelmaennchen-verurteilt.

Die Reklame

1 »*Ein*flutendes Licht bei Tage und *heraus*flutendes bei Nacht erzeugen ein gänzlich neues Gesicht des Platzes. *Farbe, Form und Licht* (Reklame) sind die drei Hauptelemente für neue Weltstadtplätze.« Martin Wagner, ›Städtebauliche Probleme der Großstadt‹, in: *Soziale Bauwirtschaft*, (1929), Nr.7, S.108–111, und Nr.8, S.119–122, hier Nr.8, S.119.

2 Zitiert in: Dirk Reinhardt, *Von der Reklame zum Marketing. Geschichte der Wirtschaftswerbung in Deutschland*, Berlin: Akademie-Verlag, 1993, S.314.

Das Schaufenster

1 »Mais pourquoi cherchez-vous à ménager l'œil? dit-il. N'ayez donc pas peur, aveuglez-le… Tenez! du rouge! du vert! du jaune! […] Tous en convenaient, le patron était le premier étalagiste de Paris, un étalagiste révolutionnaire à la vérité, qui avait fondé l'école du brutal et du colossal dans la science de l'étalage. […] En sortant du magasin, disait-il, les clientes devaient avoir mal aux yeux.« Émile Zola, *Au bonheur des dames*, Paris: G. Charpentier, 1883, S.57. »›Weshalb wollen Sie denn das Auge schonen?‹ sagte er. ›Seien Sie doch nicht so ängstlich, blenden Sie es … Da! Rot, Grün, Gelb!‹ […] Alle waren sich darüber einig, dass der Chef der beste Dekorateur von ganz Paris sei, ein wahrhaft revolutionärer Dekorateur, der in der Kunst der Schaufensterdekoration die Schule des Brutalen, des Kolossalen begründet hatte. […] Den Leuten müssten die Augen wehtun, wenn sie aus dem Geschäft kämen, pflegte er zu sagen.« Émile Zola, *Das Paradies der Damen*, übers. aus dem

Französischen v. Hilda Westphal, Frankfurt am Main: Fischer Taschenbuch-Verlag, 2004, S. 64f.

2 »Ich meine die durch die Ausstellungen hervorgerufene Steigerung dessen, was man die Schaufenster-Qualität der Dinge nennen könnte. Die Warenproduction unter der Herrschaft der freien Concurrenz und mit dem durchschnittlichen Uebergewichte des Angebots über die Nachfrage muss dazu führen, den Dingen über ihre Nützlichkeit hinaus noch eine verlockende Außenseite zu geben. Wo die Concurrenz inbezug auf Zweckmäßigkeit und innere Eigenschaften zu Ende ist – und oft genug schon vorher – muss man versuchen, durch den äußeren Reiz der Objecte, ja sogar durch die Art ihres Arrangements das Interesse der Käufer zu erregen. Dies ist der Punkt, an dem gerade aus der äußersten Steigerung des materiellen Interesses und der bittersten Concurrenznoth eine Wendung in das ästhetische Ideal erwächst.« Georg Simmel, ›Berliner Gewerbe-Ausstellung‹, in: *Die Zeit. Wiener Wochenschrift für Politik, Volkswirtschaft, Wissenschaft und Kunst*, Nr. 95 (25. Juli 1896), S. 59–60, hier S. 60; auch in: ders., *Gesamtausgabe*, Bd. 17, hg. v. Klaus Christian Köhnke, Berlin: Suhrkamp, 2005, S. 33–38, hier S. 36f.

3 »Aber die Erfahrung lehrt, daß namentlich die Auslagekästen immer mehr und mehr werden, so daß an gewissen Plätzen Wiens buchstäblich streckenlang kein einziges Mauerstückchen des Erdgeschosses zu sehen ist, sondern lauter aneinander gereihte, prächtige, hohe Gläserkästen, in denen das Ausgesuchteste funkelt und lockt.« Adalbert Stifter, ›Waarenauslagen und Ankündigungen‹, in: ders., *Vermischte Schriften*, hg. v. Johannes Aprent, Bd. 2: *Aus dem alten Wien*, Pest: Verlag von Gustav Heckenast, 1870, S. 137

4 Zitiert in: Walter Benjamin, *Charles Baudelaire – ein Lyriker im Zeitalter des Hochkapitalismus*, Frankfurt am Main: Suhrkamp, 1974 (Suhrkamp Taschenbuch Wissenschaft, 47), S. 48.

5 »Die Ladenauslage gehört zu den künstlerischen Erscheinungen, die sich dem Städter auf Schritt und Tritt aufdrängen. Sie ist in dem unaufhörlichen Wechsel ihrer Zusammensetzung ein beständiger öffentlicher Lehrkursus über den Wechsel des Geschmacks, und ohne uns dessen bewusst zu sein, empfangen wir von den Ladenfenstern die nachdrücklichsten Belehrungen.« Alfred Lichtwark, ›Blumenläden‹, in: ders., *Blumenkultus*, Hamburg: Severus, 2013 (Nachdruck der Originalausgabe 1897), S. 30–34, hier S. 31.

6 »Qualunque negozio di una città moderna con le sue eleganti vetrine, nelle quali si espongono oggetti utili e dilettevoli, supera nel godimento artistico tutte le tanto decantate esposizioni passatiste. Un elettrico ferro da stiro, biancometallico, liscio trilucente, pulitissimo, delizia gli occhi meglio della statuetta nudino appoggiata su un piedistallo sconocchiato tinto per l'occasione. La macchinetta per scrivere è più architettonica dei progetti edilizi premiati nelle accademie o concorsi. La vetrina d'un profumiere con scatole, scatolette, boccette, boccettine futurcolortriplicate negli specchi elegantissimi. La modellatura sapiente e civittuola delle scarpette per donna, l'ingegnosità bizzarra degli ombrellini multicolori. Pelliccerie, valigerie, stoviglie appagano meglio la vista degli sporchettini quadri, quadrettini appesi al chiodo del muro grigio del pittore passatista.« Giacomo Balla, ›Universo futurista«, 1918. Wiederabgedruckt in: Umbro Apollonio, *Futurismo*, Mailand: Mazzotta, 1970, S. 276.

7 »Die schönste Kunstausstellung Berlins ist auch die billigste. Sie ist umsonst geöffnet – Tag und Nacht: Schaufenster und Giebelfronten der großen Kaufstraßen. [...] Die Kunst lebt an der Straße, in der Straße, auf der Straße [...] mit dem tausendfältig spielenden Werbetheater der Straße. Hier werden die Massen gepackt, unmittelbar, praktisch und vergnüglich. Keep smiling!« Adolf Behne, ›Kunstausstellung Berlin‹, in: *Das neue Berlin*, (1929) 8, S. 150–152, hier S. 150f.

8 »Warum soll dieser ganze zivilisatorische Straßenzauber nicht so schnell, ja schneller vergehen können, als er entstanden ist? Jahrtausende sind ohne ihn ausgekommen. Sie hatten vielleicht nicht eine so umfassende und reichglitzernde Zivilisation; dafür hatten sie etwas anderes, was uns heute noch Feierstunden bereitet: Kultur.« Karl Scheffler, ›Das Schaufenster‹, in: *Die Weltbühne* 28, Nr. 24 (14. Juni 1932), S. 896–899, hier S. 899.

9 Zitiert in: Brief von Osthaus an Carl Rehorst vom 13. Januar 1914, Karl Ernst Osthaus-Archiv, DWBK 177/1.

10 »In Auslagen und an Anschlagesäulen wird mit den niedrigsten Mitteln gearbeitet, um die Aufmerksamkeit der Menge auf sich zu ziehen. [...] Diese sinnlich schwüle Atmosphäre führt zu Vorstellungen und Erregungen in einer Zeit, da der Knabe für solche Dinge noch gar kein Verständnis haben dürfte.« Adolf Hitler, *Mein*

Kampf. Eine kritische Edition, hg. v. Christian Hartmann u.a., Bd. 1, München/Berlin: Institut für Zeitgeschichte, 2016, S. 667 u. S. 669.

11 »Dieses Reinemachen unserer Kultur hat sich dann auf fast alle Gebiete zu erstrecken. Theater, Kunst, Literatur, Kino, Presse, Plakat und Auslagen sind von den Erscheinungen einer verfaulenden Welt zu säubern und in den Dienst einer sittlichen Staats- und Kulturidee zu stellen.« Zitiert in: ebd., S. 669.

12 »Celui qui regarde du dehors à travers une fenêtre ouverte, ne voit jamais autant de choses que celui qui regarde une fenêtre fermée. Il n'est pas d'objet plus profond, plus mystérieux, plus fécond, plus ténébreux, plus éblouissant qu'une fenêtre éclairée d'une chandelle. Ce qu'on peut voir au soleil est toujours moins intéressant que ce qui se passe derrière une vitre. Dans ce trou noir ou lumineux vit la vie, rêve la vie, souffre la vie.« Charles Baudelaire, *Le Spleen de Paris, Petits poèmes en prose*. In der Pléiade-Ausgabe: Baudelaire, *Œuvres complètes*, Vol. 1: Paris: Gallimard, 1975, S. 339 (XXXV: Les Fenêtres). »Wer von außen durch ein offenes Fenster blickt, sieht niemals so viele Dinge wie einer, der ein geschlossenes Fenster betrachtet. Nichts ist so tiefgründig, so geheimnisvoll, so fruchtbar, so dunkel und so blendend wie ein von einer Kerze erleuchtetes Fenster. Was man bei Sonnenlicht sehen kann, ist immer weniger interessant als das, was hinter einer Fensterscheibe vorgeht. In diesem schwarzen oder leuchtenden Loch lebt das Leben, träumt das Leben, leidet das Leben.« Charles Baudelaire, *Le spleen de Paris/ Pariser Spleen*, Französisch/Deutsch, übers. v. Kay Borowsky, Stuttgart: Philipp Reclam, 2008, S. 181 (XXXV: Die Fenster).

Die Einfriedung

1 Josef Stübben, *Der Städtebau*, Darmstadt: Arnold Bergsträsser, 1890 (Reprint: Braunschweig: Vieweg, 1980), S. 458f.

Der Bodenbelag

1 Prokop, *Gotenkriege*, Griechisch-Deutsch, hg. v. Otto Veh, 2. Aufl., München: Heimeran Verlag, 1978, S. 115.

2 Guido Baldo Foglietta, *Discorso del mattonato o selicato di Roma*, wiederabgedruckt in: U. Bolzani, ›Varietà‹, in: *Archivio della Società Romana di Storia Patria*, Vol. I, Fasc. III, Rom 1877, S. 371–376.

3 »Voyez les rues de Milan. Propreté parfaite, rouler extrêmement

doux pour les voitures, marcher doux pour les piétons, et cependant à Milan on n'a que des cailloux, on n'y connaît pas les pavés de Fontainebleau.« *Journal 1801–1817*, in: Stendhal, *Œuvres intimes*, Vol. 1, Paris: Gallimard, 1981 (Bibliothèque de la pléiade), S. 744 (9. September 1811). Auf Deutsch nachzulesen in: Stendhal, *Tagebücher und andere Selbstzeugnisse*, übers. v. Katharina Scheinfuß, Bd. 2, 2. Aufl., Berlin: Rütten und Loening, 1983, S. 62–63 (Tagebucheintrag vom 10. September 1811).

4 »Platearum vicorumque solum, ne plaustrorum rotis facile conteratur, per duro lapide stratum.« Aeneas Silvius de Piccolomini, *Historia Austrialis*, I, 1, hg. und übers. v. Jürgen Sarnowsky, Darmstadt: Wissenschaftliche Buchgesellschaft, 2005, S. 18, 19.

5 »MACADAM: – A supprimé les révolutions: plus moyens de faire des barricades. Est néanmoins bien incommode.« Gustave Flaubert, *Le Dictionnaire des idées reçues*, in: *Œuvres complètes de Gustave Flaubert* (Œuvre Posthume), Paris: Conard, 1910, S. 436.

Der Bürgersteig

1 Joseph Brix, *Die ober- und unterirdische Ausbildung der städtischen Straßenquerschnitte*, Berlin: Wilhelm Ernst & Sohn, 1909 (Städtebauliche Vorträge aus dem Seminar für Städtebau an der Technischen Hochschule Berlin, 2, 2), S. 15.

2 Thomas Mann, *Der Erwählte/Bekenntnisse des Hochstaplers Felix Krull*, Frankfurt am Main: S. Fischer Verlag, 1974, S. 557.

3 »Para mim, a Lisboa que se diz de mármore e granito é antes, uma capital de calçadas em renda negra a espelharem-se.« José Cardoso Pires, *Lisboa: livro de bordo*, Lisboa: Ed. Dom Quixote, 1997, S. 98. Hier zitiert nach der deutschen Ausgabe: *Lissabonner Logbuch. Stimmen, Blicke, Erinnerungen*, übers. v. Maralde Meyer-Minnemann, München/Wien: Hanser, 1997, S. 61.

Der Schachtdeckel

1 »Die rechteckige Form der Rahmen ist behufs Erzielung eines guten Pflasteranschlusses zweckmäßig. Sollen die Deckplatten zugleich zur Lüftung dienen, so müssen sie durchbrochen sein, was aber das Anhängen eines besonderen Bodens bedingt, um das Hinabfallen des Straßenschmutzes zu verhüten.« Josef Stübben, *Der Städtebau*, Darmstadt: Arnold Bergsträsser, 1890 (Reprint: Braunschweig: Vieweg, 1980), S. 328.

Quellen

Die Quellen des vorliegenden Textes sind disparat. Zunächst gibt die eigene Anschauung Aufschluss über die kleinen Objekte im Stadtraum: Dafür muss man lediglich mit neugierigen Augen durch die Städte laufen. Fotografien sind ebenfalls wichtige und unmittelbare Quellen: Etwa die über 400 Bilder der erstaunlichen fotografischen Kampagne, die Charles Marville, mit eigentlichem Namen Charles-François Bossu, von 1862 an im Auftrag der Pariser Stadtregierung unternahm, um die historischen Viertel, die den Boulevards des Second Empire weichen mussten, aber auch die neuen Stadträume mit ihrer modernen Ausstattung zu dokumentieren.

Filme können ebenfalls Entdeckungen bieten; gleichermaßen Gemälde und Grafiken. Romane, Erzählungen und literarische Essays sind zuweilen bemerkenswerte, allerdings auch kapriziöse Zeugnisse von bedeutsamen Belanglosigkeiten: Die meisten Literaten nehmen zwar die Wirkung der kleinen Objekte wahr, kaum ihre physische Form: also das Licht, aber nicht die Laternen. Selbst als in Gustave Flauberts *L'éducation sentimentale* Frédéric Moreau, zunehmend verzweifelt auf die geliebte Marie Arnoux wartend, die Fugen des Straßenpflasters, die Ausläufe der Regenrinnen, die Laternen und die Hausnummernschilder anstarrt, werden sie lediglich als Bestandteile einer urbanen Nahaufnahme aufgezählt, jedoch nicht beschrieben. Franz Hessel erwähnt in *Spazieren in Berlin* kein einziges Mal die einzigartigen Berliner Bürgersteige mit ihren immensen Granitplatten und ihrem feinen Kleinpflaster.

Firmenkataloge, die seit dem 19. Jahrhundert Produkte für die Ausstattung der Straßen und Plätze auflisten und erläutern, sind zuweilen Fundgruben von Informationen, Detailangaben und Kuriositäten. Abhandlungen zur Technikgeschichte können ebenso aufschlussreich sein wie technische Erörterungen und Anweisungen. Doch sind Bau- und Kulturgeschichten der einzelnen Gegenstände die wichtigsten und grundsätzlich ergiebigsten Quellen.

Über einige der behandelten kleinen Objekte im Stadtraum, etwa Brunnen oder Denkmäler, gibt es ausführliche, zuweilen gar erschöpfende Literatur, zu anderen, etwa Bänke oder Abfallkörbe, aber auch Bodenbeläge, musste ich mir die dürftigen Informationen aus einer Vielzahl von Büchern heraussuchen, die diese teilweise beiläufig, in manchen Fällen sogar nur in Fußnoten enthielten. Zu einigen Episoden war nur im Netz etwas ausfindig zu machen. Um den Apparat einigermaßen ausgewogen und überschaubar zu halten, beschränkt er sich auf jene Quellen, die fundamentale Informationen sowie weiterführende eigene Bibliografien enthalten. Sie bieten gute Einstiege in die Thematik und enthalten darüber hinausgehende Hinweise. Aber eben: Es handelt sich um eine Auswahl, die teilweise drakonische Auslassungen gefordert hat und auf jeden Fall subjektiv ist.

Die aufgeführten Bücher bilden also samt ihrer Bibliografie den Quellennachweis meiner Arbeit, zugleich sind es diejenigen, die ich zur vertiefenden Lektüre empfehle. Im laufenden Text sind lediglich die direkten Zitate in den Anmerkungen nachgewiesen.

V.M.L.

Allgemeine Literatur

Stanley Davenport Adshead, ›The Decoration and Furnishing of the City‹, Artikelserie in: *The Town Planning Review*, von Bd. 1, H. 1, 1911, bis Bd. 5, H. 4, 1915.

Cornelia Bauer/Jan Capol, *Kleinbauten der Stadt Zürich. Ein Architekturführer zu den Kleinbauten der Stadt Zürich 1877–1995*, Zürich: Wiese, 1995.

Franziska Bollerey/Axel Föhl, ›Unter dem Pflaster der Straße: Facetten subterraner Stadtnetze. 'Technik, Tiere, Sensationen' – Mäuler der Unterwelt‹, in: Manfred Rasch/Dietmar Bleidick, (Hgg.),, *Technikgeschichte im Ruhrgebiet – Technikgeschichte für das Ruhrgebiet. Festschrift für Wolfhard Weber zum 65. Geburtstag*, Essen, Klartext-Verlag, 2004, S. 438–473.

David Brandon/Alan Brooke, *London Street Furniture*, Stroud: Amberley, 2010.

Michel Carmona, *Le mobilier urbain*, Paris: Presses universitaires de France, 1985.

Gordon Cullen, *Townscape*. 5. Aufl., London: The Architectural Press, 1968.

Eleanor Herring, *Street Furniture Design. Contesting Modernism in Post-war Britain*, London/New York: Bloomsbury, 2016.

Hans-Werner Klünner/Gerhard Ullmann, *Straßenmöbel in Berlin* (Ausstellung, Berlin 1983), Berlin: Senator für Bau- und Wohnungswesen, 1983.

Paul Kortz, *Wien am Anfang des XX. Jahrhunderts: Ein Führer in technischer und künstlerischer Richtung*, 2 Bde., Wien: Gerlach & Wiedling, 1905 (Bd. 1) und 1906 (Bd. 2).

Fritz Maurer, ›Der Ausschnitt‹, Artikelserie in: *Werk*, Januar 1961 bis Dezember 1962.

Bernard Rudofsky, *Streets for People, a primer for Americans*, Garden City, New York: Doubleday & Company, 1969.

Josef Stübben, *Der Städtebau* (4. Teil des *Handbuchs der Architektur:* ›Entwerfen, Anlage und Einrichtung der Gebäude‹, 9. Halbband), Darmstadt: Arnold Bergsträsser, 1890 (Reprint: Braunschweig: Vieweg, 1980).

Marie de Thézy, *Paris, la rue. Le mobilier urbain parisien du second Empire à nos jours à travers les collections photographiques de la Bibliothèque historique de la ville de Paris*, Paris: Société des amis de la Bibliothèque historique, 1976.

László Vidolovits, *Stadtmöblierung: Planungsgrundlagen von Designelementen*, Stuttgart: K. Kramer, 1978.

Monika Wagner, *Marmor und Asphalt, Soziale Oberflächen im Berlin des 20. Jahrhunderts*, Berlin: Wagenbach, 2018.

Ivor de Wolfe, ›Townscape‹, in: *Architectural Review*, Vol. 106, No. 636, 1949, S. 354–374.

Der Kiosk

Martin auf der Lake, *Kiosk. Impuls für eine sozialräumliche Gestaltung.* Bachelorarbeit, Hochschule Osnabrück, Fakultät Agrarwissenschaften und Landschaftsarchitektur, Studiengang Freiraumplanung, 2015.

Elisabeth Naumann, *Der Kiosk: Entdeckungen an einem trivialen Ort; vom Lustpavillon zum kleinen Konsumtempel*, Marburg: Jonas-Verlag, 2003.

Die Trinkhalle

Ursula Neeb, *Wasserhäuschen – eine Frankfurter Institution*, Frankfurt am Main: Fachhochschul-Verlag, 2005.

Dietmar Osses (Hg.), *Die Bude. Trinkhallen im Ruhrgebiet*, Essen: Klartext Verlag, 2009.

Die öffentliche Toilette

Jan Carstensen/Heinrich Stiewe (Hgg.), *Orte der Erleichterung. Zur Geschichte von Abort und Wasserklosett*, Petersberg: Michael Imhof Verlag, 2016.

Daniel Furrer, *Geschichte des stillen Örtchens*, Darmstadt: Primus, 2010.

Roger-Henri Guerrand, *Les lieux: histoire des commodités*, Paris: La Découverte, 2009.

Peter Payer, *Unentbehrliche Requisiten der Großstadt. Eine Kulturgeschichte der öffentlichen Bedürfnisanstalten von Wien*, Wien: Löcker Verlag, 2000.

Martin Grassnick/Klaus W. Usemann, *Bäder und hygienische Einrichtungen als Zeugnisse früherer Kulturen*, München: R. Oldenbourg, 1998.

Die Telefonzelle

Carlotta Darò, *Paysage de lignes. Esthétique et télécommunications*, Genf: MētisPresses, 2022.

Bernd Flessner, ›Vom Pavillon zum Basistelefon: Eine kurze Kulturgeschichte des Telefonhäuschens‹, in: *Das Archiv: Magazin für Telekommunikationsgeschichte* (hg. v. Dt. Gesellschaft für Post- und Telekommunikationsgeschichte in Zusammenarbeit mit der Museumsstiftung Post und Telekommunikation), Nr. 1, 2007, S. 12–19.

Neil Johannessen, *Telephone Boxes*, Princes Risborough: Shire, 2010.

Gavin Stamp, *Telephone Boxes*, London: Chatto & Windus, 1989.

Die Haltestelle

Lothar Romain (Hg.), *Busstops.* Internationales Design-Projekt 1994 der Stiftung Niedersachsen in Zusammenarbeit mit der Toto-Lotto Niedersachsen GmbH und der ÜSTRA AG, Hannover: Schäfer, 1994.

Der Metroeingang

Christian Borngräber, ›The Moscow Metro‹, in: *Architectural Design*, 49. Jg., Nr. 8–9, 1979, S. 48–53.

Sybil Canac, *Paris Métro: Histoire et design*, Issy-Les-Moulineaux: Massin, 2014.

Frédéric Descouturelle/André Mignard/Michel Rodriguez, *Le Métropolitain d'Hector Guimard*, Paris: Somogy Éditions d'art, 2003.

Martin Richard Möbius, *Alfred Grenander*, Berlin: Friedrich Ernst Hübsch, 1939 (Neuausgabe Berlin: Gebr. Mann, 2000).

Dietmar Neutatz, *Die Moskauer Metro. Von den ersten Plänen bis zur Großbaustelle des Stalinismus (1897–1935)*, Köln/Weimar/Wien: Böhlau, 2001.

Jean Robert, *Notre Metro*, Paris: Le Musée des Transports Urbains, 1967.

Das Denkmal

Wilfried Lipp (Hg.), *Denkmal, Werte, Gesellschaft: Zur Pluralität des Denkmalbegriffs*, Frankfurt am Main/New York: Campus-Verlag, 1993.

Hans-Ernst Mittig, ›Das Denkmal‹, in: Werner Busch/Peter Schmoock (Hgg.), *Kunst: Die Geschichte ihrer Funktionen*, Berlin/Weinheim: Quadriga-Verlag/Beltz, 1987, S. 457–489.

Alessandro Nova/Stephanie Hanke (Hgg.), *Skulptur und Platz. Raumbesetzung – Raumüberwindung – Interaktion*, Berlin/München: Deutscher Kunstverlag, 2014.

Helmut Scharf, *Kleine Kunstgeschichte des deutschen Denkmals*, Darmstadt: Wissenschaftliche Buchgesellschaft, 1984.

Corinna Tomberger, *Das Gegendenkmal: Avantgardekunst, Geschichtspolitik und Geschlecht in der bundesdeutschen Erinnerungskultur* (Studien zur visuellen Kultur), Bielefeld: Transcript, 2007.

Der Brunnen

Albert Baur, *Brunnen: Quellen des Lebens und der Freude. Technik, Geschichte, Geschichten*, München: Oldenbourg, 1989.

Sergio Delli, *Le fontane di Roma*, Rom: Schwarz & Meyer, 1972.

Fabrizio Di Mauro, *I nasoni di Roma e le altre fontanelle*, Rom: Editrice Innocenti, 2009.

Dietrich Erben, ›Brunnen‹, in: Vittorio Magnago Lampugnani/Konstanze Sylva Domhardt/Rainer Schützeichel (Hgg.), *Enzyklopädie zum gestalteten Raum*, Zürich: gta-Verlag, 2014, S. 98–109.

Marie-Hélène Levadé/Hughes Marcouyau, *Les fontaines de Paris: l'eau pour le plaisir*, Brüssel/Paris: Chapitre douzes, 2006.

… zum allgemeinen statt nutzen. Brunnen in der europäischen Stadtgeschichte. Referate der Tagung des Schweizerischen Arbeitskreises für Stadtgeschichte, Bern, 1.–2. April 2005, Trier: Kliomedia, 2008.

Elisabeth Suter, *Wasser und Brunnen im alten Zürich: Zur Geschichte der Wasserversorgung der Stadt vom Mittelalter bis ins 19. Jahrhundert*, Zürich: Wasserversorgungsplan der Stadt Zürich, 1981.

Marilyn Symmes/Kenneth A. Breisch/Norma Keßler, *Brunnen von der Renaissance bis zur Gegenwart* (Ausstellung Fountains: Splash and Spectacle, im Cooper-Hewitt, Smithsonian Design Museum, 1998), Stuttgart: Deutsche Verlags-Anstalt, 1999.

Die Bank

Thomas Chippendale, *Der Chippendale-Stil = The gentleman and cabinet-maker's director*, Bonn: Kurt Schroeder, 1955.

Yvonne Elet, ›Seats of Power: The Outdoor Benches of Early Modern Florence‹, in: *Journal of the Society of Architectural Historians*, Vol. 61, No. 4, 2002, S. 444–469.

Eleanor Herring, *Street Furniture Design. Contesting Modernism in Post-war Britain*, London/New York: Bloomsbury Academic, 2016.

Michael Jakob, *Poétique du banc* (Collection Patte d'oie), Paris: Édition Macula, 2014.

Die Stadtbeleuchtung

Jane Brox, *Brilliant – The Evolution of Artificial Light*, Boston: Mifflin Harcourt, 2010.

Dietrich Erben, ›Beleuchtung‹, in: Vittorio Magnago Lampugnani/Konstanze Sylva Domhardt/Rainer Schützeichel (Hgg.), *Einzyklopädie zum gestalteten Raum*, Zürich: gta-Verlag, 2014, S. 50–51.

Herbert Liman, *Mehr Licht*, Berlin: Haude & Spener, 2000.

William Thomas O'Dea, *The Social History of Lighting*, London: Routledge & Kegan Paul, 1958.

Chris Otter, *The Victorian Eye: A Political History of Light and Vision in Britain, 1800–1910*, Chicago: University of Chicago Press, 2008.

Wolfgang Schivelbusch, *Licht, Schein und Wahn: Auftritte der elektrischen Beleuchtung im 20. Jahrhundert* (ERCO Edition), Berlin: Ernst, 1992.

Martin Zingre, *Die Einführung der öffentlichen Beleuchtung in der Stadt Zürich*, Zürich 1979 (Semesterarbeit Sekundär- und Fachlehrerausbildung, SS, 1979, Universität Zürich).

Die Stadtuhr

Carlo M. Cipolla, *Gezählte Zeit: Wie die mechanische Uhr das Leben veränderte*, Berlin: Wagenbach, 2011.

Wolfgang Kaschuba, *Die Überwindung der Distanz: Zeit und Raum in der europäischen Moderne*, Frankfurt am Main: Fischer Taschenbuch Verlag, 2004.

Peter Payer, *Die synchronisierte Stadt: Öffentliche Uhren und Zeitwahrnehmung. Wien 1850 bis heute*, Wien: Holzhausen-Verlag, 2015.

Der Poller

David Brandon/Alan Brooke, *London Street Furniture*, Stroud: Amberley, 2010.

Charles Forehoe, ›History of the Bollard‹, in: *Architectural Review*, Vol. 114, No. 681, 1953, S. 191–192.

Helmut Höge, *Pollerforschung* (Kleine Siegener Helmut Höge-Ausgabe, Bd. 1), hg. v. Philipp Goll, Siegen: Universi, 2010.

Cathy Ross: *Bollardology: Observing the City of London*, London: Quickfry Books, 2022.

Todd Savage, ›Big Amsterdam Things‹, in: *Metropolis*, Vol. 18, Nr. 10, 1999, S. 60.

Ivor de Wolfe, ›Townscape, the Bollaster‹, in: *Architectural Review*, Vol. 112, No. 671, 1952, S. 338–340.

Der Abfallkorb

Jeanne-Hélène Jugie, *Poubelle-Paris 1883–1896: la collecte des ordures ménagères à la fin du XIXe siècle*, Paris: Larousse: Sélection du Reader's digest, 1993.

Catherine de Silguy, *Histoire des hommes et de leurs ordures. Du Moyen Âge à nos jours*, Paris: Le Cherche Midi éditeur, 1996.

Das Straßenschild

David Brandon/Alan Brooke, *London Street Furniture*, Stroud: Amberley, 2010.

Guy Clouet d'Orval, ›Les anciennes inscriptions des noms de rues de Paris‹, in: *Paris et Ile-De-France*, Bd. 20, 1969, Paris 1972, S. 127–274.

H. Liman, ›Anforderungen an eine verkehrsgerechte Straßennamensbeschilderung‹, in: *Straßenverkehrstechnik*, H. 5, 1972, S. 176–181.

Das Hausnummernschild

Jeanne Pronteau, *Les numérotages des maisons de Paris, du XVe siècle à nos jours*, Paris: Préfecture de la Seine, Service des travaux historiques, 1966.

Anton Tantner, *House Numbers: Pictures of a Forgotten History*, London: Reaktion Books, 2015.

Die Ampel

Marina Duhamel, *Un demi-siècle de signalisation routière: Naissance et évolution du panneau de signalisation routière en France 1894–1946*, Paris: Presses de l'École Nationale des Ponts et Chaussées, 1994.

Markus Heckhausen (Hg.), *Das Buch vom Ampelmännchen*, Berlin: Eulenspiegel Verlag, 1997.

Heribert Kaemmerer/Joachim Schönleiter/Wolfgang Wirth, *Der Siegeszug der Ampel: 75 Jahre Verkehrsregelung in deutschen Großstädten – Düsseldorf – Berlin*, Köln: Forschungsgesellschaft für Straßen- und Verkehrswesen, 2006.

Gordon M. Sessions, *Traffic Devices: Historical Aspects Thereof*, Washington, D.C.: Institute of Traffic Engineers, 1971.

Die Reklame

Steffen Damm/Klaus Siebenhaar, *Ernst Litfaß und sein Erbe. Eine Kulturgeschichte der Litfaßsäule*, Berlin: Bostelmann & Siebenhaar, 2005.

Stephen J. Eskilson, *Graphic Design: A New History*, London: Laurence King Publ., 2007.

Stéphane Pincas/Marc Loiseau, *Eine Geschichte der Werbung*, Köln: Taschen Verlag, 2008.

Sabine Reichwein, *Die Litfaßsäule: Die 125jährige Geschichte eines Straßenmöbels aus Berlin*, Berlin: Presse- und Informationsamt des Landes Berlin, 1980.

Mark Tungate, *Adland: A Global History of Advertising*, London/Philadelphia, PA: Kogan Page, 2013.

Clemens Wischermann/Elliott Shore, *Advertising and the European City: Historical Perspectives* (Historical urban studies), Aldershot, Hants, United Kingdom/Burlington, VT: Ashgate, 2000.

Das Schaufenster

Lauren Kogod, ›The Display Window as Educator: The German Werkbund and Cultural Economy‹, in: Peggy Deamer (Hg.), *Architecture and Capitalism: 1845 to the Present*, London/New York: Routledge, 2014, S. 50–68.

Tilman Osterwold/Ilse Czigens/Franziska Schmith/Klaus Osterwold, *Schaufenster: Die Kulturgeschichte eines Massenmediums*, Stuttgart: Württembergischer Kunstverein, 1974.

Nina Schleif, *Schaufensterkunst: Berlin und New York*, Köln/Weimar/Wien: Böhlau, 2004.

Jürgen Teuteberg/Peter Borscheid/Clemens Wischermann, *Bilderwelt des Alltags: Werbung in der Konsumgesellschaft des 19. und 20. Jahrhunderts*. Festschrift für Hans Jürgen Teuteberg, Stuttgart: Steiner, 1995.

Die Einfriedung

Françoise Choay, ›La Parigi di Haussmann, ultima forma nella città occidentale: ruolo degli spazi verdi e dell' arredo urbano‹, in: dies., *L'orizzonte del posturbano*, hg. v. Ernesto d'Alfonso, Rom: Officina Editori, 1992, S. 63–88.

Der Bodenbelag

Joseph A. Amato, *On Foot: A History of Walking*, New York: New York University Press, 2004.

Joseph A. Amato, *Surfaces: A History*, Berkeley, CA: University of California Press, 2013.

Bruno Bolis, *Strade e ricordi di Milano*, Mailand: Giuffré Editore, 1957.

Pompeo Bresadola, *Strade urbane e provinciali e loro pavimentazioni*, Mailand: U. Hoepli, 1912.

Karl Flanner, *Zur Geschichte des Straßenpflasters*. Dokumentation des Industrie-Viertelmuseums Wiener Neustadt, Wiener Neustadt: Verein Museum und Archiv für Arbeit und Industrie im Viertel unter dem Wienerwald, 1994.

Clifford C. Knowles/Peter H. Pitt, *The History of Building Regulation in London 1189–1972*, London: Architectural Press, 1972.

Bernard Landau, ›La fabrication des rues de Paris au XIXe siècle. Un territoire d'innovation technique et politique‹, in: *Les Annales de la Recherche Urbaine*, No. 57–58, 1992, S. 24–45.

Horst Mentlein, *Pflaster-Atlas. Planung, Konstruktion und Herstellung*. 2. Aufl., Köln: Rudolf Müller Verlag, 2007.

Enrica Petrucci, *Renovatio pavimentorum. Metodologie d'intervento per le antiche pavimentazioni stradali*, Mailand: Franco Angeli, 2013.

Stuart Piggott, *Wagon, Chariot and Carriage. Symbol and Status in the History of Transport*, London: Thames and Hudson, 1992.

J. Lee Stevens, *Wood Paving in London: A Practital Treatise*, London: R. Spencer, 1841.

Mirko Zardini (Hg.), *Asfalto: il carattere della città* (Ausstellungskatalog), Mailand: Electa, 2003.

Der Bürgersteig

Colin Buchanan, *Verkehr in Städten*. Aus dem Englischen übers. von Hinrich Lehmann-Grube, Essen: Vulkan-Verlag Classen, 1964.

Arthur Dillon, *Utilité, possibilité, facilité de construire des trottoirs dans les rues de Paris*, Paris: Desenne, n.d.

André Guillerme, ›Bürgersteig‹, in: Vittorio Magnago Lampugnani/Konstanze Sylva Domhardt/Rainer Schützeichel (Hgg.), *Enzyklopädie zum gestalteten Raum*, Zürich: gta-Verlag, 2014, S. 110–121.

Paul Léon, *Paris: histoire de la rue*, Paris: La Taille Douce, 1947.

Jean-Baptiste-Joseph Partiot, ›Notice sur les largeurs à assigner aux chaussées et aux trottoirs des villes‹, in: *Annales des Ponts et Chaussées*, Vol. 1, No. 2, 1838, S. 77–83.

Der Schachtdeckel

Paul Dobraszczyk, *London's Sewers*, Buckinghamshire: Shire Publications, 2014.

Mimi Melnick, *Manhole Covers*, Cambridge, MA/London: The MIT Press, 1994.

Alfonso Morone, *Tombini d'Italia. Dal progetto grafico al design del prodotto*, Sirakus: LetteraVentidue Edizioni, 2022.

Mario Piazza, ›Superfici narranti. Surfaces That Tell Stories‹, in: *Abitare*, No. 527, 2012, S. 92–94.

Erwin Sickert, ›Geschichte der Abwasserentsorgung – Kanalisationen im Wandel der Zeit‹, in: *Korrespondenz Abwasser*, Bd. 45, Nr. 2, 1998, S. 220–245.

Harald R. Stühlinger, ›Enorm genormt? Schachtabdeckungen zwischen Einheitsware und Unikat‹, in: *Trans* (Magazin), Bd. 24, 2015, S. 18–25.

Katherine Wentworth Rinne, *The Waters of Rome: Aqueducts, Fountains, and the Birth of the Baroque City*, New Haven, CT: Yale University Press, 2011.

Enrica Petrucci, *Renovatio pavimentorum. Metodologie d'intervento per le antiche pavimentazioni stradali*, Mailand: Franco Angeli, 2013.

Stuart Piggott, *Wagon, Chariot and Carriage. Symbol and Status in the History of Transport*, London: Thames and Hudson, 1992.

J. Lee Stevens, *Wood Paving in London: A Practital Treatise*, London: R. Spencer, 1841.

Mirko Zardini (Hg.), *Asfalto: il carattere della città* (Ausstellungskatalog), Mailand: Electa, 2003.

Namen

Orte

Bildnachweis

Seite 2: Pixabay / Pieternella Busink, Seite 6, 102, 122, 136, 172, 176, 188, 221: Archiv des Autors, Seite 18: Axel Mauruszat, Seite 22, 39, 55, 193: Baugeschichtliches Archiv Zürich, Seite 25, 61, 69, 79, 99, 100, 109, 134, 174, 195, 204, 212, 232: wiki commons, Seite 115: wiki commons / Manfred Brückels, Seite 26: Pixabay / Ibokel, Seite 29: Bauhaus-Archiv / Bruno Fioretti Marquez Architekten, Seite 32: Martin Prskawetz, Seite 36: ullstein bild / Roger Viollet, Seite 42, 93: akg-images / Interfoto, Seite 44 (alle 3 Abb.): Museum für Kommunikation, Frankfurt, Seite 47, 117, 140, 149 unten: Julie August, Seite 50: akg-images / Paul Almasy, Seite 52: Alain Noguès / akg-images, Seite 57: Zürcher Verkehrsdirektion, Seite 58: Annette Wassermann, Seite 62, 154: Pixabay / Harald Matern, Seite 63: Pixabay / saluki32, Seite 66: akg images / fine-art-images, Seite 68: Pixabay / icurro, Seite 76, 127, 201: Bridgeman Images, Seite 78: akg-images / Günter Schneider, Seite 80, 170: Pixabay / Hans Braxmeier, Seite 72, 82, 124, 213, 229: akg-images, Seite 85: Anna Magnago Lampugnani, Seite 88, 209: Barbara Baldigari, Seite 90: Flickr / Micha Pilot, Seite 95, 97, 142, 185, 198, 211, 237: Vittorio Magnago Lampugnani, Seite 105: Pixabay / Ségolène Trousset, Seite 107: akg-images / Andrea Jemolo, Seite 110, 144: akg-images / Imagno, Seite 116: Pixabay/Rodrigo Pignatta, Seite 121: Alamy Stock Photo / bozac, Seite 131: Pixabay / Claudia Bubbel, Seite 133: akg / Horst von Harbou / Stiftung Deutsche Kinemathek, Seite 139: Heritage-Images / London Metropolitan Archives (City of London) / akg-images, Seite 141, 227: Susanne Schüssler, Seite 149 oben: Pixabay / Christoph Meinersmann, Seite 149 mitte: Pixabay / Bernd Marczak, Seite 151: Werner Zemp, Seite 152: akg-images / TT News Agency / SVT, Seite 155: Pixabay / Marie R., Seite 156: Pixabay / Michael von Aichberger, Seite 159: Pixabay / nightowl, Seite 161: ullstein bild / TopFoto, Seite 164 o. l.: Pixabay / Tanja, Seite 164 o. r.: Katharina Koch, Seite 164 u. l.:, 167, Pixabay / Csaba Nagy, Seite 164 u. m.: Pixabay / Manfred Antranias Zimmer, Seite 164 u. r.: Pixabay / Anna, Seite 179: Pixabay / Peter Kraayvanger, Seite 182: akg-images / PAL / PB, Seite 196: Siegfried Wittenburg, Seite 202: Pixabay / ddz photo, Seite 206: Archives Charmet / Bridgeman Images, Seite 215: Getty Images, Seite 218: ullstein bild / Klaus Mehner, Seite 223: Pixabay / MustangJoe, Seite 225: Pixabay / Hermann Traub, Seite 230 o.: Pixabay / Ulrike Leone, Seite 230 m.: Pixabay / Alexander Lesnitsky, Seite 230 u.: Pixabay / efes, Seite 235: Staatsbibliothek München, Seite 239: Roger-Viollet © Jacques Boyer

VITTORIO MAGNAGO LAMPUGNANI bei Wagenbach

Die Stadt von der Neuzeit bis zum 19. Jahrhundert

Urbane Entwürfe in Europa und Nordamerika

Die Aufgabe ist sehr einfach und sehr schwer: Städte zu bauen für Menschen, die darin wohnen. Vittorio Magnago Lampugnani überblickt die verwickelte Geschichte der abendländischen Stadt und erzählt sie anhand ihrer bedeutsamsten Episoden.

Sachbuch. 384 Seiten. Gebunden mit Schutzumschlag
Großformat mit ca. 350 größtenteils farbigen Abbildungen

Die Stadt im 20. Jahrhundert

Visionen, Entwürfe, Gebautes

Das Opus Magnum des Architekten und Architekturhistorikers Vittorio Magnago Lampugnani über die Architektur der Stadt im 20. Jahrhundert: eine Ideengeschichte, eine Baugeschichte, eine Kulturgeschichte.

Sachbuch. 912 Seiten. 2 Bände im Schmuckschuber
Großformat. Klappenbroschur mit vielen Abbildungen

Die Modernität des Dauerhaften

Essays zu Stadt, Architektur und Design

Eine Streitschrift zur Neudefinition der Moderne: gegen eine Spektakel-Kultur und Inszenierungs-Ästhetik, die zum alsbaldigen Verbrauch bestimmt ist und materielle Ressourcen verschwendet, statt geistige zu schaffen.

Aus dem Italienischen von Moshe Kahn
WAT 676. Broschiert. 144 Seiten